경쟁에서 벗어나
세계 최고의 학력으로

핀란드 교육의 성공

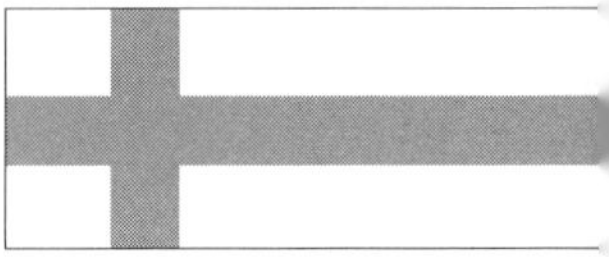

후쿠타 세이지(福田誠治) 지음 ▮ 나성은 · 공영태 옮김

북스힐

사진 제공 : 핀란드 관광청

핀란드(Republic of Finland)

- **면적** 33.8만km². 국토의 4분의 1은 북극권 내. 68%가 삼림, 10%가 호수와 늪으로 이루어져 있으며, 호수는 자그마치 18만 8000개나 된다.
- **인구** 약 530만 명(2007년 1월 기준).
- **수도** 헬싱키(약 56만 명). 발트 해의 처녀라는 애칭을 갖고 있다.
- **공용어** 핀란드어(90% 이상 사용)와 스웨덴어.
- **종교** 기독교 루터파(83%)와 그리스 정교(1%).
- **역사** 1917년에 러시아로부터 독립. 1995년 유럽연합(EU)에 가입.
- **정치** 공화제. 의회는 단원제로 임기는 4년. 의원 수는 200석.
  현 대통령은 타르야 할로넨으로 핀란드 첫 여성 대통령이다(2007년 1월 기준).
- **화폐** 유로.
- **군사** 18세 이상의 남자에게 병역.
- **환경** 5월 중순~7월 중순은 백야가 계속된다. 오로라는 8월 말부터 4월 초순까지 볼 수 있다. 2005년 세계 경제 포럼에서 발표한 '환경지속성지수(ESI)' 에서 146개국 중 1위를 차지하였다. 2003년에 이미 유엔의 '세계 수자원 개발' 보고서에서 세계에서 가장 물이 깨끗한 국가로 평가된 바 있다.
- **기타** 휴대전화로 유명한 '노키아' 와 '산타클로스', 캐릭터 '무민' 으로도 잘 알려져 있다.

목 · 차

들어가는 말

최근 10년 동안 유럽을 중심으로 한 선진국의 학력관은 지식 중심에서 사고력 중심으로, 다시 말해서 사회에 나와 실제로 적용할 수 있는 능력으로 전환되고 있다. 현대는 지식이나 기능이 빠른 속도로 변화하고 있기 때문에 학교를 졸업하고 나서도 평생에 걸쳐 배워나가야 한다. 따라서 일생을 통해 배워나가기 위한 힘, 즉 학습력을 사회에 나가기 전에 익히게 하는 것이 오늘날 학교 교육의 목적이라 할 수 있다. 그런 의미에서 핀란드는 어느 국가보다도 이러한 변화를 빠르게 받아들이고 성공리에 정착시켜왔다는 평가를 받고 있다.

그런데 일본의 경우, 아직도 아이들은 경쟁을 강요받고 있으며 시험을 치르기 위한 공부를 계속하고 있다. 시험이 끝나면 곧바로 잊어버리는 지식을 억지로 머릿속에 집어넣고 있는 것이 현실이다. 특정 고교나 대학 입학이 목적이 되어버린 지 오래고, 다행히 대학에 입학하고 나더라도 더 이상 공부를 하지 않는 경우가 많다. 뿐만 아니라 점수를 따기 쉬운 공부에 모두들 매달리고 있는 것도 문제다. 이와 같은 체제는 교사와 학교 간의 경쟁을 부추기고 있다. 급변하는 세계화 속에서 학력에 대한 사고만은 과거 방식 그대로 인 것이다.

시험에서 잠시 사용될 많은 지식을 국내에서만 통용되는 편차치를 가지고 측정하고 있는 것도 큰 문제다. 그 결과 인생의 긴 여정을 위한 준비를 미처 하지 못하여 사회에 발을 내디디려 하지 않는 젊은이들이 늘고 있다. '히키코모리'(역주 : 정신적인 문제나 사회생활에 대한 스트레스 등의 이유로 외출하지 않고 집 안에 틀어박혀 있는 상태. 또는 그런 사람)를 하는 청소년들의 증가로 어른들은 대책 마련에 골머리를 앓고 있다. 일찍이 영국이나 미국으로부터 경쟁이라는 측면을 배워오면서 정작 무엇을 배울 것인가에 대한 논의는 게을리 한 탓이다.

배움의 장을 새롭게 넓히기 위해서 '여유를 표방한 교육'과 '종합 학습'이 제기되고 있기는 하지만, 이 역시 지식 중심의 학력관과 테스트 중심의 체제에 부딪혀 제대로 실현되지 않고 있다. 교육행정에서도 성적 중심의 쫓고 쫓기는 교육에서 탈피하여 사고력이나 창조성이 강조된 개성을 중시한 교육으로의 전환을 시도하고는 있다. 또한 매스컴에서도 지식 편중과 편차치 인간을 우려하며 입시 제도와 입시를 위한 학력을 비판하는 목소리를 높이고 있다. 그러나 현실은 어떠한가? 학력을 훈련으로 여기는 풍조가 만연해 있으며 입시 학원의 강사를 치켜세우고 그들을 본보기로 하려는 여론까지 일고 있는 상황이다. 경쟁력 강화를 주장하는 목소리도 있지만 이 상태로는 세계적 흐름에 뒤떨어질 것이 자명하다. 이미 유럽에서는 국가 간 경계가 사라지고 있는 추세이며 세계 시장에서는 국경을 초월하여 노동력이 이동하는 시대에 돌입한 지 오래다. 과연 우리의 젊은이들은 국제화되어가는 사회 속에서 안심하며 역량을 발휘하고 살아갈 수 있을까?

대답을 서두르기 이전에 주목할 만한 국가가 있다. 바로 '핀란드'다.

핀란드는 경제협력개발기구 OECD가 두 차례에 걸쳐 실시한 국제학력조사 PISA; Programme for International Student Assessment에서 최상위 성적을 올려, 바야흐로 세계 최고의 학력 국가로 부상하고 있다(역주 : 2006년 국제평가에서도 최상위 성적을 거두었다). 2005년에는 각국에서 수많은 교육 시찰단과 수업 참관자들이 줄을 이었으며 정부기관이 주관한 국제 심포지엄을 세 차례나 개최했을 정도다. 핀란드를 시찰하고자 온 방문객 중 상당수는 시험을 위한 특별 학교나 특별반을 기대한 모양이었다. 그러나 그들 눈앞에 벌어진 광경은 수업 중에 교실을 돌아다니거나 소파에 앉아 쉬거나 하는 아이들의 모습이었다. 누가 보더라도 눈이 휘둥그레지는 수업 풍경이 아닐 수 없었다. 의무교육 기간인 16세까지는 학생들끼리 비교되는 시험도 경쟁도 없다고 하니 정말 놀랄 일이다.

핀란드는 1985년에 국가적인 차원에서 학력별 반 편성을 전면 중지하였다. 이는 공부를 잘하는 아이에게 특별히 좋은 영향을 끼치는 것도 아니며 그렇다고 잘 못하는 아이에게 득이 되는 것도 아니라는 분석에서 비롯되었다. 그 결과 핀란드의 교육학에서 말하는, '학력 수준이 서로 다른 학생들의 집단' 이라는 방식으로 전환이 추진된다. 말하자면 평등을 추진하고 경쟁을 배제하는 교육 방법을 채택한 것이다. 이는 말이 쉽지 결코 쉽지 않은 선택이었으리라 짐작된다. 학습 동기를 형성하는 데 있어서 시험 점수나 경쟁과 같은 수단을 사용할 수 없게 되었기 때문이다.

핀란드 교육의 특징은 한마디로 말해서 '싫어하는 아이에게 억지로 강요하지 않는다.' 이다. 물론 이 방법 저 방법을 동원해서 흥미를 유발시키기는 하지만 본인 스스로 할 마음이 생길 때까지 기다리는 것을 원칙으로 한다. 무릇 인간이란 날 때부터 흥미와 관심을 가지고 태어나며 스스로 배워가는 존재라는 신념을 많은 사람들이 가지면서, 강요하면 본래의 학습 능력과 효과가 사라져버릴 뿐만 아니라 교육에 있어서도 오히려 마이너스라는 판단을 내리게 되었다.

교사라는 전문가는 학생들에게 적절한 시기에 적절한 도움을 줄 수 있도록 항시 대기하며, 이들의 활동이 용이하도록 학부모도 사회도 협력을 아끼지 않고 있다.

이러한 토대에는 학력이란 사회에 나가 활동하면서 발휘되는 것이라 여기며 교육의 목표를 멀리 두고 육성해가는 교육관이 있다.

2005년 3월, 10월, 12월에 핀란드 교육조합*에서 실시한 인터뷰에서 통역을 맡은 키쿠카와 유키[菊川由紀] 씨는 오랜 기간 핀란드에서 체류하면서 현재 핀란드 고등학생들에게 일본어를 가르치고 있는데, 그가 학생들에게 이런 질문을 해보았다고 한다.

"PISA에서 높은 성적을 낼 수 있었던 이유가 뭐라 생각하지?"

"그것은 아마도 핀란드 국민들이 갖는 성격이랄까, 기질이랄까 물리적인 면이 아니라 정신적인 내면적인 기질 때문이라 생각해요."

"인구는 적고, 자연 환경은 험하고, 어둡고, 춥고, 자극이 적기 때문에 자신이 뭔가 이루고자 할 때는 스스로 헤쳐나가야 하고, 뛰어들어서 매달리지 않으면 이 나라에서는 살아남지 못하니까요."

키쿠카와 씨는 뭔가 막연하지만 열심히 설명해주는 그들의 이야기를 듣고 있자니, 한 개인이 스스로의 인생을 살아가기 위해서 열심히 배우고 익히는

* 핀란드 교육조합(OAJ; Opetusalan Ammattijarjesto: Trade Union of Education in Finland)은 기초학교의 교사, 교육학부 학생, 퇴직 교사, 대학교수, 유치원 교사, 직업학교 교사들로 구성되어 있고, 현역 교사의 약 95% 이상이 속해 있다. 필자가 3번에 걸쳐 인터뷰한 마리야타 멜토(Marjatta Melto) 씨는 '교육자질유지담당고문(special advisor)'이라는 직함으로 교사가 시행하는 교육의 질을 유지하고 발전시키는 것을 전문으로 담당한다. 외국 교육의 질적 향상과 관련해서 국제 학력 조사 등에도 관여하고 있기 때문에 국제부장과 같은 역할도 병행하고 있다.
교육조합에 교사 대부분이 가입하고 있는 현실에서 마리야타 멜토 고문은 교육현장의 사정에 밝을 뿐만 아니라 상당한 영향력을 행사하는 위치에 있다. 그와 기탄없는 의견을 나눌 수 있었던 덕택에 핀란드 교육의 속 깊은 사정을 살필 수 있었다고 생각한다. 덧붙여 서기장이 아니라 고문(advisor)이라는 직함으로 불리는 것은 지위에 따른 행정적 · 명령적인 관계를 바꾸려는 사회적인 자세를 나타내는 것이라 할 수 있다.

삶의 태도를 엿볼 수 있었다고 한다. 동시에 이는 부모로부터 자식에게로 고스란히 이어져온 것임을 느낄 수 있었다고 한다. 학교에서의 교육뿐만 아니라 부모가 자식에게 전해주는 삶의 태도가 길잡이 역할을 하는 것 같다고 덧붙였다. 한마디로 교육의 참모습이 보이는 대목이었다.

굳이 경쟁을 하지 않아도 아이들 스스로가 알아서 공부하는 모습은 믿어지지 않겠지만 핀란드에서 실제로 볼 수 있는 모습이다. 그럼에도 시험 성적이 좋고 경제 발전도 눈부시며 게다가 사회도 안정되어 있다. 과연 이를 어떻게 설명하면 좋을까?

핀란드식 교육학에서 말하는 "스스로 공부하세요! 그래도 잘 안 될 때는 도와줄게요!"라는 방식은 어떻게 생겨났을까? 그리고 가정이나 학교, 정부 당국, 사회 전체가 어떻게 이를 따르고 실행하고 있을까?

핀란드의 교육이 훌륭한 성과를 올리고 있다고 평가받고 있는 것은 세계의 움직임, 그 중에서도 유럽의 선진 공업국 가운데서 산업의 변화에 효과적으로 대응할 수 있는 학력을 보장받고 있기 때문일 것이다.

이 책에서는 핀란드의 교육 원리를 다양한 측면에서 검토하면서 핀란드의 아이들이 어떻게 스스로 알아서 공부하고 배워가고 있는지를 살펴보고, 핀란드의 교육이 어떻게 세계의 움직임 안에서 잘 기능하고 있는지에 대해서 생각해보고자 한다.

핀란드라는 국가와 교육에 대한 관심이 나날이 높아지는 가운데 졸저 『경쟁하지 않아도 세계 제일-핀란드의 교육(競争しなくても世界一－フィンランドの教育)』(후쿠타 세이지 지음, 어드밴티지서버, 2005년 6월)은 일본에서 처음으로 핀란드의 교육을 제도와 원리 면에서 소개한 가벼운 소책자로 큰 호응을 얻은 바 있다. 그러나 일반 서점에서 손쉽게 구입할 수 없는 사정으로 인해 가필과 수정을 통해 이 책을 세상에 내놓게 되었다.

01

PISA가 측정한 학력

자료 제공 : 핀란드 관광청

핀란드 아이들은 밝고 건강해 보였다. 쉬는 시간에는 무조건 밖으로 나가도록 유도한다. 학교 건물은 대개 2층으로 되어 있어서 아이들은 곧바로 바깥으로 뛰어나갈 수 있다.

간혹 어떤 사람들은 다음과 같은 생각을 한다.
"아이들은 서로 다른 환경에서 태어난다.
몇몇 아이들은 수재로 태어나지만 대부분의 아이들은 머리가 그리 썩 좋지 않다.
아이들이 어떤 환경에서 태어나고 자라는지는 저마다 크게 다르기 때문에
그 문제에 대해 고민하는 것은 우리들 몫이 아니다."
그러나 이번에 우리들이 실시한 조사 결과를 보면
*이런 생각들이 잘못되었음이 확실히 입증되었다.**

- OECD 교육국 지표분석 과장 안드레아 슈라이햐 -

* 「일교조 제52차 전국교연기념강연」『일본의 교육 · 제52집』어드밴티지 서버, 2003. 또는 일본교직원조합회 편『어떻게 될 것인가. 어떻게 할 것인가. 세계의 학력, 일본의 학력-일교조 제52차 전국교연 · 특별 분과회 '학력 문제' 기념강연과 심포지엄』어드밴티지 서버, 2003, p.16.

높은 학력은 선천적으로 머리 좋은 학생들의 전유물이 아니라 양질의 교육 환경을 통해서 보장받는 것이다. 그렇다면 이 문제를 과연 어떻게 풀 것인가?

일본의 국제 학력

2004년 12월의 일이다. 학업성취도에 관한 국제 비교 연구 결과가 줄지어 발표되었다. 그 중 하나는 경제협력개발기구 OECD가 지난해 30개 회원국과 11개 비회원국의 만 15세 학생(고등학교 1학년에 해당)들을 대상으로 실시한 '학업성취도 국제 비교 연구'(이하 'PISA 2003')이다. 뒤이어 발표된 것은 국제교육성취도평가협회 IEA가 46개 회원국의 중학교 2학년을 대상으로 실시한 '수학 · 과학 성취도 추이 변화 국제 비교 연구'(이하 'TIMSS 2003')이다.

먼저 발표된 PISA 2003을 살펴보면 일본의 경우 '읽기 소양'이 8위에서 14위로 뚝 떨어진 것이 눈에 띈다. 매스컴에서는 일제히 학력 저하라고 보도하였다. 이에 호응하듯 문부과학대신(역주 : 한국의 교육과학기술부 장관에 해당)도 나서서 국민에게 학력 경쟁을 호소하는 지경에 이르렀다.

그렇다면 우선 평가 결과를 나타낸 순위표부터 검토해보자(**표 1-1**, **표 1-2**).

PISA 2003에서 보면, 읽기 영역의 성적이 크게 떨어진 것을 제외하고 다른 영역에서는 상위권을 유지하고 있다. 상위 그룹에서 일본처럼 인구 1억이 넘는 국가는 찾아보기 어렵다.

표 1-1　PISA 2000 읽기 소양 · 수학적 소양 · 과학적 소양에 관한 평균 득점의 국제 비교

순위	읽기 소양	득점	수학적 소양	득점	과학적 소양	득점
1	핀란드	546	일본	557	한국	552
2	캐나다	534	한국	547	일본	550
3	뉴질랜드	529	뉴질랜드	537	핀란드	538
4	호주	528	핀란드	536	영국	532
5	아일랜드	527	호주	533	캐나다	529
6	한국	525	캐나다	533	뉴질랜드	528
7	영국	523	스위스	529	호주	528
8	일본	522	영국	529	오스트리아	519
9	스웨덴	516	벨기에	520	아일랜드	513
10	오스트리아	507	프랑스	517	스웨덴	512
11	벨기에	507	오스트리아	515	체코	511
12	아이슬란드	507	덴마크	514	프랑스	500
13	노르웨이	505	아이슬란드	514	노르웨이	500
14	프랑스	505	리히텐슈타인	514	미국	499
15	미국	504	스웨덴	510	헝가리	496
16	덴마크	497	아일랜드	503	아이슬란드	496
17	스위스	494	노르웨이	499	벨기에	496
18	스페인	493	체코	498	스위스	496
19	체코	492	미국	493	스페인	491
20	이탈리아	487	독일	490	독일	487
21	독일	484	헝가리	488	폴란드	483
22	리히텐슈타인	483	러시아	478	덴마크	481
23	헝가리	480	스페인	476	이탈리아	478
24	폴란드	479	폴란드	470	리히텐슈타인	476
25	그리스	474	라트비아	463	그리스	461
26	포르투갈	470	이탈리아	457	러시아	460
27	러시아	462	포르투갈	454	라트비아	460
28	라트비아	458	그리스	447	포르투갈	459
29	룩셈부르크	441	룩셈부르크	446	룩셈부르크	443
30	멕시코	422	멕시코	387	멕시코	422
31	브라질	396	브라질	334	브라질	375
주	일본은 2위 그룹		일본은 1위 그룹		일본은 1위 그룹	

표 1-2 PISA 2003 수학적 소양 · 읽기 소양 · 과학적 소양 · 문제해결 능력에 관한 평균 득점의 국제 비교

순위	수학적 소양	득점	읽기 소양	득점	과학적 소양	득점	문제해결능력	득점
1	홍콩	550	핀란드	543	핀란드	548	한국	550
2	핀란드	544	한국	534	일본	548	홍콩	548
3	한국	542	캐나다	528	홍콩	539	핀란드	548
4	네덜란드	538	호주	525	한국	538	일본	547
5	리히텐슈타인	536	리히텐슈타인	525	리히텐슈타인	525	뉴질랜드	533
6	일본	534	뉴질랜드	522	호주	525	마카오	532
7	캐나다	532	아일랜드	515	마카오	525	호주	530
8	벨기에	529	스웨덴	514	네덜란드	524	리히텐슈타인	529
9	마카오	527	네덜란드	513	체코	523	캐나다	529
10	스위스	527	홍콩	510	뉴질랜드	521	벨기에	525
11	호주	524	벨기에	507	캐나다	519	스위스	521
12	뉴질랜드	523	노르웨이	500	스위스	513	네덜란드	520
13	체코	516	스위스	499	프랑스	511	프랑스	519
14	아이슬란드	515	일본	498	벨기에	509	덴마크	517
15	덴마크	514	마카오	498	스웨덴	506	체코	516
16	프랑스	511	폴란드	497	아일랜드	505	독일	513
17	스웨덴	509	프랑스	496	헝가리	503	스웨덴	509
18	오스트리아	506	미국	495	독일	502	오스트리아	506
19	독일	503	덴마크	492	폴란드	498	아이슬란드	505
20	아일랜드	503	아이슬란드	492	슬로바키아	495	헝가리	501
21	슬로바키아	498	독일	491	아이슬란드	495	아일랜드	498
22	노르웨이	495	오스트리아	491	미국	491	룩셈부르크	494
23	룩셈부르크	493	라트비아	491	오스트리아	491	슬로바키아	492
24	폴란드	490	체코	489	러시아	489	노르웨이	490
25	헝가리	490	헝가리	482	라트비아	489	폴란드	487
26	스페인	485	스페인	481	스페인	487	라트비아	483
27	라트비아	483	룩셈부르크	479	이탈리아	486	스페인	482
28	미국	483	포르투갈	478	노르웨이	484	러시아	479
29	러시아	468	이탈리아	476	룩셈부르크	483	미국	477
30	포르투갈	466	그리스	472	그리스	481	포르투갈	470
31	이탈리아	466	슬로바키아	469	덴마크	475	이탈리아	469
32	그리스	445	러시아	442	포르투갈	468	그리스	449

33	세르비아·몬테네그로 437	터키 441	우루과이 438	태국 425
34	터키 423	우루과이 434	세르비아·몬테네그로 436	세르비아·몬테네그로 420
35	우루과이 422	태국 420	터키 434	우루과이 411
36	태국 417	세르비아·몬테네그로 412	태국 429	터키 408
37	멕시코 385	브라질 403	멕시코 405	멕시코 384
38	인도네시아 360	멕시코 400	인도네시아 395	브라질 371
39	튀니지 359	인도네시아 382	브라질 390	인도네시아 361
40	브라질 356	튀니지 375	튀니지 385	튀니지 345
주	일본은 1위 그룹	일본은 스웨덴보다 상위인 그룹과 유의차 있음	일본은 1위 그룹	일본은 1위 그룹

표 1-1, 2 모두

★ 문부과학성 홈페이지 'PISA(OECD 학업성취도 국제 비교 연구) 2003년 조사'

★ 주는 문부과학성에 의함.

★ 표 1-2의 주 '유의차 있음' 은 오차 범위를 넘어서 현저한 차이가 있다는 것.

★ 홍콩이나 네덜란드 등이 새롭게 등장함에 따라 일본의 순위는 내려가고 있지만 여전히 상위 그룹을 유지하고 있다. 하지만 읽기 영역은 매우 약하다.

학업성취도에 관한 또 다른 국제 비교 연구로서 TIMSS의 결과를 살펴보기로 하자(**표 1-3**, **표 1-4**).

결과부터 보면, 수학 부문에서의 학력 저하는 크게 나타나지 않았다.

일본은 읽기 영역만 제외한다면 평균적으로 학력이 높다고 할 수 있다. 이렇게 따져 본다면 저학력을 비판하는 사람들의 판단은 잘못되었다는 것을 알 수 있다. 또한 이들이 이상적이라 여기는 실력주의와 경쟁이 만연하는 국가*인 미국과 영국은 일본보다 훨씬 낮은 학력을 보였다.

한편, 동시에 실시된 PISA의 생활 실태 조사를 보면, 수업 시간 외 공부시간이 일본의 경우는 주당 평균 6.5시간으로 OECD 평균 8.9시간보다

* 미국 교육청 외 지음, 이시무라 가즈오[石村和雄], 토세 노부유키[戸瀬信之] 편역 『아메리카의 교육 개혁』(교토[京都] 대학 학술출판회, 2004). 이 책은 "여유를 표방하는 교육 비판의 기점-레이건에서 시작해서 클린턴에 이르기까지 계속되는 바른 교육으로의 회귀"라는 설명을 띠지에 실어 책의 내용을 소개하고 있다.

표 1-3 TIMSS에 나타난 수학 성적(중학 2년) 최근 3회 조사에 연속해서 참가한 18개국의 비교

TIMSS 1995	평균점	TIMSS 1999	평균점	TIMSS 2003	평균점
싱가포르	609	싱가포르	604	싱가포르	605
한국	581	한국	587	한국	589
일본	581	홍콩	582	홍콩	586
홍콩	569	일본	579	일본	570
벨기에(플라망어권)	550	벨기에(플라망어권)	558	벨기에(플라망어권)	537
슬로바키아	534	네덜란드	540	네덜란드	536
네덜란드	529	슬로바키아	534	헝가리	529
헝가리	527	헝가리	532	러시아	508
불가리아	527	러시아	526	슬로바키아	508
러시아	524	불가리아	511	라트비아	505
뉴질랜드	501	라트비아	505	미국	504
영국	498	미국	502	리투아니아	502
미국	492	영국	496	영국	498
라트비아	488	뉴질랜드	491	뉴질랜드	494
루마니아	474	리투아니아	482	불가리아	476
리투아니아	472	사이프러스	476	루마니아	475
사이프러스	468	루마니아	472	사이프러스	459
이란	418	이란	422	이란	411

오히려 짧았다. TIMSS에 따르면, 숙제를 하는 시간은 초등학교 4학년의 경우 1일 평균 0.9시간으로 국제 평균의 1.4시간에 비해서 짧았다. 또 중학교 2학년은 1.0시간으로 조사 대상 46개 나라 중 가장 적었다. 텔레비전을 보는 시간은 초등학교 4학년이 1일 평균 2.0시간으로 국제 평균의 1.7시간보다 많았고, 중학교 2학년은 2.7시간으로 46개 나라 중 최고를 나타냈다.

공부하고자 하는 의욕에 있어서 일본의 아이들은 국제적으로도 높은 평가를 받는 수학에서도 그리 신통치 않았다. TIMSS에 따르면, 중학교 2학년에게 '수학 시간이 즐거운가?'를 물었는데 '그렇다.'라고 대답한 일본

표 1-4 수학 동일 문제의 정답률 변화(초등 4년)

	TIMSS 1995	TIMSS 2003
싱가포르	81.7	85.7
홍콩	77.0	78.6
일본	76.8	76.7
네덜란드	75.3	76.2
미국	70.3	74.3
영국	62.8	72.5
라트비아	67.3	71.4
…	…	…

표 1-3, 4 모두

★ 문부과학성 홈페이지 '수학 · 과학 성취도 추이 변화 국제 비교 연구 2003년 조사(TIMSS 2003)'

★ 아시아 각국은 과학과 수학 영역에서 우수한 성적을 나타냈다. 일본의 수학 학력을 살펴보면 성적은 고른 분포를 보이나 상위권에 속하며 학력 저하를 심각하게 우려할 정도는 아니다.

인 학생은 9%로, 국제 평균의 29%에 크게 밑돌았다. 그리고 '희망하는 직업을 얻기 위해서 수학 과목이 필요한가?' 라는 질문에 대해서도 '매우 그렇게 생각한다.' 와 '그렇게 생각한다.' 라고 대답한 학생이 47%로, 국제 평균의 73%보다 크게 낮았다. 또한 '수학 과목에 대한 적극성' 에 높은 수준을 보인 학생은 국제 평균 55%에 비해서 일본의 경우는 17%밖에 되지 않아 3분의 1 수준에 머물렀다.

일본의 아이들은 가정에서의 학습도 잘 이루어지지 않고, 게다가 공부에 대한 의욕도 낮은데도 불구하고 좋은 성적이 나왔다. 이는 단시간에 효율적인 공부를 하기 때문으로 보인다.

이와 같은 결과로 미루어볼 때 지금까지의 일본 학교 교육의 성과, 다시 말해서 교사들이 기울인 노력의 성과는 꽤 크다고 할 수 있을 것이다. 매스컴에서는 제일 먼저 학교와 교사의 노력으로 얻어진 쾌거를 높이 평가

해야 마땅하다. 만일 현시점에서 이제까지의 노력과 과정들을 부정한 채 교육을 경쟁주의의 시장 원리에 내맡긴다면 미국과 비슷한 학력 저하로 이어질 것이다. 국제 비교 데이터가 이를 확실하게 말해주고 있다.

대표적인 국제 학력 조사

현재 실행되고 있는 학력에 관한 국제 비교 조사 중 가장 정통성을 인정받고 있는 것은 국제교육성취도평가협회 IEA에서 실시하는 '수학 · 과학 성취도 추이 변화 국제 비교 연구' TIMSS다. 그리고 최근 들어 유명세를 타고 있는 것으로서 경제협력개발기구 OECD가 실시하는 '학업성취도 국제 비교 연구' PISA가 있다.

TIMSS 조사는 1960년 창설된 IEA(본부는 네덜란드의 암스테르담에 위치)가 1964년부터 실시하고 있으며, 실적이 가장 오래된 국제 학력 조사다. 보스턴 칼리지의 국제연구센터가 실제적인 업무를 담당하고 있다. 일본은 제1회 조사(수학은 1964년, 과학은 1970년)부터 참가하고 있다. 그 중에서도 1995년 TIMSS 1995과 1999년 TIMSS 1999, 그리고 최근의 2003년 TIMSS 2003 조사에는 초 · 중학생이 같이 참가하였다. 조사 대상자는 4학년(초등학교 4학년)과 8학년(중학교 2학년)이며, 3회 연속으로 조사에 임한 나라는 23개국이다. 최근의 TIMSS 2003에서는 4학년 조사에 25개국, 8학년 조사에 46개국이 참가하였다. 일본은 150개 초등학교에서 학생 4,535명이, 146개 중학교에서 학생 4,856명이 조사에 참여하였다.

PISA는 만 15세를 대상으로 학력과 생활 실태(학습 배경)를 조사하고 있으며, 2000년부터 3년마다 실시하고 있다. 2000년 7월에 고등학교 1학년 5,256명, 2003년 7월에 동 학년 4,707명이 참가하였다. PISA는 생활 태도 등도 조사 대상에 넣기 때문에 학력 실태 조사로도 이해할 수 있다.

PISA의 설문지를 살펴보면, 읽기 소양 reading literacy, 수학적 소양 mathematical literacy, 과학적 소양 scientific literacy의 3개 영역으로 나뉘어져 있는데, 2003년부터 문제해결능력 problem solving이 첨가되었다. 실시 연도에 따라 각 영역 중 한 개씩을 집중적으로 자세히 조사하도록 하는 방침에 따라, 2000년에는 읽기 소양이, 2003년에는 수학적 소양이 조사되었고, 2006년에는 과학적 소양이 주된 조사 대상이었다. 한 번의 사이클을 돌아서 조사는 완료되나 이와 같은 방식은 앞으로도 계속될 전망이다.

일본은 일찍부터 TIMSS에 참가하고 있고 PISA에도 창설 당시부터 참가하고 있다. 이밖에 일본이 독사적으로 실시하고 있는 학력 조사로서 규모가 큰 것으로는 국립교육정책연구소가 실시하고 있는 '교육 과정 실시 상황 조사' 가 있다.

'교육 과정 실시 상황 조사' 는 학습지도 요령의 정착도를 측정하기 위해서 실시된다. 이제까지 1981년~1983년, 1993년~1995년에 걸쳐 총 네 차례 문부성이 주관하여 실시하였는데, 대상자 수는 전체 학생 수의 2%로 적었다. 이후 2001년(2002년 실시)과 2003년(2004년 실시)의 조사는 국립교육정책연구소(교육과정연구센터)가 담당하였다. 대상자 수는 8%였다.

2001년의 '초 · 중학교 교육 과정 실시 상황 조사' 에는 초등학교 3,532교에서 약 20만 8000명, 중학교 2,539교에서 약 24만 3000명으로 전체 약 45만 명이 참가하였다. 그리고 2003년의 같은 조사에는 초등학교 3,554교에서 약 21만 1000명, 중학교 2,584교에서 약 24만 명이 조사 대상으로

표 1-5 국제 학력 조사 일람

조사 기관	조사 방법	조사 대상
국제교육성취도평가협회(IEA; International Association for the Evaluation of Educational Achievement)	수학 · 과학 성취도 추이 변화 국제 비교 연구(TIMSS; 이전에는 Third International Mathematics and Science Study로 횟수에 따라 명칭을 바꾸어 불렀으나, 4회째 이후부터 같은 약자라도 Trends in International Mathematics and Science Study로 명칭이 바뀌었다.)	교과는 수학과 과학. 초등학교 4학년과 중학교 2학년을 대상. 1964년(수학)과 1970년(과학)부터 실시.
	국제 읽기 소양 조사 (PIRLS; Progress in International Reading Literacy Study)	일본은 참가하지 않았다.
경제협력개발기구(OECD; Organization for Economic Cooperation and Development)	학업성취도 국제 비교 연구 (PISA; Programme for International Student Assessment)	16세 대상. 의무 교육 수료 때의 학력 실태. 2000년부터 3년마다 실시.
	국제 성인 소양 조사 (IALS; International Adult Literacy Survey)	16세부터 65세까지의 성인을 대상으로 소양 능력 조사. 1994, 1996, 1998년 사이에 20개국이 참가.
교육테스트 기구(Educational Testing Service)	성인 소양과 · 생활 기능 조사 (ALL; Adult Literacy and Life-skills Survey)	16세부터 65세까지의 성인을 대상으로 기능(skills)이나 태도(attitudes)를 조사. 보통문과 보고서를 읽는 능력(prose and document literacy), 수리 능력(numeracy), 이론 · 문제해결능력(reasoning/problem solving), 팀워크와 정보 능력(ICT literacy)의 4가지 영역을 조사. 18개국이 참가를 표명. 2003년에 버뮤다, 이탈리아, 스위스, 캐나다, 미국 등 6개국에서 실시.

* ICT=Information and Communication Technology(정보 · 통신 기술)

표 1-6 일본에서 실시된 전국적 · 국제적 학력 조사

실시 연월	학력조사 · 대상학년 · 대상교과
1956~1966	전국학력조사. 초등 : 국어, 사회, 산수, 과학. 연도에 따라서 음악, 미술 · 공작, 가정과를 포함함. 중학 : 국어, 사회, 수학, 과학, 영어. 연도에 따라서 기술, 가정과를 포함함. 고등 : 국어, 사회, 일본사, 인문지리, 수학, 지리, 화학, 생물, 지학, 영어, 보건 · 체육 중 연도에 따라서 1~5교과. 1961~1964에는 모두 빠짐없이 조사.
1964 1970	TIMSS(제1회 조사) 수학(1964, 중1만), 과학(1970, 초5, 중3)
1981. 2. 1983. 5.	TIMSS(제2회 조사) 수학(1981, 중1만), 과학(1983, 초5, 중3)
1982. 2. 1983. 1.~2. 1984. 1.~2.	초등, 중학 교육과정 실시 상황 조사(1981~1983) 초5~초6(1981~1982). 국어, 사회, 산수, 과학 중1~중3(1982~1983). 국어, 사회, 수학, 과학. 영어
1994. 2. 1995. 1.~2. 1996. 1.~2.	초등, 중학 교육과정 실시 상황 조사(1993~1995) 초5~초6(1994~1995). 국어, 사회, 산수, 과학 중1~중3(1995~1996). 국어, 사회, 수학, 과학, 영어
1995. 2.	TIMSS(제3회 조사) 초3, 초4, 중1, 중2. 산수, 수학, 과학
1999. 2.	TIMSS(제3회 추가 조사) 중2. 수학, 과학
2000. 7.	PISA(제1회 조사) 고1. 읽기 소양, 수학적 소양, 과학적 소양
2002. 1.~2.	초등, 중학 교육과정 실시 상황 조사(2001) 초5~중3. 국어, 사회, 산수, 수학, 과학, 영어
2002. 11. 2003. 11.	고등학교 교육과정 실시 상황 조사(2002~2003) 고3. 국어, 수학, 과학, 영어(2002). 지리역사 · 공민(2003)
2003. 2.	TIMSS (제4회 조사) 초4, 중2. 산수, 수학, 과학
2003. 7.	PISA(제2회 조사) 고1. 읽기 소양, 수학적 소양, 과학적 소양, 문제해결 능력

2004. 1.~2.	초등, 중학 교육과정 실시 상황 조사(2003) 초5~중3. 국어, 사회, 산수, 수학, 과학, 영어
2005. 11.	고등학교 교육과정 실시 상황 조사(2005)
2006. 7.	PISA(제3회 조사)

참가하였다. 2회에 걸친 '교육 과정 실시 상황 조사'는 참가자의 수로 살펴보았을 때 통계적으로 상당히 정밀한 조사라고 할 수 있다.

PISA가 측정한 학력이란

TIMSS은 학교 교육에서 배운 지식이나 수리 능력 등을 위주로 문제를 출제한다. 그런데 국가마다 학년에 따라 배우는 내용이 서로 다르기 때문에 곤란한 문제가 발생할 수 있다. 예를 들면 초등학교 4학년생을 대상으로 한 설문에서 '양초가 꺼지는 모양'에 관해 묻는 문제가 있었다. 연소를 위해서는 산소가 필요하고 그 결과 이산화탄소가 발생한다는 것을 숙지하고 있어야 하며 연소 전반에 관한 이해가 없이는 풀 수 없다. 그러나 일본의 초등학생은 이를 6학년 때 배우고 있다. 게다가 현재의 일상생활에서 양초를 가까이 할 기회마저 적기 때문에 아이들은 추측조차 하기 어려웠다. 따라서 TIMSS 2003의 '양초가 꺼지는 모양'의 항목에서는 일본 학생들이 국제 평균보다 낮은 점수를 받을 수밖에 없었다. 이처럼 항목에 따라서 국가마다 학년과 학습 진도가 서로 다를 수 있고, 그때마다 요구되는 지식이나 기량도 다른 것이 현실이다. 때문에 일률적으로 비교할 수 없는 어려움이 생긴다.

한편, 보다 공정한 비교조사의 지표를 위해 고안된 것이 PISA다. PISA는 TIMSS와 달리 지식 그 자체를 묻거나 지적인 조작이 요구되는 문제를 반으로 줄이는 대신, '지식과 능력, 경험을 바탕으로 앞으로의 실생활에 관계되는 일에 어떻게 대처할 것인가' 등과 관련하여 '스스로 대답한 것을 가지고 문장 혹은 어구로 표현하는 자유 기술식의 문제'로 전환하였다. 말하자면 실천력이나 응용력, 사고력이나 창조성을 중시하여 평가하겠다는 것이다.* 이러한 능력이 중요하게 인정되는 풍조가 국가적으로 확산되기를 염두에 두고 있다. 그리고 이와 같은 능력이야말로 사회적으로 꼭 필요한 지표가 된다는 OECD의 생각을 그대로 반영한 것이다.

뿐만 아니라 영문 보고서에서는 지식이나 기능뿐만 아니라 '역량competence'이라는 실천적인 능력에 주목하는 점에 대하여 다음과 같이 설명하고 있다.

"PISA의 조사 결과는 TIMSS의 것과는 다르다. (생략) TIMSS의 조사에 사용되는 소재들은 각 참가국의 커리큘럼을 분석하여 이를 기반으로 구성되어 있다. 때문에 대다수 참가국의 커리큘럼에 공통된 소재를 기본으로 한다. 이에 반해 PISA 2000은 삶을 순조롭게 살아가기 위해서, 현대사회에 충분히 적응하며 사회에 유익한 일을 하고 공헌할 수 있는 개인의 능력을 키우는 데 결정적으로 중요하다고 생각되는 기능과 '역량competencies'의 영역을 포함한다."**

PISA는 우리에게 친숙한, 기존의 학력 조사하고는 분명 다르다. 그렇다면 PISA가 요구하는 학력이란 어떤 것일까?

---

* 국립교육정책연구소 편 『살아가는 데 필요한 지식과 기능-OECD 학생의 학업성취도 국제 비교 연구(PISA 2000) 국제 결과 보고서』 GYOSEI, 2002, p.10.
** PISA, *Knowledge and Skills for Life: First Results from PISA 2000*. OECD, p.27.

흔히 우리들이 알고 있는 학력 조사는 한 개의 질문에 한 개의 정답만이 있는 경우가 많다. 하지만 PISA는 사고력과 문제해결 능력, 그리고 사회에 나가 구체적인 문제해결에 적극적으로 참가하는 능력을 측정하고자 한다. 이를 위해서는 복잡하게 뒤얽혀 있는 상황을 설정하여 문제를 제시한다. 문제를 푸는 사람은 우선적으로 문제해결에 필요한 소재나 정보를 구하고 이를 구성해서 문제 상황을 스스로 판단한다. 이때 복수의 의견이나 입장을 고려하면서 각각의 의견이나 입장을 장점과 단점으로 나누고 이를 다면적으로 평가한 후 일정한 해결을 얻는 전 과정이 판정의 중요한 대상이 된다. 한 번에 해결하기 어려운 문제에 대해서는 장기적으로 문제해결을 위한 대안을 모색하도록 유도한다. PISA 조사에는 이처럼 복잡한 설문이 미리 짜여 있는 것이다. 우리들이 흔히 접하는 학력 테스트에는 PISA와 같은 복잡하고 애매한 상황은 배제되는 것이 보통인데 말이다.

그렇다면 PISA에서 출제되는 문제의 구체적인 예를 들어보자. 독자 여러분들도 함께 생각해보기 바란다.

먼저, 다음 쪽에 있는 설문 1을 보자. '도난 사건' 이라 명시되어 있는데 과연 어떤 문제일까?

이 문제는 수학적 소양을 묻고 있다. 설문에서 주의할 점은 그래프가 어느 정도 증가하였는가 하는 증가폭에 관해 생각하는 것이다. 그래프상에서 빼기를 하면 그 차이는 10건 정도다. 이는 전체의 500건에 비하면 그리 큰 숫자라고 할 수 없다. 비율로 따져 보더라도 그 변화의 차이는 2% 정도에 지나지 않는다. 여기서 빼기와 나누기와 같은 수학적 기능이 필요하게 되는데, 지시에 의해서가 아니라 왜 그럴까 하고 생각하는 과정에서 각자가 갖고 있는 지식과 재량을 동원할 수 있다. 실은 여기까지 풀면 해답은 반 정도 나온 셈이다.

설문 1 도난 사건

어느 텔레비전 리포터가 다음의 그래프를 가리키면서 "1999년은 1998년에 비해서 도난 사건이 급증하고 있습니다."라고 말했습니다.

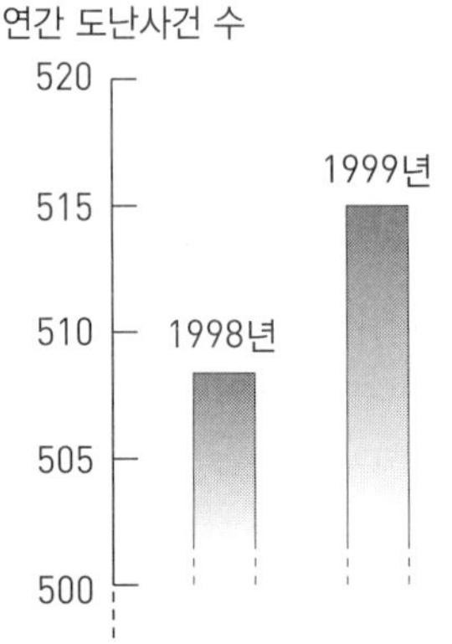

리포터의 발언은 이 그래프의 설명으로 적절하다고 생각합니까?
'적절하다' 또는 '적절하지 않다'로 답하고, 그 이유를 설명해주세요.

★ 국립교육정책연구소 편 『살아가는 데 필요한 지식과 기능②』 GYOSEI, 2004, p.119.
★ 설문 1의 정답은 이 장 맨 끝에 실었다. (이하, 설문 2, 3, 4도 동일)

두 번째 체크할 점은 과연 2%가 급증이라 불릴 만큼의 큰 변화인가 따져 보는 것이다. 이는 고도의 판단이 필요하다. 전년도로 거슬러 올라가서 변화의 폭을 살펴보지 않으면 안 된다. 계속해서 0 또는 마이너스로 변화해온 경우에는 2%의 변화라도 갑자기 일어난 것이면 급증이라 할 수 있기 때문이다. 결국 그래프의 두 개의 점을 비교한다 해도 한 가지 변화만 살피는 것이 되므로 변화의 대소를 판단하기 위해서는 더욱 큰 변화를 비교하지 않으면 안 된다는 논리가 요구된다.

결과를 보면 일본 학생들의 정답률은 11%에 지나지 않아 다른 국가에 비해서 낮다(**표 1-7**). 일본의 많은 학생들은 이 설문에서 그래프의 높이가 거의 2배 가까이 되기 때문에 도난 사건도 2배라 할 수 있고 이 때문에 급증이라는 표현이 적합하다고 속단해버린 것 같다.

비판력이 강하다는 점에서 이탈리아가 정답률이 높은 것에 주목하고 싶다. 일본은 OECD의 평균보다 훨씬 낮다. 이는 저학력의 질적인 문제이기도 하고 주먹구구식의 연습만으로는 해결되지 않는 문제다.

또 다른 문제 설문 2(다음 쪽)를 보자. 도난 사건의 설문은 정보 부족으로 판단을 내리기 어려울 수도 있겠지만 '스케이트보드'의 설문 2에서는 스케이트보드 같은 과제를 푸는 데 있어서 불필요한 정보가 숨겨져 있다. 현실 사회에서 실제 일어날 수 있는 상황을 가정한 설문으로, 필요한 정보를 선택하여 문제를 푸는 것이 관건이다.

설문 2의 문제 1에서는 2개의 문제를 풀어야 완전 정답이 된다. 2개 중 한쪽만 풀었을 경우는 부분 정답으로 처리된다. 부분 정답은 문제에 대한

표 1-7 도난 사건에 관한 문제의 정답 결과

국가명	완전 정답	정답 (부분 정답도 포함)		
		남자	여자	전체
핀란드	26.5	47.2	44.5	45.8
이탈리아	23.3	44.9	34.5	39.3
뉴질랜드	23.2	40.0	38.7	39.3
한국	16.7	30.3	24.6	28.0
미국	16.7	34.5	31.3	33.0
독일	14.9	31.5	26.0	28.7
프랑스	14.5	31.9	26.0	28.8
일본	11.4	31.0	27.3	29.1
OECD 평균	15.4	30.8	28.2	29.5

* 국립교육정책연구소 편 『살아가는 데 필요한 지식과 기능②』 GYOSEI, 2004, p.121.
* 일본 학생들은 비판력이 약하다고 할 수 있다.

설문 2　스케이트보드

L 씨는 스케이트보드를 아주 좋아합니다. 어느 날 스케이트 팬이라는 가게에 가격을 알아보기 위해 갔습니다. 이 가게에서는 완제품 보드를 살 수도 있지만 덱 1개, 바퀴 4개 세트, 트랙 2개 세트, 금구 세트를 별도로 사서 오리지널 보드를 조립할 수도 있습니다. 가게에서 파는 상품의 가격은 다음과 같습니다.

상품	가격 (단위 : 젯)	
완제품 스케이트보드	82, 84	
덱(deck)	40, 60, 65	
바퀴 4개 세트	14, 36	
트랙(track) 2개 세트	16	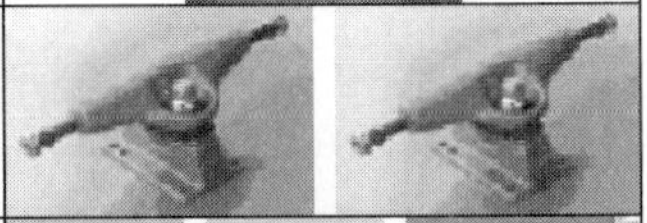
금구 세트 (베어링, 고무 패드, 볼트와 너트)	10, 20	

문제 1　L 씨는 자신의 스케이트보드를 조립하고 싶어합니다. 이 가게에서 부품을 사서 스케이트보드를 조립할 때 드는 최저 비용과 최고 비용은 각각 얼마입니까?
(a) 최저 가격 ____________ 젯　　　　(b) 최고 가격 ____________ 젯

문제 2　이 가게에는 덱 3종류, 바퀴 세트 2종류, 금구 세트 2종류가 있습니다. 트랙 세트는 1종류밖에 없습니다. L 씨가 조립할 수 있는 스케이트보드는 몇 종류입니까?
A 6　　　B 8　　　C 10　　　D 12

문제 3　L 씨의 예산은 120젯입니다. 그는 이 예산을 가지고 제일 높은 가격의 스케이트보드를 사고 싶어합니다. L 씨가 4종류의 부품을 사는 데 필요한 금액은 각각 얼마입니까?
덱 ____________ 젯　　　　바퀴 세트 ____________ 젯
트랙 세트 ____________ 젯　　　　금구 세트 ____________ 젯

★ 국립교육정책연구소 편 『살아가는 데 필요한 지식과 기능②』 GYOSEI, 2004, pp.101~105.

표 1-8 스케이트보드에 관한 문제 1의 결과

국가명	반응률			
	완전 정답	부분 정답	오답	무응답
핀란드	80.7	9.0	9.5	0.8
뉴질랜드	73.7	8.7	16.4	1.3
한국	72.0	11.8	13.9	2.3
독일	71.7	11.5	11.6	5.2
이탈리아	60.8	12.1	19.9	7.3
미국	57.7	8.9	27.2	6.2
일본	54.5	8.0	26.9	10.6
프랑스	52.9	27.8	12.6	6.6
OECD 평균	66.7	10.6	18.0	4.7

개념은 바로 알고 있으나 계산 착오로 인한 것이기 때문에 계산 능력을 키우면 쉽게 회복할 수 있다. **표 1-8**에서 완전 정답률이 최하위인 프랑스의 성적이 이 경우다.

그러나 일본의 경우는 오답과 무응답이 많아 아마도 문제의 의도를 정확히 파악하지 못하고 있음을 알 수 있다. 즉, 계산 능력이 아니라 사고력을 향상시킬 대책을 간구해야 한다. 특히 무응답이 많은 것은 수학적 사고력이 뒤떨어진다는 것을 의미하는데, 이 점에 있어서 핀란드는 거의 대부분이 높은 사고력을 자랑하고 있다. 게다가 수리 능력 또한 뛰어나다.

문제 2는 경우의 수를 맞히는 문제인데 일본의 학생들은 순열과 조합과 같은 단원의 수업을 많이 받고 있기 때문에 이 같은 문제를 푸는 데는 익숙해져 있어서 정답률이 높다(**표 1-9**).

문제 3은 12개의 조합을 모두 계산하면 되므로 큰 문제는 없다. 그러나 조금만 생각하면 더 빨리 풀 수 있다.

설문 2를 통해 본 일본의 특징은 무응답이 많다는 것이다(**표 1-10**).

표 1-9 스케이트보드에 관한 문제 2의 결과

국가명	반응률		
	부분 정답	오답	무응답
일본	67.0	29.7	3.3
한국	65.0	31.4	3.6
핀란드	56.1	42.4	1.5
미국	49.9	47.6	2.6
뉴질랜드	48.2	50.6	1.1
프랑스	46.5	48.3	5.2
독일	44.9	50.0	5.1
이탈리아	34.5	57.1	8.5
OECD 평균	45.5	50.0	4.5

표 1-10 스케이트보드에 관한 문제 3의 결과

국가명	반응률		
	정답	오답	무응답
핀란드	59.1	38.7	2.3
뉴질랜드	55.7	41.4	2.9
한국	55.6	40.7	3.6
프랑스	55.1	39.2	5.7
일본	53.6	37.1	9.4
독일	51.7	42.5	5.7
미국	46.1	49.8	4.1
이탈리아	44.2	48.0	7.9
OECD 평균	49.8	44.6	5.5

표 1-8, 9, 10 모두

★ 국립교육정책연구소 편 『살아가는 데 필요한 지식과 기능②』 GYOSEI, 2004, p.102, p.104, p.106.

★ 일본 학생들은 오답이나 무응답이 많다. 그러나 조합하여 계산하는 능력은 뛰어나서 핀란드보다도 정답률이 높다.

그러면 설문 3을 살펴보자.

설문 3 신장

〈젊은이들의 키가 커지고 있다〉 네덜란드에서 1998년에 조사한 젊은 남녀의 평균 신장을 아래의 그래프로 나타냈습니다.

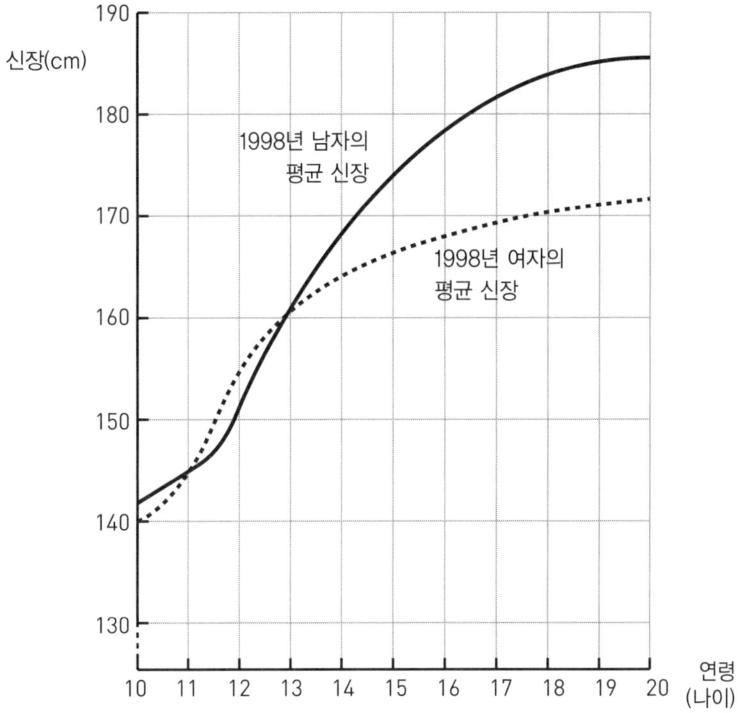

문제 1 1980년부터 보면 20세 여자의 평균 신장은 2.3cm 커져서 현재는 170.6cm입니다. 1980년의 20세 여자의 평균 신장은 얼마입니까?

문제 2 여자의 평균 신장을 봤을 때 12세 이후는 그 증가폭이 낮아지고 있습니다. 이것이 그래프상에서 어떻게 나타나고 있는지 설명해보세요.

문제 3 그래프상에서 여자의 평균 신장이 같은 연령의 남자 평균 신장을 우회하는 시점은 언제입니까?

★ 국립교육정책연구소 편 『살아가는 데 필요한 지식과 기능②』 GYOSEI, 2004, pp.94~98.

표 1-11 신장에 관한 문제 1의 결과(%)

국가명	정답			오답	무응답
	전체	남자	여자		
한국	81.9	82.8	80.7	13.8	4.3
프랑스	79.6	79.6	79.7	16.1	4.3
일본	78.3	76.3	80.5	13.1	8.6
독일	71.2	74.5	68.1	20.1	8.7
뉴질랜드	69.8	71.3	68.4	26.5	3.7
핀란드	67.3	69.0	65.5	25.5	7.2
이탈리아	67.0	65.6	68.5	20.8	12.2
미국	54.0	56.6	51.5	41.3	4.7
OECD 평균	67.0	68.6	65.4	24.7	8.3

신장에 관한 문제 1은 그래프를 보지 않아도 주어진 수치만으로 해결할 수 있다. 이처럼 간단한 계산의 응용문제라면 일본의 아이들도 아주 잘한다(**표 1-11**). 소수점 처리도 뛰어나다.

그런데도 불구하고 무응답률이 OECD 평균보다 높은 점이 마음에 걸린다. 특히 여학생의 경우는 정답률이 높은데, 이 같은 사실은 남학생의 오답율과 무응답이 많다는 것을 의미하는 것으로 이 점이 학력격차의 문제점으로 부상하고 있다.

핀란드의 경우는 이와 같은 계산 문제가 취약한 모양이다. 미국은 오답은 많았지만 무응답은 적게 나타났다. 틀려도 좋으니까 우선 대답하고 본다는 행동 양식이 몸에 배인 모양이다.

신장을 묻는 문제 2는 수량의 변화를 그래프의 기울기로 판단하는 문제다. 수학의 기본 분야인 함수의 근본 원리를 알고 있어야 한다. 여기서는 사물을 보는 방법, 상황을 어떻게 이해하고 있는지를 묻고 있는데, 평상시

표 1-12 신장에 관한 문제 2의 결과(%)

국가명	정답			오답	무응답
	전체	남자	여자		
핀란드	68.2	63.6	73.2	24.8	7.0
뉴질랜드	59.2	58.3	60.1	31.7	9.1
한국	56.1	58.5	52.4	28.9	15.0
미국	52.6	54.2	51.0	39.4	8.0
프랑스	52.0	48.4	55.1	33.2	14.8
독일	47.1	46.5	47.8	26.6	26.4
일본	43.3	41.8	44.9	27.4	29.3
이탈리아	30.3	28.7	31.8	38.8	30.9
OECD 평균	44.8	44.4	45.1	34.1	21.1

과학이나 수학에서 그래프를 이용하여 사고력을 키우는 노력을 했는지의 여부에 따라 그 결과가 다르게 나타날 것이다.

핀란드의 경우는 정답률이 높을 뿐만 아니라 무응답률 또한 낮다. 그러나 일본은 정답률이 낮고 무응답률도 높아서 주위를 놀라게 하였다(**표 1-12**).

일본의 수학 교육은 함수 개념을 파악하는 본질적인 문제에서 벗어나 계산력을 중시하는 단편적이고 기술적인 교육이 이루어지고 있는 데 반해서 핀란드에서는 교육성과가 학문의 본질에 육박할 정도의 질 높은 교육이 이루어지고 있다고 하겠다. 신장을 묻는 문제 3은 대소 관계가 그래프의 상하 관계가 되는지를 묻는 문제인데 실은 이 그래프가 선명하지 않기 때문에 뜻밖의 혼란을 야기할 수 있다. 남녀의 그래프가 교차하고 있는 점은 11세보다 약간 위, 13세보다 조금 아래 두 곳인데, 정밀함을 따지는 일본인의 성향으로 볼 때 꽤 신경이 쓰이지 않을 수 없다. 이 설문의 또 한 가지 문제점은 출제자의 의도를 수험자가 제대로 파악하지 못하는 데 있다. 즉, 출제자는 자연계의 연속적인 변화에 착안해 폭 있는 대답을 기대하고 있지만, 많은 수험자는 해당하는 연령에만 주목해서 '12세' 라고 대답해 버리기 쉽다. 왜냐하면 11세와 13세 지점에서 남녀가 동일하게 나타났기 때문이다. 출제 의도를 충분히 반영하지 못한 설문이라 해도 과언이 아니다. 학생들의 답안에서 눈길을 끄는 특징이라 하면 핀란드와 일본은 유사한 결과를 보이고 있는데도 불구하고 이 설문 역시 일본의 경우 무응답이 OECD 평균보다 많았고 또한 남녀 간 격차가 OECD 평균보다 크게 벌어졌다는 점이다. 또한 남학생이 여학생보다 정답률이 훨씬 낮게 나타났다 (**표 1-13**).

한편 도난 사건 문제와 신장에 관한 문제를 함께 생각해보자. 일본의 경

표 1-13 신장에 관한 문제 3의 결과(%)

국가명	완전 정답	부분 정답	정답		오답	무응답
			남자	여자		
한국	80.2	4.2	83.2	80.9	12.6	3.0
프랑스	72.3	14.4	77.7	81.1	8.8	4.5
핀란드	66.8	25.7	77.5	82.1	5.2	2.2
일본	62.5	23.9	71.5	77.6	5.5	8.1
독일	61.0	22.1	73.6	70.7	6.7	10.2
뉴질랜드	55.0	33.9	71.4	72.4	6.1	5.1
미국	39.4	43.4	60.5	61.7	13.3	4.0
이탈리아	37.0	39.3	54.2	59.1	10.5	13.1
OECD 평균	54.7	28.1	67.6	70.0	9.7	7.5

표 1-11, 12, 13 모두

★ 국립교육정책연구소 편 『살아가는 데 필요한 지식과 기능②』 GYOSEI, 2004, p.95, p.97, p.100.

★ 일본 학생들은 계산은 잘하지만 설명하는 능력은 부족하다.

우, 계산 문제는 잘 풀지만 수학적 사고가 요구되고 이를 응용해야 하는 문제에서는 막히고 만다. 한국 또한 이 점에 있어서 비슷한 경향을 보이고 있지만 일본만큼 심하지 않다. 예컨대 일본에 있어서 수학 공부는 한정된 조건에서의 일종의 게임처럼 취급되고 있는 탓에, 혼자서는 수학에서 배운 것을 가지고 생활 속에서 응용하여 문제를 해결하는 데는 어려움이 있는 듯하다.

다음은 학력 저하라고 일대 소동이 벌어졌던 '읽기 소양'에 관한 문제이다. 함께 보도록 하자.

설문 4 낙서

학교 벽에 그려진 낙서 문제로 골치를 앓고 있습니다. 낙서를 지우고 페인트칠을 새로 한 것이 벌써 4번째입니다. 창조성이라는 점에서는 높이 살 만하지만 사회에 불필요한 손실을 안겨주지 않고 자기를 표현하는 방법을 찾아야 할 것입니다.
금지된 장소에 낙서를 하는, 젊은이로서의 평가를 저하시키는 행위를 왜 하는 것일까요? 프로 예술인이라면 길거리에 휘갈기는 낙서질 따위가 아니라 정식으로 장소를 빌려 전시회를 열어서 금전적인 원조와 명성을 구할 일입니다.
제 생각으로는 건물이나 담, 공원 벤치는 그 자체로 이미 예술 작품입니다.
이러한 건축물을 낙서로 망친다면 그야말로 슬픈 일입니다. 그뿐만 아니라 낙서라는 수단은 오존층을 파괴합니다. 이러한 '예술 작품'은 매번 지워지고 마는데 예술가를 사칭한 범죄적 낙서 행위를 왜 그만두지 않아 골치를 앓게 하는지 저로서는 정말 이해할 수 없습니다.

- 헬가

10인 10색이라는 말이 있듯이 사람은 저마다 다른 취향을 가지고 있습니다. 세상은 커뮤니케이션과 광고로 넘쳐나고 있습니다. 기업의 로고, 가게의 간판, 길거리마다 눈을 어지럽게 만드는 크고 작은 포스터들. 과연 이런 것들을 두고 보아도 괜찮을까요? 대개가 허용되고 있습니다만, 그렇다면 낙서는 어떻습니까? 허용된다는 사람도 있을 것이고 허용할 수 없다는 사람도 있습니다.
그런데 낙서로 인한 대금은 누가 지불하는 걸까요? 누가 맨 나중에 광고 대금을 지불하는 걸까요? 말 그대로 소비자입니다.
간판을 세운 사람은 당신에게 사전 허가를 받았습니까? 같은 방식으로 낙서를 하고 싶은 사람은 누군가에게 미리 허가를 받아야만 합니까? 이를 단순히 커뮤니케이션의 문제로 보는 것은 어떨까요? 당신의 이름도, 비행 청소년 무리의 이름도, 길거리에서 흔히 보는 제작물도 일종의 커뮤니케이션으로 생각하자는 거죠.
수년 전 유행했던 얼룩무늬나 체크무늬 양복을 기억하시나요? 스키복 같은 것도요. 이러한 양복 무늬나 색은 꽃무늬가 그려진 콘크리트 벽을 그대로 본뜬 것이라고 합니다. 이런 것들은 받아들여지고 높이 평가되면서 같은 스타일의 낙서는 불쾌하게 여겨지고 있는 사실에 씁쓸할 따름입니다.
예술 다난의 시대입니다.

- 소피

앞의 두 장의 편지는 낙서에 관한 내용으로 인터넷에서 발췌한 것입니다. 여기서 말하는 낙서란 벽이나 특정 장소를 불문하고 위법으로 그려져 있는 그림이나 글입니다. 이 편지를 읽고 문제 1~4에 대답해주세요.

문제 1 두 장의 편지에 공통된 목적은 다음 중 무엇입니까?
A 낙서란 무엇인가를 설명하고 있다.
B 낙서에 대한 의견을 말하고 있다.
C 낙서의 인기도를 설명하고 있다.
D 낙서를 지우는 데 얼마의 돈이 드는가를 말하고 있다.

문제 2 소피가 낙서를 광고에 빗대고 있는 이유는 무엇입니까?

문제 3 당신은 두 장의 편지 중 어느 쪽에 찬성합니까? 한쪽 또는 양쪽의 편지 내용을 언급하면서 스스로의 생각을 자기만의 언어로 대답하고 이를 설명해보세요.

문제 4 편지에 무엇이 쓰여 있는지, 내용에 대해서 생각해봅시다.
편지가 어떠한 방식으로 쓰여 있는지 스타일에 대해서 생각해봅시다.
어느 쪽 편지에 찬성하고 있는지는 별개로 하고 어느 쪽 편지가 좋은 편지라고 생각합니까? 한쪽 또는 양쪽 편지의 방식을 언급하면서 스스로의 의견을 말하고 이를 설명해보세요.

★ 국립교육정책연구소 편 『살아가는 데 필요한 지식과 기능』 GYOSEI, 2002, pp.67~71.

이 설문은 내용이 좀 긴 편이어서 읽는 데 시간이 걸려 일부 수험자는 초조해하기도 한다. 문화에 따라서는 낙서는 해서는 안 되는 것으로 배웠을 수도 있으므로 낙서에도 의미가 있다는 발상은 하기 어려울지도 모른다. 법적으로 위법인 행위를 긍정하는 듯한 의견은 한층 더 이해를 어렵게

표 1-14 낙서에 관한 문제 2의 결과(%)

국가명	반응률		
	정답	오답	무응답
프랑스	64.5	26.4	9.1
한국	60.2	33.4	6.4
핀란드	57.8	33.8	8.5
이탈리아	52.5	34.3	13.3
독일	50.1	32.3	17.6
미국	45.5	50.1	4.4
일본	42.2	29.0	28.8
OECD 평균	53.4	36.3	10.2

한다. '광고는 낙서의 합법적인 한 형태'와 같은 강한 논조의 논리 전개 역시 읽는 이에게 압박감을 더해주고 있다.

문제 2의 결과(표 1-14)를 보면, 다른 국가에 비해서 일본 학생들의 경우 무응답 수가 두드러진 것이 눈에 띈다.

자신과 다른 의견을 받아들이기 힘든 나머지 사고가 정지되기라도 한 것일까? 미국 등을 보면 틀려도 좋으니까 우선 대답하고 보는 행동 스타일이 몸에 배어 있다. 일본과는 사뭇 다르다.

문제 3에서도 일본이 무응답이 많기는 마찬가지다. 반대로 미국은 최상위를 차지하고 있다. 자기 나름대로의 의견을 확실히 말할 수 있기 때문일 것이다(표 1-15).

스스로의 생각을 자기만의 언어로 말하거나 자신이 내린 결론을 상대에게 설명하는 것도 일본인은 능숙하지 못하다. 상대에게 설명하기 위해서는 상대가 자신과 다른 의견을 가질 수 있다는 것을 상정하여 논리를 정연하게 세우지 않으면 안 된다. 각각의 의견이 가지는 장점과 단점을 정확하

표 1-15 낙서에 관한 문제 3의 결과(%)

국가명	반응률		
	정답	오답	무응답
미국	74.4	22.4	3.2
핀란드	72.1	24.9	3.0
한국	71.9	23.4	4.6
일본	71.1	13.7	15.2
프랑스	69.1	23.5	7.4
독일	64.0	25.3	10.7
이탈리아	63.8	26.2	10.0
OECD 평균	67.8	25.4	6.8

표 1-14, 15

★ 국립교육정책연구소 편『살아가는 데 필요한 지식과 기능』GYOSEI, 2002, p.69, p.71.

★ 일본 학생들은 반대 의견의 논리 주장이 어렵다. 미국의 경우는 무응답률이 낮아 표현력이 높다고 할 수 있다.

게 지적하고 대립 의견을 해소하도록 해결 방법을 찾으려는 노력이 필요하다. 복수의 의견을 평가하고 입증하면서 궁극적으로는 자신의 생각을 잘 아울러 설명할 수 있는 사고 양식이 문제가 된다. 일본 아이들은 바로 이 점이 취약하고 반대로 핀란드 아이들은 강하다고 하겠다.

OECD 교육국에서 지표분석 과장을 맡고 있는 슈라이햐 씨는 이에 관해서, "읽기란 단순히 읽고 쓰는 것만을 의미하지 않는다. 사회적인 도구를 이용하여 사회와 연계하는 능력을 말한다."*라고 지적하였다. 연계하는 방법, 다시 말해서 수동적인가 아니면 비판적으로 참가하는가의 태도 여하가 읽기에 반영된다는 것이다.

---

* 국립교육정책연구소 편『일본의 교육이 보인다-교육 인디게이터 사업(INES)과 학생의 학업성취도 국제 비교 연구(PISA 2000) 조사 결과를 토대로 일본의 교육 현상을 파헤친다-안드레아 슈라이햐 OECD 교육국 지표분석 과장 강연』p.10.

이번 PISA의 읽기 영역에서 일본이 좋지 않은 성적을 나타낸 것은 위와 같은 종합적인 사고력 및 사회적 관계의 연계 방식에 문제가 있음을 말해주는 것으로, 단순히 읽기 능력을 문제 삼아서는 안 될 것이다. 읽기 소양이라 하기보다는 언어적 소양이라고 하는 편이 더 정확할지도 모르겠다.

PISA는 이처럼 생활 속에서 직접 활용할 수 있고 실제로 사회에 나갔을 때 유용한 설문을 반 정도 포함하고 있다. 일본인에게 익숙한 학력 조사와는 전혀 다른 학력 조사인 것이다.

일본의 학력은 낮아졌는가

PISA에서 읽기 영역이 과거 8위에서 14위로 떨어진 것을 가지고 매스컴은 '학력 저하'라는 머리기사로 크게 보도하였다.

그 때문에 많은 일본인은 학력이 대폭 저하되었다고 믿어 의심치 않게 되었다. 읽기 영역에서 어떤 문제가 출제되었는가도 고려하지 않고 모두가 갈피를 잃어버리고 허둥대었다.

그러나 조사 결과를 차분히 살펴보면 전혀 다른 점을 발견할 수 있다. **표 1-17**은 PISA의 읽기 소양 조사에 나타난 학생들의 레벨별 분포를 나타내고 있다. 최대 특징은 레벨 1 미만의 '심각한 수준의 저학력층이 얼마를 차지하는가?' 하는 것인데, 1위인 핀란드와 2위인 한국은 1%대이고 3위의 캐나다도 2%대인 데 반해서, 일본은 7.4%로 OECD 평균보다 많다는 점이다. 평균 이하(레벨2 이하)의 비율을 살펴보더라도 핀란드와 한국은 20%대인 데 반해서 일본은 40% 정도에 이른다. 다시 말해서 일본은 레

표 1-16 PISA 2000 읽기 소양의 레벨별 학생 비율(%)

순위	레벨 / 국가명	1 미만	1	2	3	4	5	~1	3~
1	핀란드	1.7	5.2	14.3	28.7	31.6	18.5	6.9	78.8
2	캐나다	2.4	7.2	18.0	28.0	27.7	16.8	9.6	72.5
3	뉴질랜드	4.8	8.9	17.2	24.6	25.8	18.7	13.7	69.1
4	호주	3.3	9.1	19.0	25.7	25.3	17.6	12.4	68.6
5	아일랜드	3.1	7.9	17.9	29.7	27.1	14.2	11.0	71.0
6	한국	0.9	4.8	18.6	33.8	31.1	5.7	5.7	75.6
8	일본	2.7	7.3	18.0	33.3	28.8	9.9	10.0	72.0
14	프랑스	4.2	11.0	22.0	30.6	23.7	8.5	15.2	62.8
15	미국	6.4	11.5	21.0	27.4	21.5	12.2	17.9	61.1
20	이탈리아	5.4	13.5	25.6	30.6	19.5	5.3	18.9	55.4
21	독일	9.9	12.7	22.3	26.8	19.4	8.8	22.6	55.0
	OECD 평균	6.0	11.9	21.7	28.7	22.3	9.5	17.9	60.5

★ 국립교육정책연구소 편 『살아가는 데 필요한 지식과 기능』 GYOSEI, 2002, p.34.

벨1 미만 또는 레벨1 수준의 저학력층이 늘어나는 국가 중 하나이고, 순위가 높은 국가는 해당 층이 극히 적은 것이 특징이다. 결국 일본의 경우 저학력층이 전체의 평균점을 끌어내리고 있는 데 반해서, 핀란드나 한국에서는 저학력층을 낮추기 위해 노력한 결과, 교육 효과와 함께 평균점이 높아졌으며 결과적으로 고학력층의 수준 역시 높아지게 되었다.

한편, PISA는 각 레벨에 대해서 레벨1 미만은 '가장 기본이 되는 지식 · 기능을 숙지하고 있지 않은 경우' 라 하고 레벨1은 '최소한의 복잡한 과제를 수행할 능력이 있는 경우', 레벨2는 '기본적인 과제를 수행할 수 있는 경우' 와 같이 설명하고 있다. 여기서 다시 한 번 OECD 교육국 지표 분석 과장인 안드레아 슈라이햐 씨의 말을 인용하면 다음과 같다.

"레벨1은 소양이라는 관점에서 살펴보았을 때 상당히 걱정되는 수준의

표 1-17 PISA 2003 읽기 소양의 레벨별 학생 비율(%)

순위	국가명 \ 레벨	1 미만	1	2	3	4	5	~1	3~
1	핀란드	1.1	4.6	14.6	31.7	33.4	14.7	5.7	79.8
2	한국	1.4	5.4	16.8	33.5	30.8	12.2	6.8	76.5
3	캐나다	2.3	7.3	18.3	31.0	28.6	12.6	9.6	72.2
4	오스트리아	3.6	8.2	18.3	28.4	26.9	14.6	11.8	69.9
6	뉴질랜드	4.8	9.7	18.5	26.3	24.3	16.3	14.5	66.9
7	아일랜드	2.7	8.3	21.2	32.4	26.2	9.3	11.0	67.9
14	일본	7.4	11.6	20.9	27.2	23.2	9.7	19.0	60.1
17	프랑스	6.3	11.2	22.8	29.7	22.5	7.4	17.5	59.6
18	미국	6.5	12.9	22.7	27.8	20.8	9.3	19.4	57.9
21	독일	9.3	13.0	19.8	26.3	21.9	9.6	22.3	57.8
29	이탈리아	9.1	14.8	24.9	28.3	17.8	5.2	23.9	51.3
	OECD 평균	6.7	12.4	22.8	28.7	21.3	8.3	19.1	58.3

★ 국립교육정책연구소 편『살아가는 데 필요한 지식과 기능②』GYOSEI, 2004, p.154.
★ 표 1-16, 17의 점수 구분은 레벨1 미만(335점 미만), 레벨1(335~), 레벨2(408~), 레벨3(481~), 레벨4(553~), 레벨5(626~). 저학력층이 적을수록 국가 전체의 학력이 높다.

학생들로서, 지식 사회에 대응하기에 충분하지 않다고 생각된다. 무엇보다도 레벨1 미만이 되면 문장 읽기는 어느 정도 되겠지만 문장을 통해서 배우고 자신의 시야를 넓히거나 하는 능력은 부족하다고 할 수 있다."*

표 1-16, **표 1-17**의 변화를 살펴보면 일본의 경우 현저한 변동이 일어나고 있다. 레벨5 부분은 거의 변화가 없지만 중위 부분이 한꺼번에 하위 부분으로 곤두박질치고 있다.

그러면 데이터의 결과를 다른 각도에서 살펴보기로 하자.

그림 1-1은 각국의 그래프에 나타난 득점을 OECD 평균점으로 비교한

* 국립교육정책연구소 편『일본의 교육이 보인다』동일, p.12.

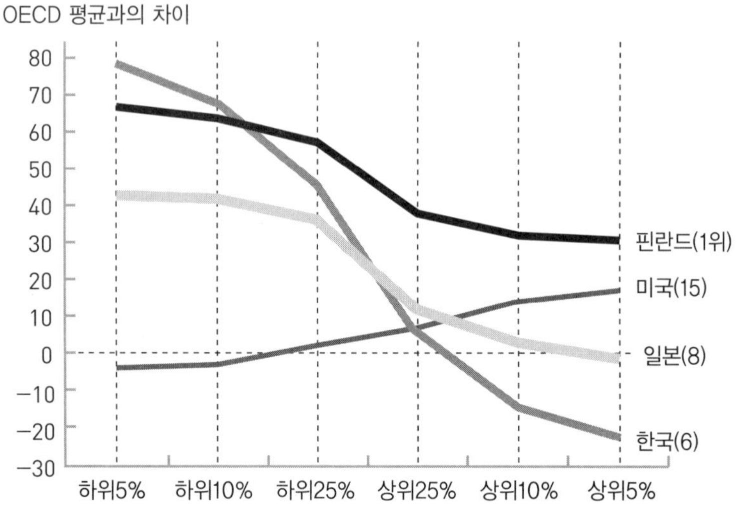

★ 국립교육정책연구소 편 『살아가는 데 필요한 지식과 기능』 GYOSEI, 2002, p.39, p.44.

그림 1-1 PISA 2000 읽기 소양의 득점 분포와 평균치와의 차이

것이다.

PISA 2000에서 일본의 저득점 그룹은 OECD 평균보다 높다. 미국의 경우 저득점 그룹은 평균 이하이고 고득점 그룹은 평균 이상으로 나타나 분열적인 경향을 보였다. 그러나 핀란드는 저득점 그룹의 수준을 상위권으로 끌어올리는 데 성공함으로써 전체적으로 학력이 높아졌을 뿐만 아니라 고득점 그룹의 득점 또한 높아졌다.

이를 PISA 2003에서 살펴보도록 하자(**그림 1-2**). 일본은 미국형에 훨씬 가까워져 있다. 그에 비해서 한국은 핀란드형에 가까워지고 있다.

이와 같이 PISA의 읽기 영역에서 일본의 학력 분포를 살펴보았을 때 낮은 층은 더욱더 낮아지고, 높은 층은 더욱 높아지는 심한 양극화 형상이 두드러졌다. 이는 전체 학력을 낮추는 가장 큰 요인으로 작용하였다.

문제는 여기서 그치지 않는다. 일본이 자신 있어 하는 분야에서도 이와

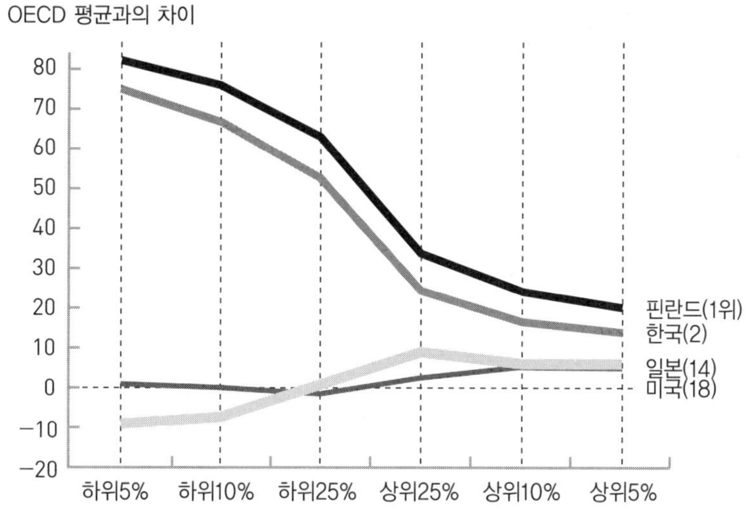

★ 국립교육정책연구소 편 『살아가는 데 필요한 지식과 기능②』 GYOSEI, 2004, p.155, p.158.
★ 학력을 끌어올리면 전체뿐만 아니라 상층부 수준도 높아진다.

그림 1-2 PISA 2003 읽기 소양의 득점 분포와 평균치와의 차이

같은 경향을 볼 수 있다.

표 1-18을 통해 수학적 소양에 관해서 살펴보도록 하자.

15세 단계에서 핀란드는 고학력층이 눈에 띄게 많은 것은 아니지만, '저학력' 층을 현저하게 줄이는 방법으로 사회 전체의 능력 내지는 활력을 높이는 효과를 낳고 있다. 반면 독일, 미국, 이탈리아 등에서는 '저학력' 층이 그대로 방치되고 있다. 더욱이 미국은 고학력층의 비율이 낮고 엘리트 교육조차 만족할 만한 수준에 이르고 있지 않다. 일본은 간신히 학력 저하를 막고 있는 형편이지만 이대로 간다면 미국과 비슷한 상황에 이르리라는 것은 불 보듯 뻔하다. 이 저학력은 성인의 실업난까지 야기하고 있어서 선진국들의 중대한 관심사 중 하나로 떠오르고 있다. 선진국들의 교육 과제는 여전히 저변층을 밑바닥에서 끌어올리는 데 역점을 두고 있으

표 1-18 PISA 2003 수학적 소양에 관한 레벨별 학생 비율(%)

순위	국가 · 지역 \ 레벨	1 미만	1	2	3	4	5	6
1	홍콩	3.9	6.5	13.9	20.0	25.0	20.2	10.5
2	핀란드	1.5	5.3	16.0	27.7	26.1	16.7	6.7
3	한국	2.5	7.1	16.6	24.1	25.0	16.7	8.1
4	네덜란드	2.6	8.4	18.0	23.0	22.6	18.2	7.3
6	일본	4.7	8.6	16.3	22.4	23.6	16.1	8.2
7	캐나다	2.4	7.7	18.3	26.2	25.1	14.8	5.5
11	호주	4.3	10.0	18.6	24.0	23.3	14.0	5.8
12	뉴질랜드	4.9	10.1	19.2	23.2	21.9	14.1	6.6
19	독일	9.2	12.4	19.0	22.6	20.6	12.2	4.1
28	미국	10.2	15.5	23.9	23.8	16.6	8.0	2.0
31	이탈리아	13.2	18.7	24.7	22.9	17.7	6.5	1.4
	OECD 평균	8.2	13.2	21.1	23.7	19.1	10.6	4.0

★ 국립교육정책연구소 편『살아가는 데 필요한 지식과 기능②』GYOSEI, 2004, p.41.

★ 점수 구분은 레벨1 미만(358점 미만), 레벨1(358~), 레벨2(421~), 레벨3(483~), 레벨4(545~), 레벨5(607~), 레벨6(669~).

★ 저학력층이 많은 국가는 고학력층이 적게 나타난다.

며 저변층을 포기하고 엘리트 교육을 하고 있지는 않다. 길을 한번 잘못 들어서면 어떻게 되는지 미국의 데이터를 통해 교훈으로 삼아야 할 것이다.

대조적으로 핀란드나 한국에서는 저변층을 끌어올리는 데 성공함으로써 사회적 과제로서의 학력 문제를 훌륭히 해결했다고 할 수 있다. 일본이 이대로 경쟁 사회로 진입한다면 세계의 우수한 두뇌를 불러 모으고 있는 미국처럼 국내의 저학력층을 버리고 고학력층을 이민 노동력으로 보충해 갈 수밖에 없는 비극을 초래할지도 모른다. 바로 이것이 일본이 앞으로 풀어나가야 할 과제다. 학력 문제는 사회문제와도 직결되는 것이다.

저 학력층의 증가

그림 1-3 은 18세 이상의 성인을 대상으로 과학 기술에 관한 기초 개념의 이해도를 측정한 국제 비교 조사의 결과다.

일본이 교육 분야에 적지 않은 힘을 기울이고 있는데도 불구하고 정답률은 비교 대상인 17개국 · 지역 중에서 낮은 수준에 머물렀다. 스웨덴과

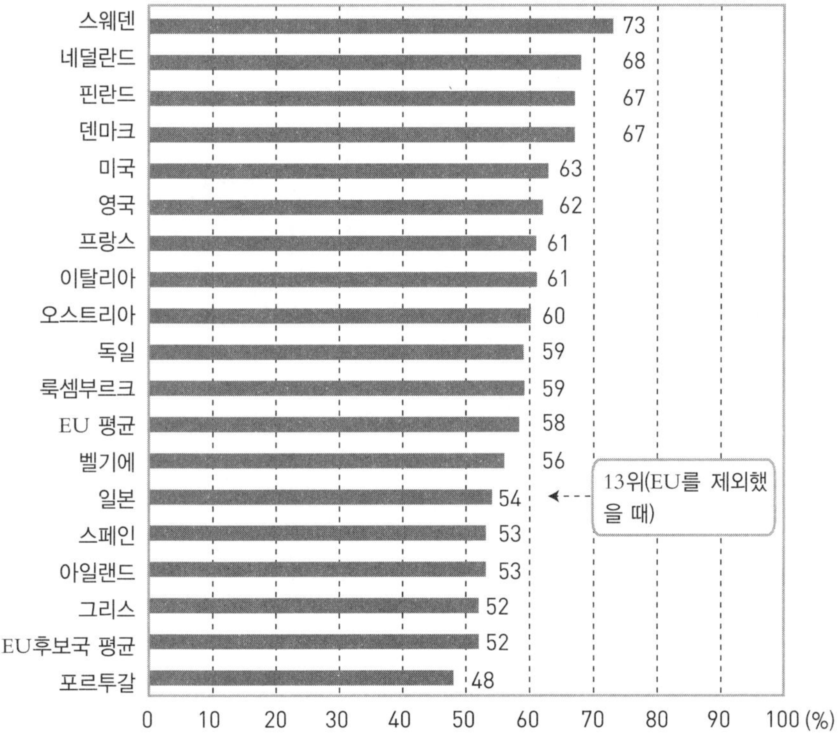

그림 1-3 과학 기술 기초 개념의 이해도(공통 11문항의 평균 정답률)

그림 1-3 의 조사에서 공통 11문항이란 다음과 같은 서술문의 O, X를 묻는 것이었다. 당신은 과연 몇 문항을 맞출 수 있을까?

01 지구의 중심부는 상당히 고온이다.
02 모든 방사능은 인공적으로 만들어진 것이다.
03 우리들이 숨 쉬는 데 필요한 산소는 식물에서 만들어진 것이다.
04 아기가 남자 아기인지 여자 아기인지를 결정하는 것은 아버지의 유전자다.
05 레이저는 음파를 집중해서 얻어진다.
06 전자의 크기는 원자의 크기보다도 작다.
07 항생물질은 박테리아와 마찬가지로 바이러스도 죽인다.
08 대륙은 몇만 년에 걸쳐서 이동하고 있으며 앞으로도 이동할 것이다.
09 현재 인류는 원시적인 동식물 종에서 진화한 것이다.
10 극히 초기의 인류는 공룡과 같은 시대에 살고 있었다.
11 방사능에 오염된 우유는 끓이면 안전하다.

징답
⑪ X, ⑩ X, ⑨O, ⑧ O, ⑦ X, ⑥ O, ⑤ X, ④ O, ③ O, ② X, ① O

* 「과학 기술 백서」 문부과학성, 2004, p.89, p.90.
* 성인이 되어서도 과학의 지식을 잘 기억하고 있을까?

덴마크와 비교해 봤을 때 그 차이는 실로 크다.

일본의 교육은 필요한 지식의 습득 및 유지도가 낮다. 이 같은 사실은 여러 가지로 설명되는데 필요도 없는 지식을 무리하게 주입했다든지, 꼭 필요한 지식을 숙지하지 못한 결과일 수도 있다. 아니면 학습 방법이 나빠서 쉽게 잊어버린다거나 배운 것이 실생활에 별로 도움이 되지 않는다는 것을 의미할 수도 있을 것이다.

시험을 위한 학습, 입시를 위한 학습에서 학력이 다져지기를 기대하는 것은 애당초 무리일지도 모른다. 수학에서 분수를 못하는 대학생, 소수를 잘 모르는 대학생이라 해도 대학생의 학력 분포에서 살펴보면 초등학생

때나 중학생 때는 계산이 가능했다고 예상된다. 2차 함수를 푸는 공식과 마찬가지로 사용하지 않으면 곧 잊어버리는 것과 같다고나 할까. 시험 경쟁을 위한 공부를 하고 있기 때문에 저학력이 되어가는 것은 어쩌면 당연할지도 모르겠다.

저학력층의 실태는 TIMSS 2003의 결과에서도 나타난다. 예를 들면 15×9를 계산할 수 있는 중학교 2학년의 비율은 타이완에서 94%, 싱가포르에서 93%, 일본에서 86%, 미국에서 85%로 나타났다. 일본은 미국과 나란히 현재의 중학생 중 14%, 즉 7명 중 1명 비율로 계산을 할 수 없다는 이야기가 된다.

2003년에 실시한 나가사키 현[長崎県] 교육위원회의 조사에서는 '인간은 죽어도 다시 살아난다.' 고 대답한 초 · 중학생이 15%에 이르고 있고, 중학생만을 따져보더라도 18.3%나 되었다.* 이 같은 이해는 과학의 학력 상황과 직결한 근본적인 문제라고 해석할 수 있을 것이다. 다시 말해서 생명이 세포라는 유기체로 이루어져 있고 그 생명체가 유지되기 위해서는 여러 가지 조건이 필요하다. 이 경우에는 산소가 공급되지 않으면 안 된다는 이해가 전제되어야 하는데, 학교에서 배운 지식이 실생활과 연결되지 않음을 반증하는 또 하나의 예라 할 수 있을 것이다.

일본에는 저학력층이 확실하게 존재하고 있으며 이는 최근 몇 년 사이에 증대하고 있다고 추측된다. 이 같은 사실이 앞으로 사회생활을 해나가는 데 있어서 국민들의 분열까지 낳게 되지 않을까 심히 우려되는 바가 크다. 저학력층에 대한 조기 대책과 더불어 장기간에 걸친 세심한 교육 정책이 마련되지 않는 한 일본의 학력 향상은 현시점에서는 기대할 수 없다.

* 나가사키 현[長崎県] 교육위원회 『학생들의 '생과 사' 이미지에 관한 의식 조사』 2005년 1월 24일 p.5. 대상은 초등 4, 6년과 중학 2년. http://www.pref.nagasaki.jp/edu/gikai/contents/teirei/200501/isikityousa.pdf

교육을 교육 안에서만이 아니라 정치의 중요한 과제로 인식하여 풀어나가야 할 것이다.

PISA가 밝힌 교육 환경의 실태

높은 학력은 어떻게 만들어지는가? PISA는 학력과 더불어 생활 실태 조사도 함께 실행하고 있기 때문에 면학 태도나 경제적 격차 등의 지표와 학력 간의 관계도 분석 가능하다.*

OECD 사무총국은 PISA 2000의 성과를 고려하면서 여러 나라의 교육 제도를 비교하여 다음과 같은 결론을 발표하였다.

"핀란드와 한국의 예에서 보듯이 학교 교육에서 우수한 성과를 실현할 수 있다는 것이 검증되었다. 캐나다, 핀란드, 일본, 한국, 스웨덴의 결과는 높은 성적 수준과 학습 성과의 사회적 평등이 어울려 이룬 쾌거라 할 수 있다. 특히 핀란드와 스웨덴에서는 학교 간 격차가 OECD 평균의 10% 이내인 학교에서 높은 성적 수준이 달성되었다."**

---

* PISA 2000의 조사기준을 정한 것이 PISA 『학생들의 지식기능 측정-새로운 평가의 기준안』(OECD, 1999, 영문)이고, 그 결과를 분석한 것이 국립교육정책연구소 편 『살아가는 데 필요한 지식과 기능』(GYOSEI, 2002) 및 PISA 『인생을 위한 지식과 기능-PISA 2000의 최초 결과』(OECD, 2001, 영문)이다. 2002년 추가 조사를 통해 나타난 분석이 PISA의 『내일의 세계를 향한 리터러시 기능-PISA 2000에 나타난 미래의 결과』(OECD, 2003, 영문)이다. 동시에 PISA 2003의 조사기준을 정한 것이 PISA 『PISA 2003 조사 평가의 구조-OECD학생의 학업성취도 국제 비교 연구』(GYOSEI, 2004)이고, 그 결과를 분석한 것이 국립교육정책연구소 편 『살아가는 데 필요한 지식과 기능②』(GYOSEI, 2004) 및 PISA 『내일의 세계를 향한 학습-PISA 2003에 보이는 주요한 결과』(OECD, 2004, 영문)이다.

** 『무엇이 학교 개혁을 실현시키는가-PISA의 프리즘을 통해서 본 학교 제도』 2004.

OECD 교육국의 지표분석 과장인 독일 출신의 안드레아 슈라이햐 씨는 2003년 1월 일본교직원조합의 제52차 전국교육연구집회와 11월 문부과학성과 국립교육정책연구소가 공동 주최한 강연회에 참석차 일본을 방문하였다. 기념 강연회에서 PISA 조사에 나타난 성적 결과를 토대로 다음과 같은 여러 가지 지적을 하였다.

"분기형 학교 교육 제도를 가진 국가 대부분을 보면 평균보다 성적이 낮았다. 이 같은 결과는 PISA와 관련된 연구자 300여 명을 제외하고 많은 사람들을 놀라게 하였다."* 계속해서 이런 말도 덧붙였다. "독일이나 미국의 경우 국가 전체의 평균적인 성적이 그다지 높지 않을 뿐만 아니라 우수한 학생과 그렇지 못한 학생 간의 격차도 상당히 크다는 것을 알 수 있었다. 반면에 핀란드나 스웨덴을 보면 학교 간의 성적 격차가 작다. PISA 2000의 조사에 나타난 양국의 우수한 성적은 교육 시스템이 견고하기 때문이라 추측할 수 있다. 이들 국가에서는 어느 학교에 아이들을 입학시키더라도 동질의 높은 교육을 받을 수 있도록 보장이 되어 있다고 감히 말할 수 있을 것이다."**

결국 분기형 학교 교육 제도가 전체적인 학력을 저하시켰다고 할 수 있다. 앞서 말했듯이 핀란드나 스웨덴은 어느 학교에 가더라도 똑같은 교육을 받을 수 있도록 교육 체제를 개편했는데, PISA의 조사에서 평등과 고학력이 모순되지 않는다는 것이 밝혀졌다. 학교나 경제적 배경을 평등하게 만들면 국민의 평균적인 학력은 높아진다는 사실을 데이터를 근거로

PISA. *What Makes School Systems Perform?: Seeing School Systems Through The Prism of pisa*. OECD, p.3.

* 일본교직원조합회 편 『어떻게 될 것인가. 어떻게 할 것인가. 세계의 학력, 일본의 학력』 앞과 동일, p.25.

** 국립교육정책연구소 편 『일본의 교육이 보인다』 앞과 동일, p.13.

증명해낸 것이다. PISA의 최대의 공적이 아닐 수 없다. 이는 선진국의 정치가나 교육행정 담당자들의 상식을 뛰어넘은 것이다.

그는 또 중요한 점을 언급하였다.

"교육 제도가 효과적으로 기능하기를 바란다면 각 학교에게 스스로의 학습 환경을 관리할 수 있도록 적절한 자유를 부여해야 한다. 각 학교와 비교했을 때 가장 높은 성적을 낸 학교에는 기준 설정을 비롯하여 자신들의 학습 환경을 관리하는 데 필요한 재량이 충분하였다. 실제로 PISA에서 좋은 성적을 낸 많은 국가들을 보면 (생략) 각 학교에게 보다 많은 자율권을 주고 있다."*

각 학교에 이와 같은 자율권을 주기 때문에 학생들의 필요에 개별적으로 대응할 수 있다고 그는 지적한다. 따라서 전체적인 학력도 자연스럽게 올라가는 것이라고.

"교사가 할 일은 모든 문제를 해결하면서 진로나 코스에 좌우되지 않고, 학생 개개인을 위한 적절한 학습 환경을 만들어주는 것에 있다. (생략) 서로 다른 배경, 서로 다른 능력을 가지고 서로 다른 진로를 향해 나아가는 학생들에게 지극히 개별화된 배움의 기회를 줄 수 있어야 한다."**

"핀란드에서는 고도의 개인별 지도를 통한 학습 환경을 조성하는 것으로 대응하였다. (생략) 한 나라의 교육 제도는 상당히 커다란 목표, 목적이 있을 뿐이고 이를 어떻게 실시할지 그 방법을 결정하는 것은 다름 아닌 각 학교 그리고 그곳에 소속된 교사 개개인이다."***

---

* 일본교직원조합회 편 『어떻게 될 것인가. 어떻게 할 것인가. 세계의 학력, 일본의 학력』 앞과 동일, p.24.

** 일본교직원조합회 편 『어떻게 될 것인가. 어떻게 할 것인가. 세계의 학력, 일본의 학력』 앞과 동일, p.25.

*** 일본교직원조합회 편 『어떻게 될 것인가. 어떻게 할 것인가. 세계의 학력, 일본의 학력』 앞과 동일, p.20.

"핀란드의 경우 권한과 책임은 모두 학교에 부여하고 있으며 학교가 모든 것을 결정할 수 있도록 하고 있다. 이 때문에 성적을 전체적으로 올릴 수 있었다고 본다. (생략) PISA의 조사에서 학교가 자신의 판단으로 아이디어를 내고 이를 시행하는 과정에서 결과적으로 좋은 성과를 얻을 수 있었음을 알 수 있었는데, 그 좋은 예가 바로 핀란드였다. 우열 방식이 아니라 학교에서 학생 스스로 하고자 하는 마음을 불러일으키는 것이 제일 중요한 것이다."*

이와 같이 PISA 조사의 또 하나의 커다란 공적은 중앙집권적인 관리 제도가 아니라 각 학교와 각 교사에게 권한을 주는 것이야말로 복잡하고 힘든 교육 활동에 동기를 부여하는 것임을 데이터로 입증한 것이다. 교사뿐만이 아니라 학생의 동기 형성 역시 중요하다는 것이 판명되었다. 그리고 우열반식 반 편성과 분기형 학교 제도를 없애고 종합 교육 정책을 실시한 핀란드의 '극히 개별화한 학습'을 통해 가히 역설적이라고 여겨지는 현상을 발견할 수 있었다.

그는 계속해서, "PISA의 중요한 성과 중 하나는 학생 개개인의 성공에 있어서 스스로 하려고 하는 의지와 동기가 매우 중요하다는 것을 밝힌 데 있다."** "예컨대 학생들 성적이 향상하기를 바라는 기대감이 있고, 노력을 위한 준비가 되어 있고, 학습 의욕도 충만하며, 교사와 학생들 간의 관계도 좋고, 교사의 의지도 높은 특징을 보이는 학교는 학생들의 성적 또한 자연스럽게 좋아지는 것을 알 수 있었다."***라고 지적하였다.

한편, PISA 2000은 2002년에 제3세계 등의 OECD 비가맹국들을 대상

* 국립교육정책연구소 편 『일본의 교육이 보인다』 앞과 동일, p.23.
** 국립교육정책연구소 편 『일본의 교육이 보인다』 앞과 동일, p.20.
*** 국립교육정책연구소 편 『일본의 교육이 보인다』 앞과 동일, p.17.

으로 재조사되었다. OECD와 UNESCO가 공동으로 정리한 보고서 『내일의 세계를 향한 literacy기능—PISA 2000에 나타난 미래의 결과』(2003)는 이를 추측할 만한 데이터를 제공하고 있다. 이 분석은 이 책의 당면 과제는 아니지만 과거의 단순한 따라잡기식의 근대화 모델이 붕괴된 것만은 확실하다.

[설문 해답]

〈설문 1〉

2% 정도의 증가이지만 이 데이터만으로는 급증이라는 판단을 내리기 어렵다. 따라서 리포터의 발언은 적절하지 않다.

〈설문 2〉

문제 1 최소치는 40 + 14 + 16 + 10 = 80, 최고치는 65 + 36 + 16 + 20 = 137. 둘 다 맞추어야 완전한 정답이다. 하나만 맞추었다면 부분 정답.

문제 2 D12, 3×2×1×2 = 12

문제 3 정답은 덱 65젯, 바퀴 세트 14젯, 트랙 세트 16젯, 금구 세트 20젯. 최고 가격이 137젯이므로 거기에서 137 − 120 = 17(젯) 이상 줄이는 경우를 고려하면 답이 빨리 나온다. 줄이는 양을 작은 순으로 보면 65 − 60 = 5, 20 − 10 = 10, 이 조합이 5 + 10 = 15 그리고 36 − 14 = 22이다. 여기서 17을 넘는다. 따라서 최고 가격의 조합에서 바퀴 4개 세트를 변경하면 된다. 137 − 22 = 115, 또는 65 + 14 + 16 + 20 = 115로 계산할 수도 있다.

〈설문 3〉

문제 1 170.6 − 2.3 = 168.3cm

문제 2 '기울기가 작아지고 있다' '그래프가 내려가고 있다' '연 평균의 증가가 작다' 등으로 그래프 모양을 설명하고 있으면 정답.

문제 3 '11세와 13세 사이' 또는 '11세~13세까지'로 폭으로 설명했으면 정답.

〈설문 4〉

문제 1 B

문제 2 낙서와 광고를 같은 예로 들어서 낙서를 옹호하는 수단으로 사용하고 있다.

문제 3 채점 기준은 과제문의 인용뿐만 아니라 내용을 다루면서 설득력 있는 해석을 하고 있느냐이다.

문제 4 채점 기준은 편지의 문체와 논의의 구조, 논의의 설득력, 논조, 사용하고 있는 용어와 함께 읽는 이에게 어필하는 특징 등을 설명하여 어느 쪽이 좋은지, 어느 쪽을 지지하는지를 판단하고 있을 것.

02

세계 제일을 이룬 비밀

핀란드인은 일반적으로 부끄러움을 많이 탄다. 사진을 찍으려 해도 카메라 렌즈 쪽을 봐주지 않기 일쑤다. 하지만 외국인에 대한 거부 반응이나 경계심은 찾아볼 수 없었다.

*"인구 500만에 불과한 작은 나라 핀란드가 고도의 지식을 필요로 하는 분야,
그 중에서도 정보 분야에서 세계를 이끌어 가리라고는 아무도 예상하지 못하였다.
그 이유로 우선 핀란드에는 필요한 기술과 지식을 갖춘
인적 자원이 적다는 것을 들 수 있겠고,
더욱이 핀란드인은 다른 사람과 대화로 커뮤니케이션하는 것이 서투른
국민으로 알려져 있기 때문이다. (생략)
세계는 핀란드를 멀고 고립되어 있는 작은 나라 정도로 생각하고 있었다."*

– 사토후카 후미히코[里深文彦] –*

* 『인간적인 산업의 부활–유럽형 경영의 모럴』 丸善, 2002, pp.66~68.

핀란드는 일본과 마찬가지로 많은 이들의 예상을 뛰어넘어 농업국에서 공업국으로 변모하였다.
그리고 지금은 세계 제일의 IT산업의 선두에 서 있다.
다름 아닌 교육의 힘으로.

어떻게 세계 최고가 되었는가

PISA 2003에서 평균 득점의 국제 비교표(1장 'PISA가 측정한 학력' 표 1-2 참조)를 자세히 살펴보면 상위권 1할, 즉 4위까지의 모든 영역에서 두드러진 국가는 단 두 곳뿐이다. 바로 한국과 핀란드다. 그런데 흥미롭게도 두 국가의 교육은 매우 대조적이다.

우선 한국의 아이들은 정규 학교 수업 이외에도 많은 공부를 하고 있다. 학원과 과외의 과열 양상이 사회문제가 된 지 오래다. 방과 후의 공부 시간은 일본의 2배 이상이고 핀란드의 3배 가까이 된다(3장 '핀란드 아이들은 왜 공부하기를 좋아하는가' 표 3-3 참조). 고등학교에 진학하면 거의 모든 학생들이 밤늦게까지 학교나 학원에서 방과 후 수업을 받고 있다. 일본의 고교생 중 과반수가 학교 수업 외 가정 학습을 전혀 하지 않고 있는 것과는 크게 대조적이다. 뿐만 아니라 한국에서는 장시간에 걸쳐 응용문제를 다루고 있기 때문에 PISA에도 강할 수밖에 없다.

한편, 핀란드는 세계 제일의 학력 우수 국가로서 세계의 교육 관계자들로부터 뜨거운 시선을 받고 있다. 1960년 전후의 구소련과, 1980년대의 일본에 쏟아졌던 관심과 비슷한 것으로 '고학력의 비결은 무엇인가' 하는 것이다. 하지만 정작 당사자들은 당혹해한다.

"특별히 한 것은 아무것도 없어요."

"당연한 것을 하고 있을 뿐이에요." 이런 대답들뿐이다.

아무래도 여기에 그 비결이 숨어 있을 것 같은데, 그래도 아이들이 '나 스스로를 위해서 공부한다.' 라는 극히 '보통의 교육' 을 철저히 받고 있다는 점이 실로 놀랍다. 당연하다면 당연한 생활과 교육이 지금의 일본에서 봤을 때 왠지 이질적인 것으로 느껴지는 것은 왜일까?

핀란드는 굳이 경쟁을 시키지 않아도 아이들이 그 나름대로 공부를 열심히 한다고 한다. 거짓말 같은 이야기다. 사회도 학력 경쟁을 부추기지 않는다. 교사도 아이들을 야단치거나 공부를 강요하지 않는다. 아이들은 '공부하는 것은 나 자신을 위해서' 라는 의식이 밑바탕에 깔려 있는 듯하다. 이처럼 아이들은 가정에서 학교에서 배우고 익힌다. 타인의 눈을 그다지 의식하지 않고 자신을 위해서 열심히 배우려고 하는 것은 사회가 자신을 받아들여줄 것이라는 안심과 인권을 소중히 하는 복지 사상이 사회 저변에 깔려 있기 때문일 것이다. 일본과 같이 소위 '니트족' 이라 해서 일도 안 하고 뭔가를 배우려고도 하지 않은 채 집 안에 틀어박혀 있는 집단도 없다. 일본 사정을 이야기하면 도리어 "그 사람들은 대체 어떻게 살아가려고 그러지요?" 하고 의아해하며 질문을 던진다. 핀란드 측에서 본다면 그런 사람이 있다는 것 자체가 믿어지지 않는 모양이다.

이는 사상이나 사고력을 키우려는 사회 환경의 영향도 큰 것 같다. 2006년 2월, 핀란드 대학의 교육학부에서 교사양성 학과장을 맡고 있는 마티 메리 교수는 이런 말을 하였다.

"핀란드에서 살아가는 힘을 키우는 배경에는 추운 자연 환경의 영향이 지대하였다. '춥다' 는 하나의 현상만을 놓고 보더라도 '기온이 낮아진다 → 호수가 언다 → 물을 구할 수 없어진다 · 물고기를 얻을 수 없다 → 먹을 것이 없어진다 → 생명의 위기'와 같이 한 가지 사실에서 파생하는 여러 가지 사항을 늘 연결 지어 생각하지 않으면 안 되기 때문이다. 다시 말해서 핀란드인은 하나를 보고 많은 것을 아는 것이 아니라, 한 면을 보고 그것과 관련되어 있는 다양한 부분적인 측면도 동시에 생각하는 사고 체계에 익숙해 있다."

"아니, 생각하지 않으면 지금까지 살아올 수 없었을 것이다. 핀란드의 이러한 환경적 배경이 크게 영향을 끼쳤다고 생각한다."

이를 듣고 있던 통역사 키쿠카와 유키 씨는, "마티 교수다운 철학이다."라고 평가하였다. 이 책의 '들어가는 말'에서 소개한 한 고등학생의 발언이 연상되는 대목이다. 정말 대다수의 핀란드인은 험한 자연환경 속에서 살아남기 위해서 끈기 있는 노력을 계속하고 있는 것이 확실하다. 그리고 가정에서나 학교, 사회 전체에 이르기까지 이를 가능하게 하는 사회적 분위기가 감돌고 있는 것도 사실이다.

핀란드 사회는 장기적인 안목으로 아이들을 길러내고 있다. 선생님들도 한 학교에 오래 머무르기 때문에 안정된 상태에서 그 지역 아이들이 성장하는 데 책임을 다할 수 있다.

궁극적인 학력 형성의 목표는 '학교를 졸업하고 난 다음에 무엇을 할 수 있을까' 하는 것에 집중되어 있다. 이 근저에는 북유럽 여러 국가에 보급되어 있는 평생교육에 관한 사상이 깃들어 있는 듯하다. 학교는 공부하는 법을 배우는 곳으로, 무릇 인간이란 일생을 통해 계속적으로 배우고 익혀 가는 존재라는 관념이 뿌리 깊게 내재되어 있다. 때문에 일시적으로 잘 하는 것처럼 보이려는 생각은 애당초 하지 않는 듯하다.

핀란드인은 영어가 능숙하고 애국심이 강하다. 근접국들과도 사이가 좋고 교류도 밀접하다. 싸움을 피하기 위한 지혜를 짜내는 데도 열심이다.

시험이니, 경쟁이니 하고 들떠 있지 않은 것이다.

핀란드 교육청을 비롯하여 관계자들의 견해, 그리고 국제기관의 조사 및 국제 심포지엄에서의 발표 등을 통해서 본 교육적 특징은 다음과 같다.

첫째, 한 사람 한 사람을 소중히 하는 평등한 교육이 실시되고 있다. 16세까지는 선별하지 않고 종합 교육이 실시된다. 교육의 기본은 등수를 매기는 데 있는 것이 아니라 개개인의 발달을 지원하는 데 있다는 점을 철저히 한다. 특히 사회 여러 곳의 루트를 통해서 배우고자 하는 마음만 있으면 누구라도 언제든지 배울 수 있는 학교 교육 제도가 마련되어 학습을 보장하는 사회적인 시스템이 구축되어 있다.

둘째, 학생들은 스스로 배우는 것을 교육의 기본으로 삼고 있다. 경쟁 등으로 학습을 강요하거나 하지 않는다. 어디까지나 스스로 배우는 것이 기본이다. 따라서 학생들이 수업 중이라도 자유롭게 쉴 수 있도록 배려하고 있다. 그룹 학습, 서로 가르치고 배우는 것을 소중히 하며, 학생 각자의 페이스로 배워나가도록 노력하고 있다. 이는 '학습 레벨 등이 서로 다른 이질적인 학생 집단' 혹은 '사회 구성주의적 학습'이라는 교육학 이론으로 표현되고 있다.

셋째, 학교 교육이 최대의 효과를 올릴 수 있도록 교사를 전문가로서 신뢰하고 교사가 일하기 쉬운 직장을 만들고 있다. 이를 위해서 국가의 교육 관리 권한을 최소한으로 하면서 지방자치단체와 학교, 교사 개개인에게 교육 권한을 이양하였다. 교육행정은 교사가 수업을 통해 아이들의 성장을 종합적으로 지원하고 힘을 발휘할 수 있도록 지원하는 데 최선을 다하고 있다. 학력 조사 등은 학생들과 교사를 지원하기 위한 목적으로 사용되고 있으며 학교나 교사의 잘잘못을 공표하지는 않는다. 사회 전체가 교사를 신뢰하고 있으며 교사와 함께 문제를 해결하고자 하는 자세를 갖고 있다.

넷째로, 교육받을 권리를 복지 정책으로 보장하고 있다. 초등학교에서 대학까지 수업료는 무료일 뿐만 아니라 고등학교까지는 교재나 교구(노트, 컴퍼스, 연필 등의 학용품), 급식, 통학 요금 등 여러 방면의 학습 환경이 무료로 제공된다. 또한 고등학생이나 대학생의 하숙비에도 역시 보조금이 나온다. 학력 향상을 제일의 목적으로 삼지 않고 아이들이 만족하는 충실한 학교생활을 주요 교육 과제로 삼고 있다. 복지사회이기 때문에 교육성과가 사회 안에서 그대로 살아 있다.

이번 장에서는 이 같은 내용을 구체적으로 검토해보겠다. 2005년에는 PISA의 우수한 성적과 관련해서 핀란드 교육에 관한 국제 심포지엄이 핀란드 국가교육위원회 주체로 세 차례나 개최되었다.

1회는 헬싱키 대학과 공동으로 3월 14일~16일에, 'PISA 조사에 나타난 핀란드, 결과의 배경과 원인' 을 제목으로 하는 세미나가 열렸다. 2회는 10월 10, 11일에 'PISA 조사에 나타난 핀란드, 결과를 낳게 한 요인' 으로 교사 양성이 중점 테마로 거론되었다. 3회는 12월 8, 9일에 열린 세미나에서 'PISA 조사에 나타난 핀란드, 기초 교육에 있어서 학습과 복지의 지원' 이라는 제목으로 특별 지원이 필요한 교육과 학교 만들기에 대한 논의가 중점적으로 이루어졌다.

참고로 필자는 이 세 차례 세미나에 모두 참석하였다. 편의상 이 책에서는 제1회 PISA 세미나로 부르기로 한다.

핀란드는 어떤 나라인가

핀란드의 인구는 약 530만 명으로 일본의 약 25분의 1이다. 면적은 33만 8000㎢로 일본과 거의 비슷하다. 종교는 루터파 그리스도 교도가 83%, 정교파 그리스도 교도가 1%다.

먼저 의문점 하나를 해결해보자. 아무리 여유 있는 교육을 지향한다 하더라도, 또 복지에 힘을 기울인다 하더라도 경제가 뒷받침하지 않으면 아무런 소용도 없지 않느냐 하는 것이다.

여러분은 핀란드라 하면 무엇을 제일 먼저 떠올리는가? 아마도 산타클로스와 캐릭터 '무민'의 나라, 그리고 시벨리우스가 작곡한 핀란디아를 기억할 것이다. 역사적으로는 레닌과 스탈린이 처음으로 만나 러시아 혁명과 민족 해방 사상을 키운 곳으로도 알려져 있다. 덕분에 핀란드는 독립을 하였고 지도상에 처음으로 그 모습을 드러냈다. 현재의 핀란드는 숲과 호수와 '노키아'의 나라로 유명하다. '노키아'는 세계 최대의 휴대전화 메이커로 유명한 IT기업이다. 덕분에 핀란드는 작은 나라이지만 생활수준이 높고 경제력도 높이 평가되어 IT산업의 선두 주자를 달리고 있다. 뿐만 아니라 교육성과가 경제 활동과 깊이 관련되어 있어서 주위의 관심도 크다.

경제는 **표 2-1**, **표 2-2**에서 보는 것처럼 유럽연합 중 상위권에 속하고 있다. 게다가 경제 성장력도 괄목할 만하다. '다보스 회의' 내지는 '다보스 포럼'으로도 잘 알려져 있는 스위스의 '세계경제포럼 World Economic Forum'은 매년 국가별 국제 경쟁력*을 비교하여 발표하고 있는데, 핀란드

*『국제경쟁력보고서(글로벌경쟁력지수) 2005-2006』 World Economic Forum. *The*

는 최근 5년 동안 네 번이나 1위 자리를 지키고 있어 명실 공히 정계 · 경제계에서 높은 평가를 얻고 있다(표 2-3).

표 2-1 유럽 여러 나라의 실업률

국가명	%
스위스	3
네덜란드	5
룩셈부르크	5
스웨덴	5
아일랜드	8
오스트리아	9
핀란드	10
영국	10
슬로베니아	10
벨기에	11
키프로스	13
스페인	14
…	
폴란드	39
에스토니아	43
라트비아	51

표 2-2 유럽 여러 나라 가정의 평균 월수입

국가명	유로
스위스	2661
룩셈부르크	2015

Global Competitiveness Report 2005-2006. http://www.weforum.org/pdf/Global_Competitiveness_Reports/Reports/GCR_05_06/Executive_Summary 단 World Economic Forum의 홈페이지(http://www.weforum.org/)로 들어감.

스웨덴	1879
핀란드	1570
벨기에	1495
네덜란드	1404
영국	1289
독일	1199
프랑스	1095
이탈리아	997
아일랜드	919
오스트리아	914
…	
에스토니아	181
라트비아	168
리투아니아	146

* 2004년 9월 자료 *Eesti Päevaleht Postimees*, 8 September 2004.
* 핀란드는 실업률이 낮고 가정 수입도 높다.

표 2-3 국가별 국제 경쟁력

	2003년 순위	2004년 순위	2005년 순위	경쟁력 성장 지수(GCI)
핀란드	1	1	1	5.94
미국	2	2	2	5.81
스웨덴	3	3	3	5.65
덴마크	4	5	4	5.65
타이완	5	4	5	5.58
싱가포르	6	7	6	5.48
아이슬란드	8	10	7	5.48
스위스	7	8	8	5.46
노르웨이	9	6	9	5.40
일본	11	9	12	5.18
영국	15	11	13	5.11

* *Global Competitiveness Report 2004-2005* 및 *Global Competitiveness Report 2005-2006*.
* 핀란드를 포함한 북유럽 국가는 국제 경제 경쟁력이 높다.

'경쟁력 성장 지수GCI; Growth Competitiveness Index'란 안정된 경제 운영에 있어서 적절한 경제 이론이 뒷받침되어 있는지, 적절한 정책이 실현되고 있는지를 묻는 것이다. 핀란드는 공적 시설이 견실하게 관리되고 있으며 사회 환경의 붕괴 역시 적다. 기업은 새로운 테크놀로지를 보다 빠르게 채용하고 있고 기술 혁신의 문화culture of innovation를 창출해내고 있다. 무엇보다 장래의 고령화 사회에 대비하여 재정적 조치를 마련해둔 것이 높이 평가되었다고 보인다. 미국이 경제적 규모, 파워로 평가받은 것에 대해서 핀란드는 그것과는 다른 타입, 즉 견실한 운영과 장래의 안정성으로 평가되었다는 점이 특이하다. 북유럽의 복지국가 5개국 모두 10위 이내에 들어 있는 것도 주목할 만하다.

복지국가로 명성이 높다는 것보다 복지국가이기 때문에 오히려 경제의 파국을 사전에 막고 경제 경쟁력을 높이고 있는 것이라는 편이 맞을 것이다.

유럽에서는 PISA 2003에 대해서 교육 시스템의 움직임과 경제적인 경쟁력 · 기술 혁신력 등이 밀접하게 관련되어 있는 사실을 잘 나타내고 있다고 평가하고 있다.* 국민을 우선으로 한 안정되고 활력 있는 경제가 핀란드의 높은 생활수준을 가능하게 하였다. 그리고 그 원천이 바로 교육인 것이다.

일본은 학교 교육과 사회와의 관련이 적다고 할 수 있다. 경제 활동이 교육 목적의 전부는 될 수 없지만 핀란드는 여러 가지 면에서 잘 대응하고 있다. 스위스의 조사연구기관 '국제경영개발원IMD; International Institute for Management Development'이 세계 각국의 경쟁력 현황을 분석, 발표하는 '세계 경쟁력 연감World Competitiveness Yearbook'에 따르면 대학 교육에 관한 지

---

* 『EurActiv』 2004. 12. 8. *EurActiv. com: EU New, Policy Positions & EU Actors online*.

⋆ *IMD World Competitiveness Yearbook 2005*. p.603.

⋆ 핀란드는 대학에서 배운 것을 사회생활 속에서 곧바로 적용시킬 수 있다.

그림 2-1 대학 교육이 경제적 요구에 부합하고 있는가

수는 핀란드가 1위였다(**그림 2-1**).

이는 핀란드에 있어서 교육과 사회생활과의 연대가 성공했음을 보여주는 증거라 할 수 있다. 반대로 일본의 순위는 그야말로 낮다. 2000년에 47위, 2002년에 49위로 조사국들 중에서 최하위권이었다.

핀란드의 문화 발전 목표는 '국민의 문화적 활동성'으로 표현되고 있다. 과거의 전통에 얽매인 소극적인 자세를 보이지 않는다. 교육 제도도 평등과 복지를 원칙으로 10년, 20년 계속해서 개선이 이루어지고 있다. 실로 활동적이다. 그동안 실패도 있었고 좌절도 몇 번이나 있었지만 그때마다 노력을 게을리 하지 않아서 30년 가까이 지난 지금에 와서는 명실 공히 현대의 교육입국을 실현할 수 있었다.

세계 제일을 이룬 비밀

PISA 2000의 성과가 예상 밖으로 저조하게 나타난 국가에서는 일제히 소동이 일어났다. 독일에서는 'PISA 쇼크'라고 할 정도로 저학력 문제가 매스컴의 도마에 오르고, 드디어 독일 연방 교육 · 연구청은 자국의 교육 정책에 무슨 문제가 있는지를 조사하기에 이르렀다. 이 연구에는 캐나다, 영국, 핀란드, 프랑스, 독일, 네덜란드, 스웨덴의 7개국의 연구자와 전문가가 협력하였다. 국제교육연구소 측에서 제안한 9개 항목이 비교 분석의 대상이 되었는데, 이 항목을 보면 학력이 교육 정책과 어떠한 관계가 있는지 추측할 수 있다. OECD는 국가별 보고를 모두 모아 정식 보고서로 출판하였다.* 이 중에서 핀란드 측 보고를 소개해보겠다. 대표자는 유바스큐라 대학의 교육학 연구자인 피르요 리낫큐라 씨가 맡았는데 개인적인

* 『무엇이 학교 개혁을 실현시키는가? PISA의 프리즘을 통해서 본 학교 제도』 PISA. *What Makes School Systems Perform?: Seeing School Systems Through The Prism Of Pisa*. OECD. 2004.

견해가 아니라 국가의 정식 보고에 준하는 내용이라 할 수 있다.

첫 번째로 학교 제도에 대해서 핀란드에서는 평생교육의 원칙과 평등한 교육 기회를 촉진한다는 목표하에 30년 이상에 걸쳐 교육 개혁이 이루어져 왔다는 것이다. 교육 목표는 복지적인 것에 우선을 두고 있으며 장기적이고 안정되어 있다.

두 번째로 학교 측에 책임 위탁하는 것이다. 1980, 1990년대에 들어서면서 학력 competences 형성 분야에 있어서 국가 주도로 이루어지던 것이 지자체가 관리하는 학교행정으로 전환되었다. 실질적으로 각 학교는 실천하는 활동에 대해서 자기 결정권을 가질 수 있게 되었다. 지자체는 기초교육에 관해서 지방의 교육 목표와 교육 과정을 결정하게 되는데, 고등학교의 교육 단계에서는 학교의 역할이 보다 커진다. 이러한 전환은 복지국가의 건설과 재정 재건·행정 개혁이 서로 한네 어우러져서 생긴 현상이다.

세 번째로 학교 제도를 조사하고 평가하는 목적은 정책이나 국가 커리큘럼이 정한 가이드라인 및 제반 결정이 올바른가를 확인하기 위해서라는 것이다.

학교 제도의 감시에 있어서 조사와 평가는 국가 정책이나 커리큘럼이 정한 가이드라인과 제반 결정이 올바른지에 대해서 확인하는 것을 목적으로 한다. 평가 결과는 성적이 나쁜 학교를 찾아내서 지원하기 위해서다. 교사와 교장도 평가의 대상이 되는데 '학교 개선을 지원하는 도구'로 인식되고 있다. 물론 성명 등은 일체 공표되지 않는다. 평등한 교육 조건을 보장하는 것이 제일 목적이기 때문이다.

네 번째로 지원 제도의 조직으로서 새로운 모델인 '정보에 의한 관리 governance by information'를 들었다. 예를 들면 중앙은 교육 등 공공 서비스에 관한 전문적인 지식이나 정보 등을 수집하고 공개하며 각 지자체는 이를 모델로 삼는데, 좀더 역량 있는 지자체는 그 이상을 추구한다. 행정적 · 명령적으로 정부 조직을 움직이기보다는 규제를 완화한 행정으로 전환되면서 관리가 아닌 지원에 보다 철저를 기한다고 할 수 있다.

다섯 번째로 핀란드에서는 '표준' 이라는 용어를 피하고 있다는 것이다. 틀에 박힌 표준은 '학교 발전에 관한 북유럽 철학' 에서 이미 인정받지 못하고 있다. 물론 핀란드에서도 '달성해야 할 최소치의 성적' 은 정해져 있다. 이는 장래의 진로를 선택하고 평등한 학습 기회를 달성한다는 의미에서 공평 원칙을 실현하는 것을 목적으로 한다고 보고되고 있다. 다시 말해서 아이들의 발달 기준은 국가에 의해 일률적으로 정해져 있으나 강제하기 위한 수단이 아니라 발달의 토대를 누구나가 공평하게 확보할 수 있게 하기 위해서다. 이를 전제로 다양한 배움의 기회를 보장하고 있다.

여섯 번째로 교육과정의 조직은 '국가 수준의 커리큘럼' 이라는 큰 흐름에 맞춰서 지방자치단체와 학교가 독자적인 커리큘럼을 발전시키고 있는 것이다. 이는 국가 커리큘럼을 모델로 삼으면서 각 지역과 학교에 걸맞은 것으로 구체화하고 보다 더 나은 것이 있다면 수정 가능하다는 의미다. 평가는 자기 평가를 중시하고 있으며 시험에 의존하지 않는 방법을 취하고 있다. 학습이 진척되어 가는지 여부는 학생 개개인의 리포트를 가지고 파악한다. 학생은 자기 관찰과 자기 평가를 수행하도록 유도된다.

또, 영국 등에서 채용하고 있는 의무 교육 수료 단계나 유럽의 주요 국가에서 채용하고 있는 중등교육 수료 때의 국가적인 자격시험은 핀란드에서는 실행되지 않고 있다.

특별 학교에는 2.5%의 아이들만이 다닐 뿐 일반 교실에는 학생의 능력이나 생활 배경 면에서 서로 다른 이질적인 집단으로 구성되어 있다. 때문에 교사는 상황에 따라 곧바로 그룹을 만들고 학생은 소그룹으로 학습하게 된다. 그룹은 학생들의 흥미 정도에 따라서 편성되며 지적 잠재 능력에 좌우되지 않는다. 학생들의 서로 다른 능력이 혼합된 클래스는 학습 도달도가 낮은 학생들일수록 보다 더 효과적이라고 보고되고 있다. 교사는 이와 같은 서로 다른 집단의 학생을 대상으로 수업할 수 있도록 훈련받고 있다.

상담은 다방면으로 학생들을 지원하고 있다. 학습 곤란을 호소하는 학생은 주 1회 내지는 2회 정도 개인 수업이나 소그룹 수업에 출석하면서 교실 안팎에서 특별지원교사의 지원을 받는다.

일곱 번째는 이민자녀를 위한 대응이다(이 책의 4장 '핀란드의 교육 배경'을 참조).

여덟 번째는 학생들 간의 위화감 극복이다. 핀란드에서는 종합제학교가 만들어져 전력을 다해서 목표 달성에 임하고 있다. 사회적 · 경제적으로 환경이 나쁜 아이들도 좋은 성적을 내는 데 성공했을 뿐만 아니라 능력이 서로 다른 학생들이 각자가 기대하는 진로로 발돋움할 수 있도록 정책을 발전시켜 왔다.

종합제학교에 대해 부언하자면 중등 교육 단계에서 진학을 위한 보통과 학교와 취업을 위한 실업학교 혹은 직업학교로 나뉘어 있던 학교 제도를 종합한 것으로, 보통 교육에 충실을 기하려는 취지에서 나온 것이다. 영국도 핀란드와 마찬가지로 종합제학교comprehensive school라 부르고 있다. 영국의 많은 중등학교와 핀란드의 모든 기초학교(초등학교와 중학교)가 여기에 해당한다. 종합제학교를 운영하자면 자연히 학생들의 목표가 다양해진다. 따라서 교실 안에서 개별적인 대응을 충분히 하지 않으면 안 된다고 보고서가 전하고 있다.

아홉 번째는 교사의 전문성과 관련한 것이다. 교사가 되기 위해서는 석사학위가 필요하며 국가 차원에서 통일적인 교사 양성 제도를 채택하고 있다. 하지만 일단 현직에 들면 제도적인 개인별 교사 평가는 이루어지지 않는다. 교사의 근무 조건이나 어떤 연수를 희망하고 있는가에 초점이 맞추어져 있다고 한다. 흥미로운 점은 현직의 교원을 비교하는 사회적인 사정이라든지 인사 고과 제도가 없다는 것이다.

개별적인 교사 활동에 관한 평가에서는 통근이나 잔업 등 근무 조건이 나빠지지는 않았는지, 역량 부족으로 혹은 좋은 교육 방법을 찾지 못해 고민하고 있지는 않은지, 그 대처 방안으로 어떤 교직 연수를 준비하면 좋을지를 행정당국이 체크한다. 이것이 바로 핀란드식 교원 평가인 것이다.

PISA 2003의 성과에 대해서 지금까지의 분석을 토대로 각국 정부가 빠르게 반응하였다.

어떻게 PISA 2003에서 높은 성적을 올릴 수 있었는지 핀란드 국가교육위원회는 다음과 같은 공식적인 입장을 내놓았다.* 영어로 공개하였기 때문에 각국의 취재에 대한 정식 견해라 할 수 있다.

① 가정, 성별, 경제 상황, 모국어와 관계없이 교육 기회를 평등하게 할 것.
② 지역에 관계없이 교육 활동이 가능할 것.
③ 성별에 따른 분리와 차별을 부정할 것.
④ 모든 교육을 무상으로 할 것.
⑤ 종합제학교 운영으로 선별하지 않은 기초 교육을 실시할 것.
⑥ 전체적인 틀은 중앙에서 조정하지만 각 지역의 실정에 맞게 실행할

* 핀란드 국가교육위원회 「핀란드가 PISA에서 성공한 배경」 2004. 12. 7. Finnish National Board of Education. *Background for Finnish PISA success*. 2004. 12. 7. http://www.edu.fi/english/page.asp?path=500,571,36263

것. 교육행정은 지원하는 입장에 서서 유연하게 대처할 것.

⑦ 모든 교육 단계에서 서로 영향을 주고받으며 협동하여 활동할 것. 동료애를 발휘.

⑧ 학생의 학습과 복지와 관련해서 개인의 특성에 맞게 지원할 것.

⑨ 시험과 성적에 의한 등수 제도를 없애고 발달 시점에 서서 학생을 평가할 것.

⑩ 교사는 고도의 전문성을 가지고 자율적으로 행동할 것.

⑪ 사회 구성주의적 학습 개념 socio-constructivist learning conception

맨 마지막 항목인 '사회 구성주의적 학습 개념' 이라는 표현에는 모두가 놀라움을 금치 못하였다. 번역에 따른 오해의 소지를 불러일으킬 수 있는데, '사회적 구성주의에 의한 학습 개념' 이라는 편이 더 정확할 것이다. 여기서는 짧게 '사회적 구성주의' 라 하겠다. 그 의미는 학습에는 학생의 적극성이 무엇보다 중요하며 이를 보장하기 위해서는 가르치는 것보다 배우는 행위 자체에 역점을 두어야 한다는 것이다.

이처럼 말로서 통용되는 사회는 교육계나 사회에 상당한 수준의 이념적인 일치가 이루어진 다음에야 가능할 일일 것이다. 며칠 후 제2회 PISA 세미나에서 국가교육위원회 보통교육국장인 이르멜 하리넨 씨에게 물었다.

"사회 구성주의적 학습 개념이란 고도의 개념이라 생각되는데 교육계의 공통적인 이해 common base를 바탕으로 하고 있는가?"

그는 "그렇다. 어느 교육자나 이를 숙지하고 있다."라고 자랑스럽게 대답하였다. 그 때문인지 그는 제3회 PISA 세미나 때 '학습 개념' 으로서의 네 가지 항목에 대한 지적을 했는데, 그 중 하나가 '사회적 구성주의, 학생의 적극적인 역할' 이었다.

한편, PISA의 결과가 공표된 같은 날 투라 하타이넨 교육장관(당시)도

다음과 같은 지적을 하였다.*

- 핀란드의 교육 제도는 기초 교육과 관련해서 사회적 지위나 성별, 민족적 배경에 관계없이 모든 아이들과 젊은이들에게 평등한 기회를 보장하고 있다. 교육은 무상이고 학교 급식, 소풍 지원, 복지 서비스 등 광범위하게 동등한 혜택을 누리고 있다.
- 우리들은 고도의 교육을 보장하는 교사 양성에 특별한 배려를 아끼지 않고 있다.
- 핀란드에서는 교육을 제공하는 책임을 지방자치단체에게 맡기고 있다. 다시 말해서 아이들과 젊은이들이 사는 가정과 가까운 곳에 책임을 지게 하였다. 핀란드인은 교육을 신뢰하고 있으며 가정과 학교를 비롯하여 여러 곳의 행정기관이 서로 협동하는 오랜 전통이 있다.

그는 또 앞으로의 할 일에 관해서도 언급했는데 정리해보면 다음과 같다.

- 학교 밖에서 일어나고 있는 여러 문제는 언젠가 학교 안에서도 일어날 수 있으며 이를 피할 방법은 없다. 우리 모두는 이 같은 현상에 철저히 대응해나가지 않으면 안 된다. 마찬가지로 학생들에 대한 복지의 필요성도 높아져 가고 있다.
- 우리들은 학교 안에서 학생들의 태도와 가치관을 존중해나가지 않으면 안 된다. 올해의 테마는 학교 안에서 학생이 만족하고 충실 well-being하게 지낼 수 있게 하는 것이다.
- 핀란드가 직면하고 있는 구조적 과제는 연령별 인구가 불균등하며 감소 경향에 있다는 것이다. 다수의 교사가 앞으로 수년 안에 퇴직하는

* 투라 하타이넨 교육대신 「PISA의 결과, 저학력 개선의 자극으로」 2004. 12. 7. Minister Tuula Haatainen. *PISA Findings: An Incentive for Improving Low Achivers' Learning.* http://www.minedu.fi/minedu/news/pr/2004/Minister_OECD_PISA2003.html

것도 문제다. 이는 교사 양성의 주요한 과제로 떠오르고 있다. 문제해결에 교육의 전문성과 교사의 노동 조건을 고려하지 않으면 안 된다. 교육의 전문성이 매력 있는 직업 선택일 수 있게 하는 것, 이것만이 그 해결책이다.

학생들의 시험 성적을 올리기 위한 노력 등은 안중에도 없는 듯 보인다. 투라 하타이넨 교육장관의 지적대로 교사의 질을 확보하는 데 제일 큰 비중을 두고 있는 점은 가히 높이 살만 하다. 이에 한발 앞서서 교사의 처우 개선을 위해 노력하고 있다는 점도 한번쯤 귀 기울이게 한다.

핀란드의 학교 교육

핀란드의 국내 총생산GDP에 대한 교육 공재정 교육 지출의 비율은 2001년에 5.8%였다. 이에 비해 일본은 3.5%였다.

핀란드의 학교 제도를 보면 다음과 같다. 2003년 단계에서 기초학교 3,744교, 고등학교 487교, 직업학교 281교, 고등직업전문학교 31교, 대학교 20교로 이루어져 있다. 학생 수를 보면 기초학교에 58만 명, 고등학교에 12만 1,000명, 직업학교에 17만 4,000명, 고등직업전문학교에 13만 명, 대학에 16만 8,800명이다.

그림 2-2를 보면 기초학교는 9년제 학교처럼 보이지만 현재에도 여전히 6 · 3 · 3제가 남아 있으며, 실제로는 일본처럼 초등학교, 중학교, 고등학교로 나뉘어 있다고 봐도 좋다.

소수이지만 지역에 따라서 4년제 초등학교나 초 · 중학교가 합쳐진 9년

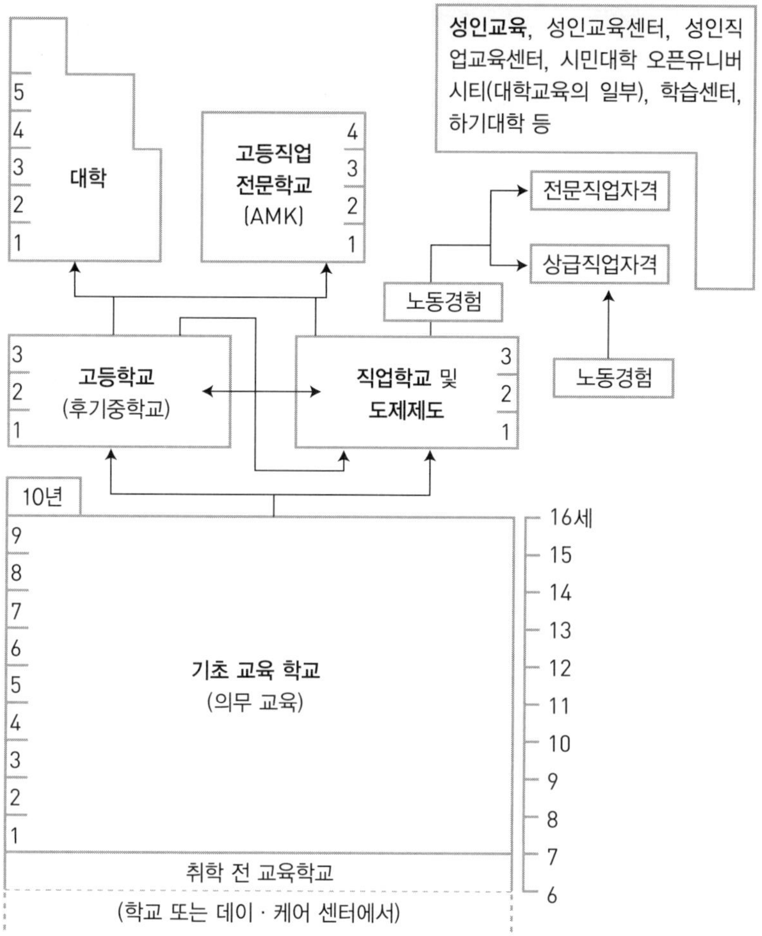

★ Finnish National Board of Education. National Core Curriculum for Basic Education 2004. Vammalan Kirjapaino Oy,Vammala, 2004.를 수정.

★ 핀란드의 교육 제도는 여러 방면으로 배움의 길이 열려 있어서 누구나가 언제나 이용할 수 있게 제도화되어 있다.

그림 2-2 핀란드의 교육 제도

표 2-4 에스포 시의 학년 스케줄(2005/06)

가을 학기	8월 16일	~	12월 22일
가을 방학	10월 20일	~	10월 21일
크리스마스	12월 23일	~	1월 8일
봄 학기	1월 9일	~	6월 9일
봄 방학(스키 방학)	2월 20일	~	2월 26일
부활절	4월 16일	~	4월 22일
여름 방학	6월 10일	~	8월 15일

★ 헬싱키 시의 학년 스케줄은 봄 학기가 6월 3일까지로 되어 있다. 어느 곳이나 여름 방학은 2개월로 충분한 휴식이 주어진다.

제 학교가 있기도 하고, 6-6제로 초등학교와 중 · 고등학교가 합쳐진 곳도 있다. 학년 스케줄은 지방자치단체에서 결정하고 있다(**표 2-4**). 일반적으로 2학기제이지만 4학기제도 있다. 연간 수업 일수는 190일이다.

기초학교에 입학하는 시기는 7세가 된 8월이다. 그러나 정당한 이유가 있으면 개인에 따라서 6세 내지는 8세라도 입학 가능하다. 6세에 입학하는 것은 지역에 보육원이 없어서 초등학교에 부속된 '취학 전 클래스'에 들어가기 위해서이지 조기 졸업을 하려는 목적에서가 아니다.

대부분이 지역 내 학교에 다니고 있지만 교사와 잘 맞지 않는다든지 모국어 교육 등 선택 수업이 다른 경우에는 다른 지역의 학교를 선택할 수 있다.

기초학교의 졸업 학년에는 주요 교과마다 4~10점 만점으로 평점이 나오고 그 평점의 평균치로 진학할 학교가 정해진다. 평점은 학교마다 그 교과의 담당자가 기준을 정해서 결정한다. 성적이 좋지 않은 경우 본인의 희망에 따라서 1년(10학년)은 무료로 교육을 받을 수 있다. 여기에는 총 1,100시간에 걸친 전용 커리큘럼이 짜여 있으며 여기에 상응한 교과서도 있다.

10학년은 천천히 배우는 아이들에게 유리하다. 또 이민자녀에게도 이용 가치가 높다. 10학년을 수료한 다음 직업학교에 입학하면 1년을 월반할 수 있다. 고등학교에 입학하더라도 단위를 취득하면 졸업할 수 있기 때문에 실력이 있으면 2년 만에 수료도 가능하다. 직업학교는 일본의 직업고등학교에 해당하는데, 취학 연령이나 취학 형태가 다양하기 때문에 일반적으로 직업학교라고 번역하고 있다.

1999년에는 학생의 55.4%가 고등학교에, 35.0%가 직업학교에, 3.0%가 10학년에 진학했으며 1.4%가 취직, 0.2%가 장애로 인한 수급자(장애가 있어서 일할 수 없을 경우에 적용되는 것), 6.7%가 그 외 활동, 0.1%가 국외 체류로 나타났다. 2002년 시점에는 고등학교에 55%, 직업학교에 37%, 10학년에 2%, 그리고 '곧바로 진학하지 않는 자' did not continue directly in education가 6%에 이르고 있다. '곧바로 진학하지 않는 자' 라는 분류는 어떤 식으로든 사회 경험을 쌓으면서 공부를 계속해가는 '평생교육' 발상에 기초한 개념을 일컫는 말이다. 진학을 포기하고 취직한다고 이해해서는 곤란하다. 또 장애 정도가 심해도 이에 상응하는 직업학교가 계속 만들어지고 있다고 한다. 핀란드 교육은 직업학교로의 진학률이 높은 것뿐만 아니라 점차적으로 그 비율이 높아지고 있다는 점에서도 주목해야 할 것이다.

그러면 낙제는 있는지 조사해 보았더니, "아주 소수의 아이들만이 유급이 필요하다."*라고 한다. 낙제는 없다고 대답하는 사람도 있을 정도다.

고교 간 격차가 거의 없기 때문에 대부분이 출신 지역의 학교에 진학을

* Salla Korpela. *Free schooling for all: The Finnish school system support lifelong learning.* http://www.virtual.finland.fi/netcomm/news/showarticle.asp?intNWSAID=41557

한다. 고등학교의 1년은 5~6학기로 나뉘어 있다. 학년 구분은 없고 학생들은 선택한 교과의 단위를 취득하면 된다. 대학입시 자격시험위원회가 주관하는 대학입시 자격시험이 매년 2회(봄과 가을) 실시되고 있고, 연속 세 차례의 시험에서 지정된 4과목에 합격을 하면 기초 자격이 주어진다. 그 외 장래에 전문적으로 필요한 교과를 학습한다. 이렇듯 개개인의 목표가 확실하기 때문에 떠들거나 장난을 치거나 하는 학생은 거의 찾아볼 수 없다. 4과목으로 수험하는 대학입시 자격시험 문제는 전부 기술식이어서 지식을 어떻게 응용하는가가 관건이다. 이 경우 채점을 한다 해도 거기서 거기가 아닌가 하고 물으니 걱정할 것 없다는 대답이 나왔다. 평가의 체크 포인트가 미리 정해져 있기 때문에 그 체크 포인트를 기초로 해서 우선 해당 고교의 교사가 A, B, C, D단계로 평가를 내린다. 다음에 '시험 위원회' 가 똑같은 체크 포인트를 가지고 평가한다. 그 결과 두 개 성적이 일치하면 OK이고 일치하지 않을 경우는 '검토 위원회' 로 넘어간다. 이 같은 3단계를 거치기 때문에 아무런 문제가 없다고 한다.

대학입시 자격시험의 평점은 상대 평가로 매겨진다. 단계별로 7(5%), 6(15%), 5(20%), 4(24%), 3(20%), 2(11%), 0(5%)으로 규정짓고 있다. 이러한 숫자 매김이 결국에는 경쟁이 아닐까 하고 고개를 갸우뚱하게 하는 대목이기는 하다.

2005년 10월 13일, 핀란드의 거의 모든 교사가 참가하고 있는 핀란드 교육조합에 참가했을 당시의 에피소드를 소개해 보겠다. 이 자리에는 마리야타 멜토 고문과 기관지인 『교육 Opettaja』의 힛레비 토륫케리 기자가 동석하였다. 다음은 대화 내용.

"성적을 매기게 되면 좋은 고등학교와 그렇지 않은 학교로 자연스레 나뉘지 않는가?"

"금년 텔레비전 방송국이 독자적으로 고교별 대학입시 자격시험의 성적을 보도하였다. 교육당국은 이것이 사실인지 아닌지 코멘트를 하지 않았고 무시하였다. 하지만 국민 누구도 이를 거론하지 않았다."

"점수가 높은 학교로 수험생이 몰릴 수 있지 않은가?"

"그것은 다른 사람의 점수이다."

'이 말은 무슨 뜻이지? 남의 탓으로 돌리지 말라는 것인가?'

"그저 평균점이지 않은가. 설령 영어와 수학, 평균점을 낸다고 해서 뭐가 달라지나. 가장 중요한 것은 자기가 무엇을 배우고 싶은가 그것일 것이다."

"……"

"게다가 8과목을 공부해서 그 중 4과목을 시험 보았는지, 4과목만 공부해서 4과목 다 시험 보았는지 조건이 다 다르다. 수학을 집중적으로 공부시키는 학교도 있다고 하는데 그렇다고 수학을 잘하는 학교라고 보기는 어렵다. 잘 못하니까 열심히 시키는 것일 테고. 결국 평균점이 높은 곳에 가더라도 공부는 자기 자신이 하는 것이다."

"그래도 조금이라도 조건이 좋은 곳에 가면 공부하기 쉬워지지 않을까?"

"어딜 가더라도 공부는 할 수 있다. 이는 어디까지나 학생 본인들의 문제다."

그들과의 대화는 늘 이런 식이다. 공부를 하는 것은 본인들이고 타인의 점수는 기본적으로 문제가 될 것 없다. 게다가 핀란드의 시험문제는 기술식이기 때문에 단시일에 훈련을 좀 받는다고 해서 점수가 올라가지 않는다. 더구나 점수를 쉽게 딸 수 있을 것 같은 과목을 선택하는 것이 아니라 장래 직업에 꼭 필요한 과목을 선택하고 있기 때문에 목표는 실력 향상에 있지 점수를 몇 점 맞느냐에 있지 않은 것이다. 아무리 이렇게 해석을 해도 필자로서는 납득하기 어려웠지만 핀란드에서는 사회 모든 구성원이 이러한 논리로 납득하고 움직이고 있는 것이다.

이야기는 고교 교육에서 기초 교육으로 넘어갔다. 필자가 핀란드 측에 기본적인 것을 몇 번이나 반복해서 물었더니 결국 통역을 맡은 키쿠카와 유키 씨가 통역 도중에 딱 잘라 한마디 하였다.

“핀란드의 학교는 잘 못하는 아이들을 끌어올리는 데 힘쓰지, 잘하는 아이들은 그냥 놔둬요. 글쎄 잘 하고 있으니까.”

인터뷰 내용을 조합해 봤을 때 이 말이 핀란드의 교육 원리를 설명하는 데 제일 딱 들어맞는다는 생각이 들었다. 이런 생각은 나뿐만 아니라 널리 핀란드 국민들 사이에 뿌리 내리고 있을 것이라는 것도.

‘그냥 놔둔다.’ 라는 말은 특별한 것을 시키지 않고 보통 교육을 시킨다는 뜻으로 이 보통 교육은 한 사람 한 사람에게 개별적으로 대응할 수 있도록 제도화되어 있다.

마리야타 멜토 고문은, “본래 학교란 학생들의 성장을 지원하는 곳이다. 『교육법』에 그렇게 쓰여 있다.” 또 내가 더 이상의 의구심을 갖지 못하도록 일침이라도 가하려는 듯 다음과 같이 덧붙였다. “기초 교육법 Perusopetuslaki*(1998년 성립, 2004년 개정)에 따르면 교육의 목적은, ‘인간성 및 논리적으로 사회의 책임 있는 일원이 되기 위해 학생들이 성장하는 것을 지원하고 인생에 필요한 지식과 기능을 제공하는 것이다.’ (2조 1항)라고 되어 있다. 또 ‘교육은 사회에 있어서 문명화와 평등, 교육에 참여하기 위해 학생들에게 필요한 것을 제공하고 그 외에 학생들이 생활을 통해서 발달해나가도록 유도한다.’ (2조 2항)라고 명시되어 있다. 아이들도

* Suomen Laki. *Opetustoimen Lainsaadanto* 2005. Talentum Media Oy, Helsinki, 2005.

교사도 그리고 학부모도 시험 점수보다는 장래 인생의 긴 여정을 위해서 최선을 다하는 것이다."

과연 배움의 주체는 자기 자신이기 때문에 다소 교육 조건이 다른 것은 문제가 되지 않는다는 사회적 공감대가 형성되어 있는 것 같았다. 교육 환경을 개선하는 것은 물론 좋겠지만 더 중요한 것은 따로 있다고 핀란드 교육이 일깨우는 것 같았다.

대학에 입학하기 위해서는 대학입시 자격시험의 성적과 대학마다의 개별 입학시험 성적이 우선된다. 대학별 시험은 학부마다 전문적인 공부를 수행할 수 있는지 여부를 묻는다. 예를 들면 앞서의 마티 메리 교수의 설명에 의하면, 헬싱키 대학의 교육학부의 입학시험은 필기시험, 적성 검사, 개인 면접과 같이 세 가지로 치러진다. 필기시험이라 해도 지식의 양을 묻는 것이 아니라 책을 한 권 나누어 주고 그것에 대해서 자신의 생각을 한 장의 종이에 기술하는 식이다. 기술한 내용을 보고 교육과 관련해서 지금까지 배운 지식이나 앞으로의 학습 가능성을 간파할 수 있다. 적성검사는 집단 면접의 형태로 이루어진다. 그 안에서 어떤 발언을 하는가, 발언 과정에 어떻게 참여하고 리드하는가를 보고 교사로서의 적성을 판단한다고 한다. 발언을 하지 못하거나 무엇을 말하는지 알 수 없는 사람은 불합격이지만 그렇다고 일방적으로 혼자 이야기를 주도해서도 안 된다.

개인 면접에서는 아이들에 대해서 어떻게 생각하는지를 시작으로 연구계획까지 소상하게 묻는다. 또한 개개인에게 교사로서의 포부를 이야기할 기회도 주어진다. 간혹 교직 경험을 말하는 사람도 있다고 한다.

"자격을 얻기 위해서 대학에 입학하는데 그 전에 교직에 몸담고 있는 것은 좀 이상하지 않은가?" 하고 물으니, 교육학부에 입학하기가 어렵기 때문에 출신지 학교에서 보조 교사를 하면서 재수를 하는 것이라고 교수는 설명하였다.

대학입학 자격시험에 합격을 해도 대학에 입학할 때까지는 평균 2, 3년씩 걸린다고 한다. 사회 경험을 쌓으면서 자신이 진정으로 하고 싶은 것을 찾고 있다는 이야기다.

대학이 아닌 고등 교육 기관으로서의 고등직업전문학교가 있다. 이는 전문학교를 재편한 것으로 1996년에 고등 교육 기관에 편입되었다. 여기서는 비즈니스, 보건, 기술 등의 실천적인 전문교육이 행해진다. 2000년을 기점으로 이 고등직업전문학교는 지방자치단체 소속의 7개 학교, 지자체 연합 소속의 11개 학교, 기업이 세운 8개 학교, 재단이 설립한 3개 학교가 있다.* 지역 경제에 밀착되어 있어서 세계적으로 볼 때도 효과 높은 시스템으로 평가받고 있다고 한다.

대학에는 같은 연령대 중에서 약 30%가, 고등직업전문학교에는 약 35%가 진학하고 있다고 한다. 이 수치는 최근 들어 급증하고 있다고 하는데, 양자를 합치면 고등 교육에 필적하는 교육 기관에 약 65%가 진학하고 있으며 그 밖에도 성인을 대상으로 한 학교에서 공부를 계속하고 있기 때문에 핀란드는 세계 유수의 고학력 사회라 해도 과언이 아닐 것이다.

단 한 사람의 낙제생도 만들지 않는다

1960년대와 1970년대에 걸쳐 북유럽 여러 나라에서 복지국가의 개념이 확립되었다. 핀란드에서도 다양한 사람들이 서로 도와주며 공존하는

* OECD. *Polytechnic Education in Finland*. 2003, Paris, p.61.

평등한 사회가 국민의 합의로 이루어졌는데, 교육계에서도 복지국가의 개념이 구체화되었다.

우선 1972년에는 11세에 진학반과 취업반으로 교육 내용을 나누는 분기형 교육 제도 streaming가 폐지되고, 종합제학교 comprehensive school로 전환되었다. 그러나 이때까지는 소위 우열반이라 불리는 반 편성은 그대로 남아 있었다. 내용을 보면, 수학과 어학은 3단계로 나누고 그 외 과목은 2단계로 나누어, 상위 반은 진학을 하고 하위 반은 취직을 위한 지도를 하였다. 이와 같은 교내에서의 선별은 이에 반대하는 교사들에 의해서 1972년부터 1982년에 걸쳐서 서서히 폐지되기에 이른다. 오랜 기간에 걸친 노력은 결국 국민들의 합의를 이루어내고, 또한 교사의 급여를 10% 인상하는 것을 계기로 우열반 편성은 1985년에 완전히 폐지되었다. 급여 인상은 통합 학급이 되면 학생들의 학력차가 커지고 그만큼 교사의 부담이 증가하기 때문에 그 부담에 대한 증액으로 이해되었다.

40년에 걸친 학교 개혁을 되돌아보면서 제2회 PISA 세미나 석상에서 키르시 린도로스 국가교육위원회 위원장은, "가장 중요한 것은 능력별로 동질적인 집단을 모아놓은 방식을 폐지한 것, 잉여 교육 자원을 중학교 교육에 투입한 것, 그리고 정책 결정권을 지방으로 분산시킨 것을 들 수 있다."*라고 지적하였다.

자세한 경위에 대해서 다음과 같은 설명을 덧붙이고 있다. "1980년대에 우열반 편성을 그만두게 된 가장 큰 이유 중 하나는 저학력 반이 주로 사회적 경제적으로 불리한 위치에 있는 남자 학생들로 구성되었기 때문이다."** 우열반 편성의 폐지는 어떤 의미에서 사회문제의 대처이기도 하므

* Kirsi Lindroos. *Words of Welcome*. "*Finland in PISA – Studies Factors Contributing to the Results*", International Seminar, Helsinki, 10 October 2005.

** 『무엇이 학교 개혁을 실현시키는가?–PISA의 프리즘을 통해서 본 학교 제도』 PISA.

로 '평등화'가 가장 큰 이유라고도 할 수 있다.

핀란드의 교육 연구자들은 우열반 편성이 장기적으로 볼 때 잘하는 아이들에게는 좋은 영향을 주지 않고 잘하지 못하는 아이들에게 역시 아무런 플러스도 되지 못한다는 분석 결과를 내놓았다. 교육 연구자들은 수업과 교육학에 있어서 구미 사회에 널리 퍼져 있던 우열반 편성 방식을 버리고 종합 학습 방식, 즉 핀란드 교육학에서 말하는 '학습레벨 등이 서로 다른 이질적인 학생 집단heterogeneous student groups' 방식으로 획기적인 전환을 시도한 것이다.

유바스큐라 대학의 바리야르뷔 교수를 비롯한 교육학 연구자들의 표현을 빌자면, "핀란드의 종합제학교가 터를 잡기 시작할 무렵의 1970년대와 1980년대의 연구 자료를 보았을 때 '학습레벨 등이 서로 다른 이질적인 학생 집단heterogeneous grouping'은 잘하지 못하는 학생들에게는 최적의 환경을 제공했는 데 반해서 잘하는 학생들의 성적은 집단 편성 방법에 상관없이 똑같았다. 이는 PISA의 데이터와 같은 결과다."*

결과적으로 학력에 있어서 학교 간의 차이는 적지만 학교 내의 격차는 크다. PISA 2003의 결과도 이 같은 사실을 반영한다. 핀란드는 통합 학급을 유지하며 다양한 학력의 아이들을 개별적으로 대응한다는 교육에 있어서 실로 난제에 돌입하게 된 것이다. 하지만 여러 가지 곤란을 겪으면서 현실적으로 잘 극복한 결과, 학생들 간 학력 격차는 점차로 줄어들고 있다(예를 들면 **표 2-5**의 표준 편차 참조). PISA의 평가에서도 OECD 교육국 지표분석 과장인 안드레아 슈라이햐 씨의 말을 인용하자면,

---

What Makes School Systems Perform?: Seeing School Systems Through The Prism Of Pisa. OECD, p.14.

* Jouni Väijävi, Pirjo Linnakylä, Pekka Kupari, Pasi Reinikainen, Inga Arffman. *The Finnish Success in PISA – and some Reasons behind it*, PISA 2000. Jyväkylä, 2002, p.41.

"핀란드에서는 강도 높은 개인별 지도와 같은 새로운 학습 환경을 마련하는 것으로 대응해왔다."*

"PISA의 조사에서 성적이 좋게 나타난 곳을 보면 상당히 포괄적인 학교제도를 운영하면서 동시에 학생들 개개인에게 개별적인 학습 기회를 많이 제공한 국가들이다."**

핀란드에서는 통합 학급이면서 학생들 개개인의 학습 진도에 맞는 교육을 실시하고 있기 때문에 잘 따라오지 못하는 학생들을 극단적으로 줄일 수 있는 효과를 얻게 되었다. 교육 현장에서 평등 실현과 개별화 요구와의 미묘한 밸런스를 유지하는 것이 바로 교육 전문가로서 해야 할 일임을 일깨우고 있다.

읽기 소양은 말할 것도 없고 일반적으로 우열반 편성에 잘 이용되는 교과인 수학에 있어서도 같은 결과가 나왔다(표 2-5).

이에 관해서 일본의 국립교육정책연구소도, "핀란드는 득점도 높고 분산도 작기 때문에 상대적으로 전체 학교에서 학생들의 수학적 능력이 높은 수준이라 할 만한 이상적인 결과가 나왔다."***라고 높은 평가를 내리고 있다.

핀란드의 교육 지침은 학생들 중심의 민주주의다. "어떤 단계에서도 선별은 하지 않는다."라고 야리 라야넨 교육청 참사는 자신 있게 말한다. 누

---

* 일본교직원조합회 편 『어떻게 될 것인가. 어떻게 할 것인가. 세계의 학력, 일본의 학력-일교조 52차 전국교연 · 특별 분과회 '학력 문제' 기념강연과 심포지엄』 어드밴티지 서버, 2003, P.20.

** 국립교육정책연구소 편 『일본의 교육이 보인다-교육 인디게이터 사업(INES)과 '학업 성취도 국제 비교 연구' (PISA 2000) 조사 결과를 토대로 일본의 교육 현상을 파헤친다, 안드레아 슈라이하 OECD 교육국 지표분석 과장 강연』 p.21.

*** 국립교육정책연구소 편 『살아가는 데 필요한 지식과 기능②』 GYOSEI, 2004, p.287. 단 일본에서는 고등학교 1학년을 대상으로 7월에 조사를 시행하였기 때문에 직전의 3월까지의 상태보다는 학교 간 분산이 크고 학교 내 분산이 작게 나타났다.

표 2-5 PISA 2003에 있어서 수학 영역의 득점에 관한 학교 간·학교 내에서의 분포도

국가명	수학적 소양 득점		OECD 상대분산 (A+B)	학교 간 분산(A)	학교 내 분산(B)	학교 간 분산 비율 (A/A+B)
	평균치	표준 편차				
핀란드	544.3	83.7	81	3.9	77.3	0.048
한국	542.2	92.4	99	42.0	58.2	0.420
일본	534.1	100.5	116	62.1	55.0	0.530
프랑스	510.8	91.7	96	43.7	51.6	0.459
독일	503.0	102.6	108	56.4	52.6	0.517
미국	482.9	95.2	105	27.1	78.3	0.257
이탈리아	465.7	95.7	107	56.8	52.0	0.522
OECD 평균	500.0	100.0	100	33.6	67.0	0.336

⋆ 국립교육정책연구소 편『살아가는 데 필요한 지식과 기능②』GYOSEI, 2004, p.287.
⋆ 핀란드에서는 학교 간의 학력차는 작고, 학교 내에서의 격차는 크다. 그리고 학생들 간 학력차(표 중에서 표준 편차)는 가장 작다. 일본에서는 학생들 서로 간의 학력차가 크다. 단, 고교 1학년생을 대상으로 했기 때문에 중학교보다는 학교 간 분산이 크게 나타났다.

구나 같은 교실에서 공부하며 우열반과 같은 반 편성은 없다고 거듭 강조한다.*

투라 하타이넨 교육장관도 국제 학력 조사의 우수한 결과를 설명하는 자리에서, "우리들은 학교에서 잘하는 아이와 잘 못하는 아이를 구별하지 않는다." "진로가 다르다고 해서 너무 일찍 반을 나누는 것은 위험하다는 연구 결과가 최근 늘고 있다. 9년간 아이들 모두를 대상으로 투자를 하고 동일한 교육을 실행한다면, 최상의 결과가 나오리라 굳게 믿고 있다." 덧붙여, "마치 아이스하키와 같다고나 할까. 우리들은 잘하는 아이뿐만 아니라 모든 여자 아이와 남자 아이를 데리고 플레이하고 있다. 페어플레이

* 「낙원과 헬싱키」『가디언』지, 2003. 9. 16. Heaven and Helsinki *Guardian*, Tuesday September 16, 2003. http://education.guardian.co.uk/schools/story/0,5500,1042479,00.html

를 통해 누구에게나 자신의 기능을 닦고 실천할 기회를 줄 수 있다. 이렇게 하는 사이에 잘 못하는 아이를 발견해낼 수도 있다. 우리는 바로 그 방법을 익혀나가고 있는 것이다."* 역시 추운 북유럽 국가답게 재미있는 예를 들어 설명하고 있다.

한편 핀란드의 어느 교육 관계자는,

"교육이라는 이름의 보트에 탄 아이들 중 단 한 사람이라도 물에 빠지게 내버려두지 않는다."**라는 말로 교육 이념을 설명하고 있다. 교육학 연구자들도 다음과 같은 말을 자주 한다. "핀란드의 교사들은 단 한 사람의 학생도 배제시키거나 다른 학교로 전학시키거나 하지 않는다고 자신하고 있다."***

핀란드에는 시험이 거의 없다. 그 이유는 선별할 필요가 없기 때문이기도 하고 나누는 것은 좋은 방법이 아니라고 생각하고 있기 때문이다.

핀란드에서는 특별 지원이 필요한 학생이 전체의 약 2할 정도라고 여겨지고 있다. 특정 과목을 잘 따라가지 못할 경우에는 해당 학생을 2~5명의 소그룹으로 나누고, 때에 따라 한 명일 경우라도 주 1~3회 정도 전문가인 특별지원교사가 보조 수업을 행하고 있다. 대부분의 초등학교에서 이루어지는 보조 수업은 국어, 외국어, 수학이다. 중학교에서는 주로 외국어다. 정서 장애와 신체장애 등을 이유로 특별 학급을 편성할 때도 있다. 하지만 특별 학급을 편성하더라도 일반적으로 그 시기를 취학 전 학급(6세)부터

* 「교육은 경제경쟁에서 살아남는 열쇠」『BBC 뉴스』 2004. 11. 23. Sean Coughlan. Education key to economic survival. *BBC News World Edition*. Tuesday, 23 November, 2004. http://news.bbc.co.uk/2/hi/uk_news/education/4031805.stm

** 이시지마 데츠[石島徹]「핀란드 보고2」『요미우리 신문』 2005. 3. 24.

*** Jouni Väijävi, Pirjo Linnakylä,Pekka Kupari, Pasi Reinikainen, Inga Arffman. *The Finnish Success in PISA – and Some Reasons behind it*, PISA 2000. Jyväkylä, 2002, p.40.

초등학교 2학년까지로 하고 있으며, 초등학교 3학년부터는 통합 학급에 들어갈 수 있도록 노력을 기울이고 있다. 이 경우 장애가 있는 아이가 한 사람이라도 있으면 지자체에서 파견된 특별지원교사가 통합 학급의 담당자를 돕도록 한다. 이처럼 평균 집단보다 부진한 학생을 끌어올리는 데 철저하다. 한 사람 한 사람이 스스로 배우는 것을 원칙으로 하고 있기 때문에 잘하는 아이들을 위한 특별 교육은 따로 하지 않는다.

특별 지원 교육은 충분한 효과를 얻기 위해서 교육에 대한 전문적인 이해와 훈련을 잘 받고 자격을 갖춘 특별지원교사가 맡는다. 교사가 되기 위한 자격은 대학원에서 전문 코스를 전공하든지 1년간의 전문 코스를 이수하면 된다. 예를 들면 이민자녀에게 핀란드어를 가르칠 경우에는 국어 면허로는 안 된다. 모국어가 아닌 언어로서 '초보부터 배우는 핀란드어' 라는 자격을 소지한 교사가 직섭 가르치고 있다. 수입은 다른 교실에서 이루어질 수도 있고 특별지원교사가 일반 수업 시간에서 수업 보조를 할 수도 있다. 통합 학급의 수업과 병행해서 같은 교과를 다른 교실에서 따로 수업하는 경우도 있고, 아침 1교시 시간을 이용해서 추가로 보충 교육을 하는 경우도 있다.

성적이 부진한 학생들이 많은 경우에는 반 인원을 줄이는 등의 조치를 취하는 학교도 있다. 이러한 특별지원교사는 지역 예산과 가정 사정 등을 고려해서 배치되는데 대다수 기초학교에서 찾아볼 수 있다.

그러나 '학습 레벨 등이 서로 다른 이질적인 학생 집단' 방식, 즉 통합 교육이 대원칙인 것에는 변함이 없다. 특별 수업은 성적이 지나치게 떨어졌을 때 일시적으로 이용하는 정도이고 고정된 반이 지속되는 경우는 없다. 멤버가 고정될 경우 특별 지원 수업의 효과가 반감된다는 이유에서다. 또한 이 수업을 수강하려면 부모나 본인이 신청을 해야 하고 본인이 납득한 후에 행해진다. 본인 스스로 하려고 하는 의지가 있어야 비로소 효과를 볼 수 있고 해보니 좋았다는 만족감도 느낄 수 있다. 잘 따라오지 못하는 학생을 떼어버리고 가려는 의도는 애당초 찾아볼 수 없다.

한편 아침 1교시 때에는 'morning activity'를, 방과 후에는 'afternoon activity'를 실시하고 있다. 현재는 이를 초등학교 1·2학년에게 보장되도록 지방자치단체에 의무화하고 있다. 3학년 이상에 대한 실시 여부는 지자체의 판단에 맡기고 있다. 이 시간대의 교육은 보육의 역할과 함께 성적이 부진한 학생들을 위한 보충 교육도 행해진다.

PISA 2000의 결과를 토대로 영국의 신문들은 다음과 같이 보도하였다.

"예를 들어 핀란드, 캐나다, 스웨덴, 홍콩과 같이 학업 성적이나 사회적인 배경에 의해 학생을 학교별로 나누지 않는 국가와 비교했을 때 영국의 학업 성적은 그다지 좋지 않다는 포괄적인 결과가 나왔다."*

이 같은 분석은 PISA 2003에 있어서도 변함이 없다. 뒤떨어진 학생을 끌어올리는 것이 고학력의 비결이며 이는 평등한 교육 실시로 보장된다. 핀란드에서는 이를 실현하기 위해서 상시적으로 특별한 대책을 강구하고 있다.

평가가 의미하는 것

평가는 일상적으로 이루어지고 있다고 해도 과언이 아니다. 일상적으로 아이들의 학력은 교사에 의해서 파악되고 있으며 그때마다 적절한 대

* 『타임즈』지, 2003. 7. 2. 동일한 기사는 『타임즈 교육판』 2003. 7. 4.에도 보인다.

처가 이루어지기 때문에 등수를 매기거나 다른 학생과 비교하기 위한 시험과는 차별화된다. 결국에 교사가 필요하다고 생각되면 자신의 수업 시간에 그때그때마다 평가를 내릴 수 있다.

제도적으로는 1년에 2회, 가을 학기와 봄 학기 말에 통지표가 배부된다. 평가는 자기 평가가 중시되며 초등학교에서는 자기 평가가 통지표에 기재된다.

초등학교 1～2학년 때는 점수화된 평가가 아니라 문장 표현만을 본다. 3학년 이상이 되면 평점을 내도 좋도록 허용한다. 8점을 이상적인 점수로 하되 그 기준은 각 지방 교육위원회가 정하도록 하고 이를 참고로 해서 각 교사가 4～10점 사이에서 평가를 내린다. 4는 불가, 5는 합격, 6은 가, 7은 조금 좋음, 8은 좋음, 9는 우수, 10은 특히 우수와 같은 식으로 해석된다. 평가는 문장과 평점 중 어느 쪽도 상관없고 이를 조합해도 괜찮다고 되어 있다. 대다수 학교가 초등학교 후반부터 평점으로 바꾸고 있다고 한다. 초등학교 단계에서는 자기평가에 중점을 둔다.

중학생이 되면 교사의 평점이 중요해진다. 그리고 9학년 말(3월)에는 최종 성적final assessment이 통지된다.

평점의 기준은 국가교육위원회에 부속된 전국평가회의가 결정하며 이를 토대로 각 학교의 해당 교사가 전문가적인 견해를 가지고 판단한다. 그러나 어디까지나 절대 평가이며 타인과의 비교가 아니다. 뿐만 아니라 전체 학교를 통합하여 실시되는 통일 시험 같은 것도 없다. 개인의 성취와 도달 정도를 재기 위한 것으로 개인이나 학교를 서열화하는 일은 하지 않는다.

최종 성적은 국어, 과학, 외국어 등 주요 교과의 평점을 평균 낸 것으로, 기초학교를 수료하는 기준으로는 7점 이상이면 된다. 학생은 최종 성적을 가지고 지망하는 학교를 5지망까지 적어서 진학을 희망하는 학교에 제출하고 합격을 기다린다.

16세까지는 다른 학생과 비교하기 위한 시험은 없다. 시험 문제지를 시판하지도 않으며 편차치도 유통되지 않는다. 이처럼 겨우 평점의 평균을 매기는 정도로 그치고 있는 것은 무슨 이유에서일까? 기초학교 단계에서는 '표준 standards' 이라는 용어 사용을 피하고 있는데 '사회적 구성주의'에 걸맞게 해석한다면 핀란드의 교육학은 아이들의 능력 발달에 틀을 씌우는 일을 무엇보다도 우려하기 때문이라 여겨진다.

그런데 여기서 한 가지 의문이 일었다. 중학교에서의 평점의 평균으로 고등학교 합격이 결정된다면 결국에 경쟁과 무엇이 다른가 하는 것이다. 이 같은 질문에 핀란드의 교육 관계자는,

"할 수 없다. 본인이 한 만큼 결과는 나온다." 하고 틈도 주지 않고 말한다. 필자가 불만스러워 하자, "만약 공부가 부족하다는 생각이 들면 1년 더, 다시 말해서 10학년을 다니면 된다. 하지만 정말로 그럴 마음이 있었다면 그 전부터 열심히 했을 것이다."라고 못을 박았다.

핀란드는 언제 어디서나 마음만 있으면 배울 수 있도록 교육 여건이 잘 갖추어져 있기 때문에 어떻게 배울까는 본인이 하기 나름이다. 무엇보다 본인의 장래는 스스로가 결정해간다. 자신의 흥미나 관심, 자신이 잘하는 능력 등을 고려하면서 장래를 꿈꾸고 공부를 하고 직업을 선택해간다. 시험 점수는 통과 의례 중 부분적인 평가에 지나지 않기 때문에 이것으로 미래의 모든 것이 결정되는 것은 아니다. 핀란드의 아이들은 좀더 장기적으로 인생을 설계하면서 생활한다. 그 과정에서 희생되는 일도 없기 때문에 지금 현재의 인생 자체를 살아가고 있다고 해도 과언이 아니다. 현재에 있어서 최선의 길을 선택해나가고 있지, 앞으로의 인생에서 불이익으로 작

용하지는 않을까, 찬스를 잃어버리지는 않을까 하는 걱정은 하지 않는다는 것이다. 사회 안에는 다양한 길이 있고 그 길마다 제 나름의 의의가 있다고 모두가 인정하고 있기 때문에 단순하게 점수만을 가지고 일렬로 세우는 일 따위는 하지 않는다. 여기에는 모호함이나 애매함도 생기기 쉽지만 이것이야말로 다양한 가능성으로 이 사회 안에서 통용되고 있다.

그런데 지역 전체에서 일제히 치러지는 시험 없이, 학교 안에서의 평가만으로 이루어진다면 소위 적당히 손을 쓰는 교사가 생기지 않을까? 또다시 의구심이 들어 어쩔 수 없었다. 이 같은 질문에 대해서, "자신이 매긴 점수가 핀란드 전역에 나돌면 어느 학교 누구누구의 평가가 엉터리였다는 것쯤은 금방 들통이 날 것이다. 형편없는 사람이라는 말을 누가 듣고 싶어 하겠는가?" 이것이 교사 측의 일반적인 생각인 것 같았다. 사람들은 교사의 전문성과 지도력을 신뢰하고 있고, 교사의 애매함을 지적하기보다는 차별 없이 정확하게 평가하고 있다고 믿고 있었다. 교사들도 자신들이 매긴 점수가 학생들의 일생을 따라다니기 때문에 사회에서 통용되는 레벨 안에서 평가하려고 노력한다. 국가에서도 이러한 공통된 이해를 한층 더 일치시키는 방향으로 조정을 애쓰고 있으며 엄격하게 점수를 매기려는 의도는 없어 보인다. 시판되는 시험 문제지가 그만큼 없기 때문에 '테스트 뱅크' 라는 교육 단체로부터 빌리고 있는데, 커닝이라든지 문제 유출 등에 크게 신경을 쓰지 않고 있는 것을 알 수 있다. 지식이 올바른가, 틀렸는가를 따지기 이전에 지식을 사용하여 응용하는 시점에서 평가되기 때문이다.

예컨대 중학교(기초학교)를 졸업한 후에는 직업자격을 취득하기 위해서 직업학교에 가든지, 대학 또는 고등직업전문학교AMK 진학을 위해 고등학교에 갈지를 판단하도록 되어 있다. 일반적으로 고등학교와 직업학교 중 어느 쪽이 더 좋다는 판단은 의미가 없어 보인다. 실제로는 엄연히 학력차가 존재하지만 직업학교에 진학한 사람이 도중에 보통과 학교로 진로를 바꾸거나 대학에 진학할 수 있도록 제도적인 장치가 마련되어 있다. 또한 취직한 후에도 유급이나 휴직을 통해 공부할 시간을 보장하고 있다. 핀란드는 본래 주 37시간 노동이기 때문에 일하면서 배울 수 있는 시간은 언제든 충분하다. 결국 뒤늦게 공부를 시작하는 이들이 불이익을 당하지 않도록 학교 제도를 정비하고 있으며 언제 어디서든 마음만 먹으면 배움의 기회를 주도록 철저히 제도화되어 있다고 할 수 있다.

또한 고등학교와 직업학교 간의 격차 역시 거의 없기 때문에 학교 이름을 고려할 필요가 거의 없다고 한다. 이는 학생 개개인이 어떻게 배우는가가 최우선이며 어느 지역의 어느 학교에 가도 차별 없이 배울 수 있다는 것을 뜻한다.

고등학교에서는 1994년에 학년제가 폐지되고 단위제로 바뀌었다. 1단위는 6주간에 38시간으로, 수학의 경우 최저 6단위, 최고 11단위를 취득하도록 되어 있다. 이수 과목은 학생 스스로가 앞으로의 장래를 생각해서 단위별로 선택하도록 되어 있기 때문에 무슨 과목을 어떻게 배우고 있는지를 확실히 알 수 있다. 75단위를 취득하면 증명서가 나오고 수료한다. 빠르면 2년, 늦어도 4년이 걸린다고 한다.

대학입시 자격시험은 '대학입학 자격시험위원회'가 실시하는데, 동일 연령의 약 6할이 시험에 응시하고 있다. 수험 과목은 지금까지는 모국어, 제2공용어, 외국어를 필수로 하고, 수학 내지는 일반교양 중에서 1과목을 선택해 총 4과목이었다. 그런데 2004/05년부터 바뀌기 시작하여 필수는 모국어만으로 하고 제2공용어와 외국어는 선택 과목 중 일부가 되었다. 또한 일반교양 과목도 세분화되고 있다. 하지만 총 4과목에는 변화가 없다. 실력만 있다면 2년으로 고등학교 생활을 마칠 수도 있다. 비로소 잘하는 학생에게 1년을 앞당길 수 있는 기회가 주어진다. 하지만 대개의 경우 대학에 입학할 때까지 2, 3년 정도 사회생활을 하는 것이 보통이므로 그다지 졸업을 서두르지 않는다.

1998년에 법률이 개정되어 고등학교나 직업학교, 혹은 성인학교 어디에서든 대학에 진학할 수 있는 길이 열렸다. 대학 진학자는 동일 연령의 30% 정도다. 그 중에서 대학입시 자격시험을 치르지 않는 사람(대학별 입시만을 치른 경우)은 현재 입학자의 4%에 이른다. 그 대부분은 오픈 · 유니버시티(대학 교육의 일부; 청강)를 경유한다고 한다. 다시 말해서 고등학교 졸업 후 곧바로 대학에 진학하는 이도 있고 직업전문학교에 다니다가 대학에 편입하는 이도 있으며 또한 일과 공부를 병행하여 입학하는 이도 생긴다. 이처럼 졸업생에 따라 다양한 길을 걷고 있기 때문에 일본처럼 "○○고등학교에 갔더니 ○○대학 ○○명 합격이라 붙어 있더라."라는 식으로는 단순하게 말할 수 없다.

학생들의 일과와 시간표

학생들은 아동 보육, 학교, 클럽 활동 등 다채로운 공간 속에서 성장해간다. 부모나 보호자가 아침에 일찍 출근할 경우에는 'morning care'라 불리는 이른 아침에 시작하는 아동 보육에 다닌다. 대개는 학교 부지 안이나 학교 가까이에 아동 보육 시설이 있고 그곳에는 아침 식사도 준비되어 있다. 아침 7시부터 아이들이 모여든다. 이곳은 학교가 아니라 지방자치단체의 관할로, 대부분 NPO(비영리 단체)나 민간 기업에 위탁하고 있다고 한다. morning care란 취학 전 아동이나 초등학교 1~2학년을 대상으로 사회적 시설에서 시행되는 교육 · 복지 활동을 일컫는다.

수업 시간을 보면, 초등학교 저학년은 반나절, 중 · 고학년은 4~6시간, 중학교는 5~7시간이다. 초등학교의 1교시는 대개의 경우 선택 수업으로 이루어져 있고 빈 시간일 경우가 많다. 따라서 1교시와 방과 후에는 특별 지원이 필요한 학생을 위한 맞춤식 교육이나 보충 교육, 선택 수업이 이루어지며 클럽 활동 등도 포함된다. 이 중에서 수업 이외의 교육 활동을 'morning activity'와 'afternoon activity'로 부른다. 활동은 대개 학교에서 이루어진다.

방과 후의 클럽 활동은 학교 시설을 이용하지만 사회 교육 차원으로 취급되기 때문에 학교 교사가 담당하지 않는다. 클럽 활동은 별도의 특별지도원이 맡는다. 이 특별지도원의 지도를 받고자 다른 학교의 학생들까지 찾아오는데, 이렇게 되면 학교는 second school로 변신한다. 지방에 따라서 특별 지도원을 찾지 못할 경우 학교 교사가 담당하는 일도 있다. 이때는 급여 외에 추가 비용을 지불한다. 교사는 정규 수업이 끝난 시간에는 아르바이트를 해도 좋도록 허용하고 있다.

교육 과정에 해당하는 '국가 수준의 커리큘럼'(후술)에 명시된 범위 내에서 정규 시간표 안에 음악이나 예술, 발레, 댄스, 연극, 어학, 수학, 과학 같은 특별 수업을 병설하는 중학교도 있고 음악이나 어학 같은 코스를 병설하는 초등학교도 있다. 하지만 이는 주 2시간 정도의 수업을 더 받는 정도다. 영재 학교라기보다는 방과 후의 클럽 활동을 정규 수업에 포함시킨 것으로 선택 과목의 시간수 범위 내에서 조정한 것에 지나지 않다. 그래도 인기가 높을 경우에는 학교에 따라서 입학 희망자를 대상으로 적성 검사를 실시하고 있다.

방과 후에 가정에 돌아가도 보호자가 없을 경우에는 아동 보육에 다니도록 하고 있다. 이를 'afternoon care' 라 부른다. 핀란드의 대부분 부모들은 맞벌이를 하고 있기 때문에 아이들은 부모가 귀가하는 오후 4시 정도까지 이곳에서 지낸다. morning care 시설과 afternoon care 시설이 다른 경우도 있다.

요우센카리 초등학교(에스포 시)에서는 아침 1교시에 요일에 따라서 정규 수업을 하기도 하지만 대개는 클럽 활동을 한다. 14시 10분에 정규 수업이 마치면 음악을 전공하는 아이들의 학교로 바뀐다. 근처 학교에서 여러 악기를 연주하는 아이들이 모여 숙제나 복습을 하면서 자신들의 레슨 시간을 기다린다. 선생님은 교장 선생님을 포함해서 14시 10분에 귀가한다*(표 2-6).

사르마사리 초등학교(헬싱키 시)의 경우 1, 2학년은 12시 30분에 수업이 끝나면 학교 안에 있는 afternoon care 시설에 간다(표 2-7).**

아침 1교시에 선택 과목을 실시하는 것은 겨울이 긴 나라다운 지혜가 아닐까 하는 생각이 들었다.

국가의 책임과 학교의 책임

'최상위에 교육과 학습이 있다.' 라는 것이 교육계의 공식 견해다. 그림 2-3 은 PISA 세미나에서 국가교육위원회의 보통교육국장인 이르멜

* 우자와 키이코[鵜澤希伊子]『속 · 핀란드의 참 얼굴』 문예사, 2003, pp.197~198.
** 『교육 총연 · 제3차 해외교육시찰단 보고서』 2003.

표 2-6 초등학교의 시간표, 대표적인 예

	시간
morning activity 1교시 (선택 수업 · 보충 교육 등이 이루어진다.)	8:05~8:50
2교시	9:05~ 9:55
3교시	10:10~10:55
급식(A) 4교시(B) 4교시(A) 급식(B)	10:55~11:25 11:10~11:55 11:25~12:10 11:55~12:25
5교시 6교시	12:25~13:10 13:25~14:10
7교시 afternoon activity 등	14:25~15:10

⋆ 학급 전원이 모이는 것은 2교시부터다. 식당을 두 그룹으로 나누어 이용하고 있다.

표 2-7 사르마사리 초등학교(모듈제)

	시간
1교시	8:30~10:00
2교시 (급식 30분을 포함)	10:30~12:30
(1, 2학년생은 여기까지) 3교시 4교시	 12:45~14:15 14:30~16:00
특별 지원이 필요한 교육	15:30~17:30

⋆ 두 시간분을 합쳐서 장시간의 학습 활동을 하는 모듈제.

하리넨 씨가 몇 번이고 반복하며 제시한 것이다. 원칙적으로 아이들과 친숙하고 가까운 곳에 전면적인 결정권을 주도록 핀란드 역사는 움직여왔다.

수업이라는, 교사가 가르치고 학생이 배우는 식의 일체화된 행위는 학교와 지방자치단체가 결정한 커리큘럼에 의해 보장되는데, 그 결정권은 지방자치단체에 있고 국가는 어디까지나 교육 행위를 지원하는 입장을 고수한다. 가르칠 내용과 해당 학년 배당이 커리큘럼으로 결정되면 이를 어떻게 실현할지를 학교가 정하고, 어떻게 가르칠까는 전적으로 교사의 몫이다. 학교를 운영하는 교장과 수업을 운영하는 교사의 책임은 실로 막중하다. 그러나 책임과 함께 선택할 가능성도 주어진다. 다시 말해서 권한과 자유가 있다는 말이다. 적당주의로 책임을 회피하려는 발상은 핀란드에서는 통용되지 않는다.

한편 지방자치단체는 2002년 단계에서 444개였고 그 중에서 113개가 도시(시 또는 동)다. 2004년 단계에서는 지자체가 432개였다. 국가 인구를 530만 명으로 단순하게 계산하면 지자체당 1만 2000명 정도가 된다. 하지만 인구 56만 명인 헬싱키 시도 있고 1만 명 미만인 농촌도 300개 이상 있다고 한다. 그곳에 거의 모든 교육 권한이 위임되는 것이다.

인구가 적은 지자체는 지자체 연합 단위로 학교 교육에 임한다. 기초(초등 · 중학)학교는 어느 지자체나 있지만 고등학교는 지자체 연합에서 공동유지하도록 되어 있다. 2004년 현재 120개 지자체와 155개 지자체 연합이 존재한다. 대략 250개의 지자체가 학교를 운영하고 있다고 전하고 있다. 특히 4,000개의 기초학교, 750개의 고등학교와 직업학교, 20개의 대학 및 다수의 다른 교육 시설들이 서로 네트워크를 이루고 있음은 주목할 만하다. 확실히 국내의 총력을 기울여 교육에 힘쓰고 있음을 알 수 있다.

영국의 한 신문기자는 핀란드의 교육 제도에 대해서 사회의 지혜와 노

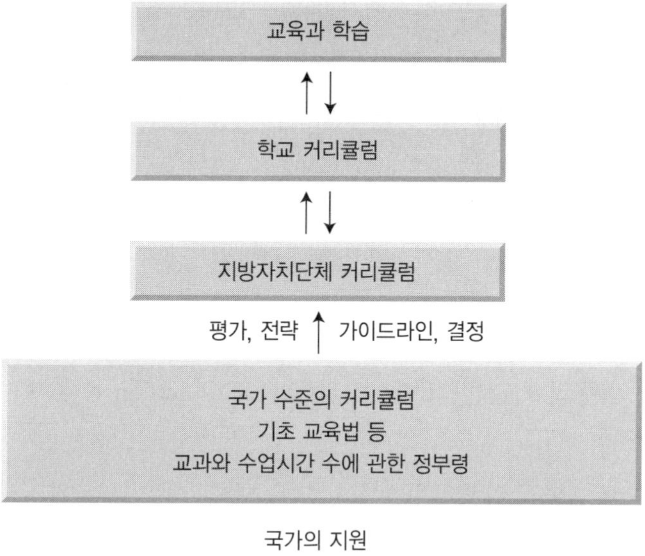

⋆ Irmeli Halinen. *The Finnish Curriculum Development Processes*.(제1회 PISA 세미나 배포 자료)
⋆ 교육과 학습을 학교 · 지자체 · 국가가 지원하고 있다. 최상위에 '학습'이 자리하고 있다.

그림 2-3 교육의 내용과 방법의 권한 분담

력이 모여 이룬 성과이며 "앞으로 일어날 수 있는 여러 가지 문제에 미리 손쓸 수 있는 성숙한 교육 시스템"이라고 평가하였다. 덧붙여 "핀란드 사회는 논쟁이나 의문 제기가 정치적인 배타가 아닌 건설적인 토의로서 받아들여지고 있다."*라고 전하였다.

비난하기보다는 우선 어떻게 개혁할 것인가를 먼저 생각하는 것 같다. 이런 분위기의 사회이기 때문에 다양한 의견을 가진 사람들이 서로 공존하며 협력해나갈 수 있을 것이다. 어떤 사건이 일어난 다음에 전문가에게 고언을 듣는 형태로는 혁신적인 대책을 세우기가 어렵다.

또한 교육 관계자로부터 특이할 만한 한 가지를 들었다. "핀란드에서는

* 「낙원과 헬싱키」 『가디언』지 2003. 9. 16. 앞과 동일.

교육에 관한 한 정당에 따라 견해가 다르지 않다."라는 것이다. 교육의 목적은 인간을 키운다는 큰 목표에 있는 만큼 이 점에 있어서는 일치를 이루고 있다고 한다. 교육을 정책 공격의 수단으로 삼거나 돈 벌기 위한 수단으로 삼지 않겠다는 것이 철저히 지켜지는 사회라 할 수 있다.

국가 수준의 커리큘럼(National Core Curriculum)

핀란드에 있어서 일련의 근본적인 교육 개혁은 1993년 6월의 국회에서 채택한 법률에 의거하여 1994년부터 실시되었다. 행정적인 규제 완화의 일환으로서 거의 모든 교육 권한을 지방자치단체에 이관한 것이다. 이러한 개혁은 비단 핀란드 한 나라에서만 이루어진 것이 아니었다. 또한 1년여 만의 단기간에 이룬 성과도 아니었다. 어쩌면 커다란 흐름 속에서 이루어낸 결과물이었다고 하는 편이 맞을 것이다.

북유럽 문화 각료 회의는 1991년에 학교 관리를 국가로부터 지방자치단체로 이관하도록 권고하였다. 이를 계기로 핀란드에서는 1991년에 국가교육위원회가 조직되고 시학관(장학사) 같은 종래의 교육 관리 기구가 해체되었다. 교육청은 학교 건물, 교사의 급여 등과 같은 조건 정비와 제도 구축 및 권한 규정 등의 입법 부문을 담당하고 국가교육위원회는 교육내용의 수준 유지를 담당한다. 이처럼 국가의 역할도 권한을 나눠서 담당하고 있다.

교과서 검정은 1992년에 폐지되었다. 중앙 관할인 국가 수준의 커리큘럼은 1994년에는 5년, 2004년에는 4년여에 걸친 끝에 국민의 의견을 수

렴하면서 심의회에서 작성되었다.

교육 관계자는 기초학교의 커리큘럼을 '학교에 기반을 둔 커리큘럼' 이라 부르고 국가의 제한을 '상당히 자유로운 국가 수준의 커리큘럼' 이라고 표현하고 있다.

1994년에 국가는 학년별 기술 조항을 없애고 최종 학년 시점의 도달 목표를 대략적으로 명시한 국가 수준의 커리큘럼만을 지정하는 데 그쳤다(**표 2-8**).

커리큘럼의 지정 내용도 분량으로 했을 때 예전의 3분의 1 이하로 줄어들었다. 1970년에는 650쪽 분량이던 것이 1994년에는 100쪽으로 대폭 줄어든 것이다. 가르치는 것을 중시하는 교육에서 배우는 것을 중시하는 교육으로 교육관 자체가 근본적으로 바뀌었다. 교과의 교육 내용뿐만 아니라 교과 교차적 테마cross-curricular thema가 지정되었다.

현재는 2004년의 새로운 커리큘럼이 시행되고 있으며 수업 시수가 복수 학년으로 구분되어 제시되고 있다(**표 2-9**).

이는 현장의 혼란을 피하기 위해서 중앙의 힘을 조금 강화했기 때문이다. 이때 커리큘럼이 200쪽 정도로 증가하지만 가르치는 방법의 가이드가 늘어난 것으로 가르치는 내용이 증가한 것은 아니다.

이를 토대로 몇 학년에서 무엇을 배울 것인가는 지방자치단체의 결정 사항인데 실제로는 지방자치단체와 학교와의 협의로 구체화된다. **표 2-9**에 있는 '……' 는 가르치지 않는 편이 좋겠다고 국가교육위원회가 판단한 학년을 나타낸 것인데, 이 역시 지방자치단체의 판단에 따라 가르칠 수도 있다. 또한 지방자치단체와 학교는 교과의 개설과 삭제 여부까지 결정할 수 있다. 이처럼 국가 수준의 커리큘럼은 일종의 가이드라인 역할밖에 하지 않으며 더 좋은 선택이 있으면 개선해도 좋도록 허용하고 있다. 커리큘

표 2-8 1994년 국가 수준의 커리큘럼 교육 과정표

과목	초등학교 6년 최저 시간 수	중학교 3년 최저 시간 수
모국어	32	8
외국어(A언어)	8	8
외국어(B언어)		6
수학	22	9
생물 · 지리 · 환경 · 공민	15	
생물 · 지리		7
물리 · 화학		6
종교/윤리	8	6
역사	3	
역사 · 사회		6
예술 · 실기	44	
음악	(6)	1
미술	(6)	2
가정과		3
공예	(8)	
수공예(공작 · 기술 · 직물)		3
체육	(12)	
보건 체육		6
상담		2
공통 과목 합계	132	70
선택 언어	4	
선택 과목		20

★ 학년의 구분을 없앤 교육 과정표. 몇 학년 때 무엇을 몇 시간 할 것인가는 지자체와 학교가 협의하여 결정한다.

럼 표는 한눈에도 알 수 있듯이 어학에 주안점을 두고 있으며 핀란드에서는 아이들에게 4개국어를 습득하도록 권장하고 있다.

표 2-9　2004년 국가 수준의 커리큘럼 교육 과정표

과 목	학 년									합 계
	1	2	3	4	5	6	7	8	9	
모국어와 문학	14		14			14				42
외국어(A언어)	······			8			8			16
외국어(B언어)	······						6			6
수학	6		12			14				32
환경	환경 · 자연사 9									31
생물 · 지리					3		7			
물리 · 화학					2		7			
건강 교육							3			
종교/윤리	6					5				11
역사 · 사회	······ 3						7			10
예술 · 실기	26				30					56
음악	(4 −)				(3 −)					
미술	(4 −)				(4 −)					
수공	(4 −)				(7 −)					
체육	(8 −)				(10 −)					
가정과	·················· 3									3
직업 안내	·················· 2									2
선택 과목	(13)									13
최소 수업 시간수	19	19	23	23	24	24	30	30	30	222
자유 선택(A언어)	······ (6)						(6)			(12)

★ Finnish National Board of Education. *National Core Curriculum for Basic Education 2004*. Vammala, 2004, p.302.

★ 초등학교 · 중학교가 연계되고 기존의 학년 구분 방식이 어느 정도 부활된 교육 과정표. ······의 구분은 실시하지 않는 편이 바람직하지만 지자체와 학교의 협의가 있으면 실시 가능하다는 것. 교과명이나 과목의 구분 역시 변경 가능하다.

교육 논리를 추구할 수 있는 장치-국가교육위원회

국가교육위원회는 행정기관과 다르게 교육 내용과 교육 방법을 총괄하는 조직이기 때문에 교육학 전문가로 구성되어 있다. 여기서는 외국의 여러 나라와 교류하면서 상당히 고도의 교육적 논의가 전개되고 있다. 행정과 학교 사이에 있어서 교육학이나 각 교과, 심리학 등 마치 대학에서의 교육학부처럼 교육의 전문가들을 집약시킨 지혜는 그 의미가 크다. 지방의 이해나 일시적인 정치 논리에 휘말리는 일 없이 국가 중추에 전문가 집단을 두고, 학교 교육에 있어서 교육의 논리가 관철되도록 시스템을 마련한 것이다.

현재 국가교육위원회에는 전문가 약 350명이 근무하고 있고 교육 발전, 교육 평가, 교육 지원을 목적으로 활동하고 있다. 기초학교를 중심으로 취학 전부터 성인 교육, 교사 양성(18개 대학의 교육학부)까지를 관할하고 있으며, 필요에 따라서 고등교육에 있어서도 서비스를 제공하는 체제를 마련하고 있다. 국가교육위원회는 교육청에서 독립한 기관으로 지위가 상대적으로 높을 뿐만 아니라 교육 내용이나 교육 방법에 대해 관할하는 중요한 행정 기구다. 말하자면 핀란드는 교육청의 역할을 국가교육위원회가 대신함으로써 교육 내용에 보다 전문적인 서비스 행정으로 철저히 대응할 수 있도록 한 것이다.

국가교육위원회의 주요 업무는 초등교육과 중등교육에 있어서 국가 수준의 커리큘럼을 작성하는 것, 직업교육 자격과 학력 평가의 틀을 작성하는 것, 그리고 교육 기관에 대해서 유용한 정보를 제공하는 것이다. 또한

표 2-10 국가교육위원회 기구

국가교육위원장	
평가부	
내부감사 홍보부	
국제부	
보통교육국	기초학교과 후기중등 교육과 로마 교육과
직업교육국	교육요청 분석과 직업교육 진흥과 상담 · 교육 방법과
성인교육국	현직 연수과 자격 인정 · 비교과 상급직업 자격과 성인일반 교육과
스웨덴계 핀란드인 국	
관리 · 서비스국	관리과 재정과 감사과 교육기술 · 정보과 출판물 판매과 훈련 · 상담과
기획국	정보 서비스과 학생 선발과 IT 서비스과

⋆ Finnish National Board of Education, *Annual Report 2004*, p.3.

⋆ 국가교육위원회가 교육 내용 · 방법에 책임을 진다.

학생의 진학에 관한 등록, 교사의 전문성 향상도 담당하고 있다(**표 2-10**).

학력 평가를 위해서 전국에 학력테스트를 하는 데 있어서도 5~10% 정도의 추출 조사로 시행한다. 이처럼 학생을 경쟁시키기 위해서가 아니라 학교를 개선하고 학생의 교육 기회를 전국적으로 균등해지도록 하는 실시 목표가 분명하게 정해져 있다.

교과서는 자유 선택-교육 방법의 자유

교과서 검정을 하지 않는 것은 교과서란 질 좋은 교재 중 하나에 지나지 않는다는 인식이 있기 때문이다. 이는 '표준standards'을 어떻게든 피하려는 교육 철학과 지식은 본인 스스로 획득해가는 것이라는 '사회 구성주의적 학습 개념'을 토대로 한 교육 사상에 기초한 것이다.

교과서를 작성하는 과정에는 교사 조합의 대표와 교과서 회사 그리고 교사가 함께 참여하여 일부 단체의 독주를 막고 있다. 교과서 회사는 국가 수준의 커리큘럼 작성 과정과 병행하여 교사들의 협력을 얻어 교과의 교육 목표와 교과 교차적 테마cross-curricular thema를 같이 고려해나간다. 그 가운데 실행 가능한 길을 모색하면서 국가 수준의 커리큘럼을 한층 더 구체화하여 교과서를 완성해간다.

교과서 회사는 현재 핀란드어 4개사와 스웨덴어 1개사로 총 5개 회사가 있다. 국가 수준의 커리큘럼을 구체화하는 것은 법적으로 볼 때 교육청이나 국가교육위원회도 아닌 지방자치단체이지만 실질적으로는 교과서 회사가 그 모델을 창안한다. 교과서를 채택하는 것은 교사 한 사람 한 사람이기 때문에 교과서 회사는 교사에게 지지를 받을 수 있는 교과서를 만들려고 노력한다. 그리고 교과서를 만드는 과정에 있어서 연구자들 또한 교사들에게 새로운 교육 방법을 배우고 있다.

초등학교 1, 2학년에게는 '우리말 연습용 교과서'가 지급되지만 그 외 교과서는 1년간 대여된다. 대여한 책은 가정에 가지고 돌아가도 좋고, 책에 메모를 하거나 더럽히는 아이들도 있다. 그래서 학교에는 여분의 교과서가 많이 비치되어 있다. 또한 사비로도 구입할 수 있다. 단 교과서는 하나의 모델에 지나지 않으며 국가 수준의 커리큘럼이 정한 테두리 안에서 지방자치단체와 학교의 역량에 따라 구체적인 학습 내용이나 학년을 바꾸는 것이 가능하다. 어느 교과서를 채택할지는 학급 담임이나 교과 담당 교사가 결정하고 교장이 승인하는 절차를 밟는다. 또 교과서의 사용방법에 대해서는 전적으로 교사 개인에게 맡긴다. 예를 들면 각 회사의 교과서들을 서로 비교하여 제일 좋다고 생각되는 부분을 조합해서 사용할 수도 있다.

종합 학습 시간은 있는가

핀란드에는 일본과 같이 교과로서의 종합 학습 시간이 없다. 하지만 반드시 배워야 할 테마는 국가 수준의 커리큘럼으로 규정하고 있다. 그렇다면 어떻게 하고 있는가? 기본적으로는 교과 시간표대로 수업 안에서 시행하는 것을 전제로 하지만, 학교에 따라서 복수의 교과를 연결하여 시간표를 유연하게 다시 짜거나 다른 방법을 실행해도 좋다고 되어 있다. 실제의 수업은 시간 배치를 유연하게 하여 다양한 교과를 다양한 방법으로 묶는 것이 가능하다. 헬싱키 시 교육청의 설명에서도 '학교에 기초를 둔 커리큘럼' '시간표 배치의 자유'*라고 되어 있다.

간단히 말하면 커다란 테마를 정하여 그룹별로 조사 학습 등을 하는 데 있어서 복수의 교과 단원과 종합 학습을 동시에 수행할 수 있다는 것이다.

예를 들어 아라비아 종합제학교(헬싱키 시)에서 초등학교 3학년 담임을 맡고 있는 미코 아우티오 선생의 반에서는 주 25시간 중에서 11시간만이 시간표상의 교과이고 나머지는 교과가 정해져 있지 않다. 학습 진도 등에 맞추어 어느 교과를 사용할 것인지 결정한다고 한다.**

1994년 기초학교(초 · 중학교)의 커리큘럼으로 국가 수준의 커리큘럼이 지정한 교과 교차적 테마 cross-curricular thema는 국제 이해 교육, 소비자 교육, 교통 교육, 가족 교육, 건강 교육, 정보 교육, 미디어 교육, 환경 교육, 기업가 교육이었다.

2004년에 기초학교의 커리큘럼으로 '종합적, 교과 교차적 테마'로 규정한 것은,

- 개인으로서(인간으로서) 성장할 것
- 문화적 정체성과 국제화
- 미디어 사용 기능과 커뮤니케이션
- 참가형의 시민성과 기업가 정신
- 환경, 충실한 생활, 지속 가능한 미래의 책임
- 안전과 교통
- 테크놀로지와 개인

* Eurydice, *The Education System in Finland*, 2002/2003. ch.4. 10.
** 「개인의 능력에 유연한 대응 · 의무 교육 '세계 제일'의 현장」『아사히 신문』 2004. 12. 19.

이다.* 총체적으로 개인의 자립을 유도한다고 할 수 있다.

기업가 교육이나 기업가 정신이라 하면 벤처 비즈니스를 떠올리기 쉽다. 물론 이런 면도 포함되어 있지만 핀란드에서는 일반적으로 극히 일상적인 자영업을 운영하는 방법으로 통한다. 결국 샐러리맨이 되지 않는 다음에야 순록을 키우거나 제과점이나 꽃집 등을 운영하게 될 것이다. 이를 위해서는 장부를 쓰고 세금을 계산하고 법적인 규제를 지키고 사회적인 복지 혜택을 받는 등 사회 안에서의 사업을 스스로가 만들어갈 수 있는 능력과 기능, 태도가 필요하다. 바로 이를 육성하는 교육인 것이다.

핀란드에서는 1994년의 개혁 이래 교육 권한이 지방자치단체로 이관되었기 때문에 지역 의견을 교육에 수렴하는 것이 한층 더 쉬워졌다. 그 때문에 기업가 교육도 지역의 구체적인 산업과 연계하여 이루어지게 되었다. 지역 특산물의 제조 및 판매, 전통 사업을 계승하는 활동을 학교 교육에서 쉽게 찾아볼 수 있다. 이와 같이 지역과 연대하여 지역에 필요한 능력을 키우려는 교육적 실천은 지역 산업에 관심을 갖게 할 뿐만 아니라 진로 선택에도 직접적인 문제의식을 일깨우는 등 학생들에게 '자기 개혁' 의지를 고양시키는 효과를 낳게 하였다. 교육계 전반에 유익한 논의가 전개되었다는 보고다.**

또한 미래에 대한 책임 의식이 지속적으로 확대되면서, 환경 문제의 대응뿐만이 아니라 평화 교육도 그 일환으로 행해지고 있다.

* Finnish National Board of Education. *National Core Curriculum for Basic Education 2004*. Vammalan Kirjapaino Oy, Vammala, 2004, pp.36~41.

** Kristiina Erkkila. *Entrepreneurial Education: Mapping the Debate in the United State, the United Kingdom and Finland*. Garland, 2000.

소수 인원 학급 편성과 수업 시간

학급의 정원은 지방자치단체가 결정한다. 일반적으로 한 학급의 학생 수가 24명으로 제한되어 있다. 특히 외국어 수업일 경우에는 학급 정원이 반으로 줄어든다. 말하자면 아이들의 학력이 다양하므로 적은 수의 학급을 지향하는 것이다. 하지만 실제로는 지방자치단체의 경제 상황과 학교에 배치된 교사 이외 교직원의 사정을 고려하여 정원을 25~26명으로 편성하는 곳도 있다. 또한 학교에 따라서 1, 2학년은 20명으로 하고 3, 4학년은 30명으로 늘리는 방법을 쓰기도 한다. 이처럼 다양한 선택들은 모두 학생들을 위해서이며 교사들이 가르치기 쉬운 관점에서 실행 가능한 학급 편성을 한다. 그리고 그 판단은 지방자치단체와 학교가 한다. 통계상의 계산에 따르면 학급당 학생 수는 평균 16명으로 나타났다.

교사들에게는 수업 이외의 부담을 최소화하고 있다. 교사인 노르마 씨는 45분 수업을 주당 15(초등학교 1, 2학년)~23시간 정도 맡고 있다. 그가 담당하고 있는 일은 이것뿐이라 해도 과언이 아니다.

OECD 국제 조사에 의하면 7~14세 아동의 총 표준 수업 시간 수를 비교했을 때, 핀란드는 5,500시간 정도로 조사국 중 세계 최저를 기록하였다(그림 2-4).

한국도 6,000시간 이하인 데 반해서 일본은 6,000시간을 넘기고 있다. 스코틀랜드, 호주, 이탈리아는 8,000시간이 넘는다. 이 같은 예를 보더라도 수업 시간과 학력은 비례하지 않음을 알 수 있다. 문제는 단순히 시간 수에 있는 것이 아니라 교사가 충분히 준비하고 체력과 기력 면에서 충실

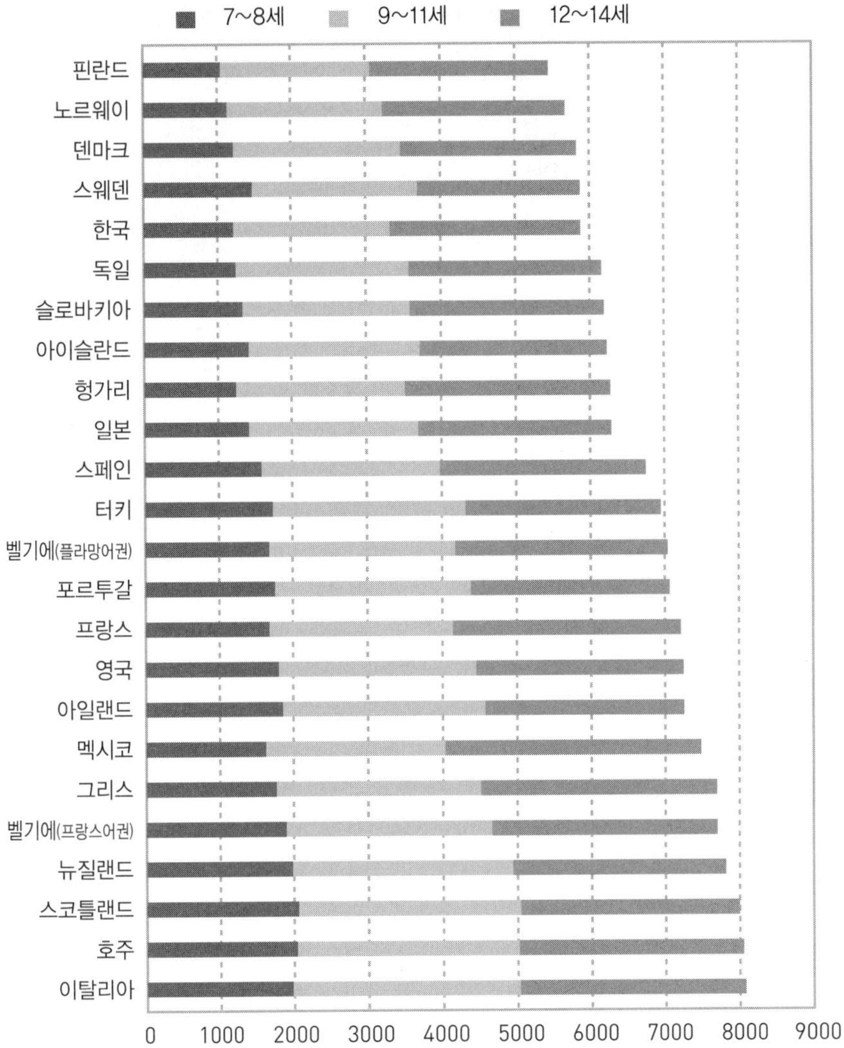

★ 경제개발기구『도표로 보는 교육: OECD 인디케이터(2004년 판)』아카이시 서점, 2004년, p.351. 이탈리아는 2001년 데이터.

★ 수업 시간을 늘린다고 해서 반드시 학력이 높아지는 것은 아니다. PISA의 득점표(표 1-2)와 비교해보더라도 수업 시간 수가 적은 핀란드가 최상위인 반면에 이탈리아는 하위권에 그쳤다.

그림 2-4 국공립학교의 7~14세 아동의 총 표준 수업 시간 수(2002년)

한 수업을 진행하느냐이다. 무엇보다 아이들이 해당 수업을 소화할 수 있는 학력 수준인지, 건강하고 생기 있게 수업에 참여하고 있는지가 중요하다. 교사도 아이들도 힘들어하고 피곤해한다면 아무리 수업 시간 수를 늘린다 해도 큰 효과를 기대할 수 없을 것이다.

교사의 근무 시간

특히 주목할 일은 OECD 조사에서 '법정 근무 시간 중에서 수업 시간이 차지하는 비율'에 대한 항목이다. 일본의 교사는 최저에 위치하고 있다. 초등학교에는 30%를 조금 웃돌고, 중학교에는 약 25%, 고등학교 역시 20%를 웃도는 데 지나지 않는다. 한국의 경우 각각 50%, 약 35%, 30%를 웃돌고 있어서 일본의 1.5배 정도를 수업을 위해 배분하고 있다(그림 2-5). 가장 많은 스코틀랜드의 경우에는 65~70%로 일본의 두 배 이상이다. 법정 근무 시간은 일본이 1,940시간, 한국이 1,613시간, 스코틀랜드가 1,365시간이다.*

핀란드는 근무 시간이 연간 1,600시간으로 그 중 60%를 수업에 할애하고 있다. 그리고 일단 4시까지를 근무 시간으로 정하고 있다. 4시가 되면 학교에는 아무도 남지 않는다. 일반 기업의 노동 시간도 주 37시간, 근무 시간도 대부분이 8시에서 4시까지다.

하지만 학교 교사의 경우, 담당 수업이 끝나는 오후 2시경이 되면 퇴근

* 『도표로 보는 교육: OECD 인디케이터(2004년 판)』 아카이시 서점, 2004, p.399, p.402.

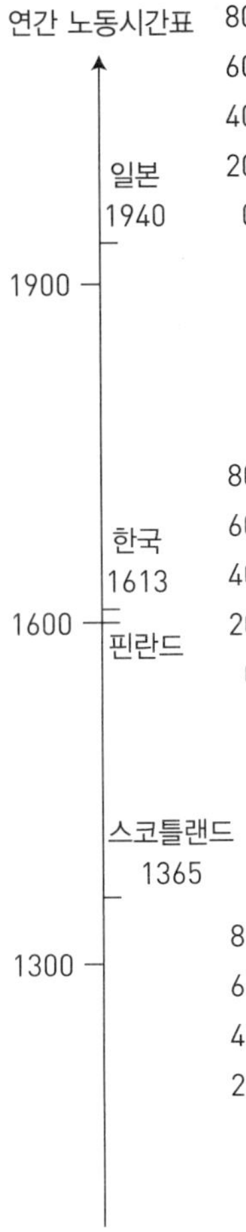

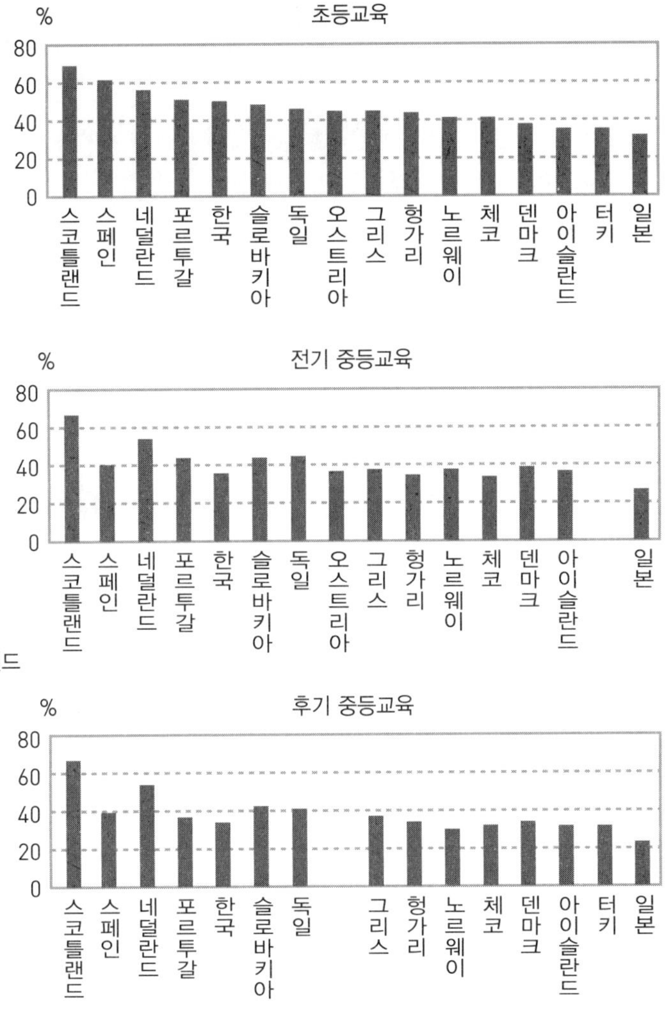

★ 경제개발기구 『도표로 보는 교육: OECD 인디케이터(2004년 판)』 아카이시 서점, 2004년, p.399.

★ 일본의 교사는 수업 시간 외에도 해야 할 일이 많다. 상당 부분 클럽 활동이나 학교 운영에 참여하고 있다.

그림 2-5 교사의 근무 시간 중 차지하는 수업 시간 비율(교육 단계별, 2002년)

하는 이가 많다. 저학년을 담당할 경우는 2시간이나 빠른 12시경에 귀가하기도 한다. 이 점에 관해서 핀란드 교육조합의 마리야타 멜토 고문에게 물어보았는데 다음과 같은 대답이 돌아왔다. "수업 외 시간은 교사가 수업을 위해 준비하는 시간으로 이를 어떻게 사용할지는 전적으로 교사에게 달려 있다. 노트를 점검하거나 리포트를 평가하고, 교재를 준비하는 등의 일은 학교에서 해도 좋고 다른 장소에서 해도 좋도록 되어 있다. 일하기 편하고 좋은 곳에서 하면 그뿐이다."

빠른 귀가는 어디서나 볼 수 있어서 사회 누구나가 인정하고 있는 원칙과도 같다. 교사 본연의 임무는 수업이므로 수업 이외의 부담이 될 수 있는 일은 가능한 한 덜어주려는 분위기다. 교사의 연수는 자유이며 자택에서의 수업 준비 역시 당연시되고 있다.

1년에 5번이나 되는 연휴나 장기 휴가 중에도 역시 학교에 나오지 않아도 좋다. 여름 방학 등은 2개월간이나 학교에 전혀 출근하지 않는다. 근무일수는 연간 190일 정도다. 이에 비하면 일본은 법정 외의 노동과 잔업, 클럽 활동이나 행사 등으로 휴일에 출근하는 일도 다반사다. 근무 시간을 따지면 실제로 연간 2,500시간 정도에 이른다. 이렇게 되면 그래프에 나타난 것보다 수업 시간 비율의 차이는 더 크게 벌어질 것이다.

"근무일수인 190일에 유급 휴가가 포함되어 있어도 상관없는가?" 하고 질문을 던지니, 마리야타 멜토 고문은 측근에게 뭔가 확인하는 듯하였다. 그러고 나서 입을 열었다. "190일이라 한 것은 교사의 근무일수가 아니고 학생들이 학교에 오는 날을 말한 것이다. 교사는 수업을 하면 그뿐이다."

"그러면 한 가지 더 묻겠는데 수업 기간에 유급 휴가를 신청할 수도 있는가?"

"선생님들도 가정이 있고 아이들도 있을 테고 그러면 보육원으로 데리러 가거나, 시장에서 장을 보거나 저녁 식사 준비도 해야 할 것이다." 이런 식의 대화가 계속되었다. 이야기 흐름에서 정리를 해보면 교사들도 가정이 있고 또 사회인으로서 저마다의 라이프스타일이 있기 때문에 납득할 만한 이유가 있다면 용인된다는 것이다. 수업 진행에 있어서 확실한 계획이 준비되어 있다면 유급 휴가를 얻는 것은 어디까지나 교사 개인의 판단과 책임이다. 이러한 이해 때문인지 핀란드의 교사들은 유급 휴가를 꼬박꼬박 챙기고 있다고 한다. 그것도 교장이 불만을 토로할 정도로.

핀란드의 교육은 견고한 가정생활 위에 성립하며 교사도 그 예외는 아니다. 교사 역시 충실한 가정인, 사회인, 그리고 그 지역의 주민으로서 해야 할 일을 우선적으로 해야 한다는 실천 철학이 엿보인다.

핀란드의 교사는 수업에 임하기 전 차분히 준비할 시간을 할애받는 데 있어서 세계 제일일 것이다. 이와는 반대로 일본의 교사는 수업 이외에도 해야 할 일이 너무 많아서 교사로서의 전문성을 보장받지 못하고 있다. OECD 교육국 지표분석 과장이 최악의 결과라고 하는 독일의 경우처럼, "교사는 책임을 부여받고 있지만 학급 안에서는 고립되어 있을 뿐만 아니라 교사 간의 유대나 학생과 학부모 간의 연대도 없고 학교와 가정 사이를 그저 왔다 갔다 하기만 한다."*라고 말한 것과 같은 상황이 PISA의 질문지 조사에서도 판명되었다. 학생과 교사 간의 정서적인 유대조차 결여되어 있다는 것이다. PISA 조사는 이러한 사실도 발견하는 모양이다.

** 국립교육정책연구소 편 『일본의 교육이 보인다』 앞과 동일, p.24.

핀란드의 수업 풍경

다음에 게재한 사진을 참고해주기 바란다. 이는 '카라무진 초등학교'(2005년 3월 방문)의 수업 풍경이다. 책상을 어떻게 배열할지는 교실에 따라 다르다. 학력을 보면 학교 간 격차가 없는 대신에 교실 안에서의 개인차는 크다. 교사가 가르치기 쉽도록, 학생 개개인에게 기민하게 대응할 수 있도록, 그리고 적절하게 지도할 수 있도록 책상이 배치되어 있다. 고학년으로 올라갈수록 그룹 학습이 이루어진다.

교사는 수업에 가장 역점을 둔다. 교무실은 교사가 휴식을 취하고 정보를 교환하는 장소이지 회의를 하는 곳이 아니다. 필요한 것은 게시판에 전달하는 방식을 취하고 있기 때문에 교사는 정보 수집을 하면서 필요한 사람과 조정을 해나가고 스스로 판단하면서 행동해나간다. 교재 연구는 교재 연구실이 따로 마련되어 있어서 그곳에서 작업할 수 있다. 대부분의 교사는 담임을 맡은 교실이나 교과를 준비하는 준비실에 많은 자료를 비치해놓고 언제라도 아이들의 요구에 부응할 수 있도록 하고 있다. 그만큼 교사 개개인에게 판단과 행동이 요구되고 있는 것이다. 또한 교무 회의도 거의 없다. 학교에 따라 다르지만 주 2~3시간의 전체 교육 계획 회의가 있는 정도다.

교사가 사용하는 교재는 교무실이 아닌 교실에 있다.

교실 안의 수도. 수업 중인데도 손을 씻거나 물을 마시거나 한다.

수업 중에 혼자서 뜨개질을 하는 학생 발견! 유유자적이라 할까.

초등학교 6학년 반은 잡지를 참고로 해서 옷을 디자인하는 데 한창이다.

이전 시간이 쉬는 시간이었는지 아무것도 하지 않는 아이들 모습이 눈에 띈다. 하지만 옆 그룹은 공부 중이다.

초등학교 5학년 역사 수업 시간. 그룹으로 조사 학습을 하는 중인데 여기서도 뜨개질을 하는 소년 발견!

카라무진 초등학교의 교무실 맨 중앙에는 7인용의 소파가 있다. 그 뒤로 10인용, 12인용 테이블이 보인다. 서서 이야기를 하는 사람은 교장인 모양이다.

교장 뒤편으로 커피 메이커, 전기 그릴이 보인다.

벽 게시판에는 게시물이 많이 붙어 있다. 회의는 별로 없고 연락은 게시판을 이용한다.

노키아 관련으로 귀국 자녀가 많은 '에스포 인터내셔널 스쿨 중학교'의 교무실 문에 붙어 있는 주의 사항이다. '꼭 필요한 경우가 아니면 선생님의 휴식을 방해하지 않도록 부탁함'이라고 영어로 쓰여 있었다.

03

핀란드 아이들은 왜 공부하기를 좋아하는가

사진 제공 : 핀란드 관광청

생물시간. 한참 동안 집중해서 현미경을 쳐다보고 있는 학생의 모습.

*"학습자에게 주어진 목표나 과제가 정작 그들에게 의미가 없다면 어떻게 할 것인가?"**

— 엔게스트롬 —

* Yrjö Engeström 『확장에 의한 학습』 Shinyosha, 1999, p.146.

엔게스트롬의 질문이 갖는 의미는 크다.
핀란드의 성공 예는 아이들 자신이 공부하는 의의만 찾을 수 있다면
스스로 나서서 배워나간다는 것을 보여주고 있다.
반대로 하기 싫은 공부를 무리하게 시키면 안 된다는 교육 이론이 나온다.
어떤 의미에서 PISA의 학력관을 북유럽 여러 국가들이 이끌어간다고도 할 수 있다.

학습은 지식 수용이 아니다

핀란드의 아이들은 경쟁이나 시험이 없어도 웬일인지 스스로 공부를 잘한다. 학원에 다니며 열심히 공부하는 것도 아니다. OECD 조사에 의하면, 수업 시간이 세계 최저이고 교외 · 가정 학습 시간도 가장 적다. 그런데 어떻게 가장 높은 성적을 유지하면서 적극적으로 공부하고 있을까?

학급 전체가 함께하는 수업이 전혀 없는 것은 아니지만, 수업은 대개가 그룹 단위 학습으로 이루어진다. 필자의 경험으로 보자면 100학급 정도를 참관했을 때 전체 수업은 단 2개뿐이었다.

다른 아이를 가르치러 돌아다니는 아이, 물을 마시러 가는 아이, 혼자서 묵묵히 공부하고 있는 아이 등……. 필자가 견학한 학급에서는 수업 중에 뜨개질을 하고 있는 아이도 있었고 휴대전화로 문자를 보내는 아이까지 있었다. 공부에 지치거나 재미가 없어져 멍하게 있거나 소파에서 쉬고 있어도 아무도 상관하지 않는다. 6세 학급에서는 책상 밑에서 숨바꼭질마저 하고 있었다. 다른 아이들의 방해가 되지 않는 한 야단치는 일은 없다. 공부를 하든 하지 않든 개인의 자유이고 자기 책임이다. 핀란드에서는 학급마다 그룹별 학습 형태가 다르다. 게다가 그룹 안에서의 개인 학습도 인정된다고 하니 언뜻 보기에 수업이라 하기 어려운 진풍경도 전개된다.

이곳에서는 억지로 공부하는 아이들 모습을 볼 수 없다. 도대체 아이들은 왜 공부를 하는 것일까?

아이들은 항상 '이것은 정말 배워야 할 지식인가?' 하는 질문을 스스로에게 던진다고 한다. "공부는 왜 하지?" 하는 물음을. "시험에 나오니까." "우선 외워둬." "잠자코 공부해."라는 말은 적어도 핀란드에서는 통하지 않는다. 핀란드 국가교육위원회는 PISA에서 높은 성적을 낸 요인으로 '사회 구성주의적 학습 개념' 을 들고 있는데 이는 일본의 '지식 우선' 을 표방하는 교육관과는 크게 다르다.

과연 어떻게 다를까? 국제적으로도 '커리큘럼에 강한 사회 구성주의적 요소를 가지고 있는 국가(핀란드)는 잘해나가고 있다.' 라고 지적할 정도다.

그렇다면 대체 '사회적 구성주의' 란 무엇일까?

우선 '구성주의constructivism' 에 대해 살펴보자. 이는 쉽게 말해서 지식에는 어떠한 목적과 가치관이 전제되어야 함을 표방하는 입장에서 나왔다. 즉, 지식은 목적에 걸맞게 사실에서 분리되어 구성된다고 하는 것이다. 따라서 사실은 하나이지만 지식은 다양하게 만들어질 수 있다. 지식에 대해서 진위를 물을 수는 있지만 누군가의 지식을 완전하다고 말할 수는 없다는 것이다.

구성주의를 교육학에 적용하면 학습은 지식 수용이 아니라 지식을 탐구하고 구성하는 주체적인 활동이 된다. 학습의 의미가 아이들, 젊은이 혹은 성인이 '자신의 인생에 필요한 지식을 스스로 구하고 지식을 구성해가는 활동' 으로 인식되어야 할 필요가 있다. 또한 지식이란 공부하는 이가 스스로 사실을 분석하고 탐구해가는 가운데 얻을 수 있는 것이다. 예를 들면 환경 문제에 관해 공부한다고 했을 때, 무엇을 테마로 해서 얼마만큼 배울 것인지를 교사와 아이들이 구체적인 협동 작업으로 결정한다. 역사를 배울 때도 단순히 연표를 순서대로 외우는 것이 아니라 역사적 사실을 조사하고 중요한 사항을 판단해서 자신만의 연표를 완성해나갈 수 있게 한다.

이런 식으로 계속해나가면 아이들의 지식 체계는 허점투성이가 되지 않을까 하는 우려도 물론 있을 것이다. 그렇다. 우려할 만하다. 하지만 교과서에 게재되어 있는 지식도 사실은 상당 부분 결점이 많다. 심하게 말하면 교과서 집필자들이 그렇다고 생각해서 나열해놓은 지식에 지나지 않는다.

여기서 강조하고 싶은 것은 지식은 중립적인 것도 아니고 또 한 가지밖에 없는 것도 아니라는 것이다. 사실은 하나일 수 있다. 하지만 지식은 개개인에 따라서 구성되는 것이므로 다양하게 만들어진다. 따라서 개개인의 지식이 교과서보다 나을 수도 있고 그렇지 않을 수도 있다. 최악의 경우, 세상 누구의 지식도 그것만으로는 불충분하다는 것을 인정해야 한다는 것이 된다. 우리가 공부를 계속해야 하는 이유도 바로 여기에 있다. 핀란드의 학교에서는 '핵심 부분 core(배움의 기초가 되는 읽기 · 쓰기 · 셈하기)'에 대해서만큼은 어떻게든 익힐 수 있도록 유도하지만 그 밖의 지식에 대해서는 사람마다 서로 견해가 달라도 좋다고 허용하고 있다.

지식 본연의 의미를 어떻게 찾아가고 있는지 알 수 있는 일례로 핀란드에서는 '지리'가 '사회과'가 아닌 '자연과', 즉 과학 그룹에 속해 있다. 학문 세계에 있어서 획일화되지 않은 모습을 말해주는 일례이기도 하지만, 우선 교과 레벨에서부터 재고려할 정도로 핀란드의 지식관은 고정적이지 않고 스릴이 넘친다.

때문에 핀란드의 교과서는 유일하게 바른 지식을 집대성한 것이 아니라 하나의 양질의 자료 · 안내이기 때문에 공권력에 의한 검정도 필요 없고 어디까지나 자유 선택이다. 또 교과서를 사용해서 배우기는 하지만 교과서의 내용을 전부 외우거나 교과서 자체를 배우려는 자세는 찾아보기 힘들다. 이는 교육학 이념에 따른 것이고 교육청과 국가교육위원회가 '사회적 구성주의'를 택하고 있기 때문이기도 하다. 그리고 국가에서도 지식을 관리하려는 발상을 갖고 있지 않다. 바야흐로 핀란드는 주입식 교육의 틀에서 해방되어 현재 새롭게 비약하려 하고 있다.

그렇다면 교사의 역할은 무엇인가? 교사가 하는 일은 단순하게 시험지를 채점하는 등의 일처럼 간단하지가 않다. 학습을 통해 얻은 성과를 평가할 뿐만 아니라 기본적인 지식을 전달하고 개개인에게 맞는 발전적인 지식이 획득되었는지를 평가하는 일도 역시 교사가 해야 할 일이다. 따라서 교사는 다양한 지식적 경험을 쌓아야 하며 항상 탐구하고 지속적으로 공부를 계속해나갈 수 있는 힘을 기르지 않으면 학생들을 지원해줄 수 없다.

사람마다 수용하고 있는 지식의 내용이 다르듯이 지식을 습득하는 데 있어서도 그 순서나 속도는 천차만별이다. 처음 글자를 습득하는 연령도 딱히 정해져 있는 것은 아니고 취학 전후로 알려져 있을 뿐이다. 금방 외우는 글자가 있는 반면 몇 번 해도 잊어버리는 글자도 있다. 기억을 더듬어보라. 누구나 처음부터 '가나다라마바사……'를 순서대로 익히지는 않는다. 전국적으로 획일화된 커리큘럼으로 학습이 이루어져서는 절대로 안 되는 이유가 바로 여기에 있다.

서로 가르치고 배우면서 지식을 익힌다

핀란드에 있어서 실제로 어떠한 수업이 전개되고 있는지를 알 수 있는 한 신문 기사를 소개해보기로 하겠다.*

스트론베리 초등학교에서는 학생들과 교사가 서로 이야기하여 주별 학습 과제를 정하고 있다. 한 아이의 한 주 목표는 '시계를 볼 수 있게 되는 것' 이라 한다. 이것이 바로 개인 학습안이 되고 파일에 철해진다. 수업은 4명이 한 조가 되어 책상을 서로 붙이고 앉아 학생들은 각자의 페이스로 학습을 하고 교사는 철저하게 지원을 한다. 학생들은 서로 가르치기도 하고 배우기도 한다. 교장은, "다른 사람과 경쟁하는 모습이 줄고 모르는 것을 서로 가르쳐주는 관계가 자연스럽게 생겨난다."라고 말한다.

수업이 끝날 때마다 '참 잘하였다.' 부터 '조금 더 열심히' 까지 4단계로 자기 평가를 한다. 교사는 개개인의 다른 목표를 파악하여 지도를 한다.

'사회적 구성주의 socio-constructivism; social constructivism' 란 1990년 이후에 '구성주의' 에 대한 비판으로 일어난 교육학 이론이다. '구성' 이란 혼자서 하는 활동이 아니다. 고립된 개인의 활동이 아니라 사회적인 맥락, 즉 인간관계나 사회와의 관계에서 구성이라는 활동이 일어나게 되는 것이다. 따라서 학습의 질을 좌우하는 것은 바로 서로 간의 협동이다. '사회적 구성주의' 로 얻어진 지식은 그야말로 '협동의 지식' 이라 불릴 만하다.

* 사야나기 리나[佐柳理奈] 「지식으로 무엇을 이루는가-아이 자신이 스스로 과제를 정하여 학습」 『마이니치 신문』 2005. 11. 7. 이 학교는 이 책의 4장 '핀란드의 교육 배경' 에서 소개하였다.

이처럼 서로 가르치고 배우는 속에서 보다 충실한 지식을 만들어나갈 수 있게 된다. 학급이나 그룹으로 학습함으로써 이해력을 한층 더 높일 수 있을 뿐만 아니라 지식을 완전히 자기 것으로 할 수도 있다.

일반적으로 구성주의는 스위스의 심리학자인 피아제가 제창한 이론이고, 사회적 구성주의는 러시아의 심리학자인 비코츠키가 주창하였다고 알려져 있다. 피아제는 개개인의 학습자가 겪는 생물학적 · 심리학적 메커니즘을 해명하였고, 비코츠키는 학습에 영향을 주는 사회적 요인에 착안하였다. 그러나 이것은 교육학 연구자들이 그렇게 부른 것에 불과하다. 예를 들면 피아제를 동화론자로 보고 구성주의 이전의 이론가로 평가하는 연구자도 있다. 피아제 이론의 중심은 '내화(內化)' 이고 동화와 조절이라는 변증법적인 활동을 거부하고 있다는 비판이다. 이와 마찬가지로 비코츠키나 레온티에프의 이론 역시 '내화론(內化論)' 으로 보고 주체의 내적인 창조 활동을 무시하고 있다는 비판을 쏟아내는 연구자도 있다.* 결국에 외부의 지식이나 기능을 개체의 내부에 있는 그대로 흡수한다는 것이 '내화' 인데, 이를 바탕으로 한 '내화론' 은 지식이나 기능을 흡수하면서 자신을 변화 · 조절시키거나, 대상을 탐구하고 변화시키려는 활동을 경시하고 있다는 점에서 비판을 받고 있는 것이다.

여기서는 피아제와 비코츠키 중 어느 쪽이 사회적 구성주의의 시조인가 하는 것을 따지자는 것이 아니다. 그것은 별로 중요하지 않다. 문제는 어떻게 해서 바람직한 사회적 활동, 다시 말해서 협동을 이루어나갈 것인가 하는 것이다. 학습이란 '아이와 어른 어느 한쪽의 관리도 받지 않는다.' '얼마만큼 학습 목표를 이해하고, 어떻게 과제를 수행할 것인가, 지금까지 무엇을 배워왔는가, 학습을 끝낼지 말지에 대해서 학습에 참가한 모든

* 루빈슈타인, 레온티에프 외 『인격 · 능력의 발달논쟁』 메이지 도서, 1997.

참가자들이 함께 결정해야 한다.'*는 해석도 있다.

그런데 핀란드에서는 교사가 학생들을 적극적으로 이끌면서도 최종 판단은 전적으로 학생들에게 맡기고 있다. 교사는 수업이 원활하게 진행되도록 독창력을 발휘하지만 관리자 입장이 아니다. 학생들이야말로 학습 내용을 취사 · 선택하여 결정하는 주체자다.

사회 안에서 자신의 장래를 숙고하면서 동료들과 협동을 해나가고 목표를 확실히 하여 배움에 임하고 있다. 이것이 바로 핀란드에 있어서 아이들이 적극적으로 배우려고 하는 비결임에 틀림없다.

사회적 구성주의를 지지하는 이는 학습 이론이 '객관주의 objectivism' 에서 '구성주의' 를 거쳐 '사회적 구성주의' 로 발전해왔다고 보고 있다. '객관주의' 란 주관적인 견해에 좌우되지 않는 객관적인 지식과 법칙이 존재한다고 간주하는데, 심리학 사상에서는 객관주의를 20세기 초반의 행동주의 behaviorism와 20세기 중반의 인지주의 cognitivism로 나누고 있다.

객관주의에서는 진실과 거짓이 주체 밖에서 인간의 의식 · 의욕에 상관없이 결정된다고 믿는다. 이 이론을 발전시키면 지식이란 주체의 의도에 상관없이 학문의 논리로 체계화되어 한 가지로 정리될 수 있다고 한다. 객관주의에 토대를 둔 학습 이론에서는 체계화된 지식이 주체의 내부에서 정도가 낮은 것부터 정해진 순서대로 쌓아올려져 형성해간다고 한다. 그리고 이와 같은 교육을 교수 instruction라 부르고 있다. 주체 내부의 상태에 관계없이 지식 습득에는 순서가 있다고 보고 이를 발달에 있어서의 절차라고 한다.

이 이론에 의거하면 눈앞에 있는 아이들을 무시하더라도 전국적으로 일률적인 교육 내용을 결정할 수 있게 된다. 왜냐하면 아이들의 관심이나 의

* 우에다[上田], 오카다[岡田] 편『협동의 지혜를 찾아서』공립출판, 2000, p.137.

욕에 상관없이 지식 체계는 사회적으로 존재하고 있기 때문이다. 이 지식 체계를 순서 있게, 계획적으로, 효율성 있게 가르치면 되는 것으로 교사의 역할을 규정지었다.

하지만 이 객관주의의 결점은 지식이나 기능의 습득만이 학습 목표가 되어버려서 응용이나 창조가 경시된다는 점이다. 더욱 심각한 결함은 올바른 지식이 단 하나만 존재한다고 착각하여 그것만 외우면 된다고 믿는데 있다. 일본이 바로 이러한 오류에 빠져 있으며 핀란드는 여기서 빠져나왔다.

서로 다른 다양한 이들을 모아서 한 집단을 조직하고, 한 사람 한 사람에게 알맞은 맞춤 교육을 하겠다는 역발상은 바로 '사회적 구성주의' 라는 학습 이론에 입각한 것이다.

일본의 후생노동성이 주목한 핀란드식 학습력 형성

현대는 바야흐로 끊임없이 변화하고 있고 혁신적으로 발전해나가고 있다. 인간은 일생을 통해서 능력을 개발하고 획득해나가지 않으면 안 되는데, 이를 바로 '평생교육' 이라 부른다. 평생교육 사상은 북유럽의 복지국가에서 탄탄하게 뿌리를 내리고 있다.

학교 교육의 목적은 기반이 되는 지식이나 기능과 함께 평생 동안 통용되는 학습력을 키우는 것이 된다. 이 학습력을 어떻게 이해해야 할까?

일본의 교육사에 있어서 '전후 신교육' 혹은 '경험주의' 와 '활동주의' 는 부정되어야 할 과거의 교육 방법으로 여겨져 왔다. 그러나 '활동주의'

야말로 미래 지향적인 '포스트 공업화 사회' 에 최적이라는 견해도 나오고 있다.

일본의 후생노동성은 '일하는 자의 생활과 사회의 참모습에 관한 간담회' 에서 『전환기 사회와 일하는 자의 생활- '인간개화 사회' 의 실현을 위해서』*라는 보고서를 제출하였다. 그 시기가 2004년 6월의 일이기 때문에 같은 시기의 문부과학성과는 다른 견해를 취한 것이 된다. 아니, 1980년대의 임시 교육 협의회 때는 같은 입장에서 논의하고 있었기 때문에, 그 후에 문부과학성의 태도가 바뀌었다고 할 수 있다.

그렇다면 포스트 공업화 사회란 어떤 것일까? 후생노동성의 보고서에 의하면 "소비자의 다양한 요구를 배경으로 상품이나 서비스의 질과 부가가치가 중시되며, 또한 사람들의 지혜나 감성을 통해 만들어진 것이 경제활동에 크게 기여하는 사회"를 말한다. 이런 사회에서는 정해진 것을 그대로 실행하는 노동력만으로는 대응할 수 없다.

그러므로 포스트 공업화 사회에서는 '여러 가지 자질과 재능을 가진 개인이 그 능력을 충분히 발휘하는 것이 경제활동의 기본이 되며, 개인의 다양한 자원이나 재원을 발견하고 발전시키는 것이 곧 교육의 역할' 이 된다. 일본에서는 후생노동성이 대표로 교육 철학을 선포한 셈이 되었다.

앞으로의 포스트 공업화 사회에서는 '가정과 지역에서의 세대 간 교류와 더불어 실천과 체험의 기회를 활발히 갖고, 다시금 배우기, 놀기, 일하기를 일체화시키는 것이 중요하다.' 는 교육적 방법도 제시되었다. 특히 '핀란드의 교육 개혁' 이라는 타이틀까지 만든 일본의 후생노동성은 미래의 교육 모델로서 핀란드를 높이 평가하고 있다.

* 『전환기 사회와 일하는 자의 생활- '인간 개화 사회' 의 실현을 위해서』 http://www.mhlw.go.jp/shingi/2004/07/s0720-1.html

핀란드의 교육 개혁

핀란드는 1990년대의 심각한 경제 불황 속에서도 미래의 포스트 공업화 사회를 짊어질 '스몰 비즈니스'의 주역을 육성하는 차원에서 1994년 '아호 정권'이 대담한 교육 시스템 개혁을 실행하였다.
그 포인트는 ① 교사의 질을 높임(석사 학위 취득을 의무화), ② 교사에게 대폭의 권한 이양(교재 · 커리큘럼 편성, 수업 내용 등에 있어서 교사의 재량 확대), ③ 수업 방식에서 벗어나 테마 학습 방식으로의 전환, 특히 학급 내 소수 인원 교육을 철저히 함.
이로서 학생 개개인이 소그룹 안에서 교사의 지도를 직접 받게 되었다. 또한 주어진 과제에 대해서 스스로 조사하고 조사 토론을 거친 후 생각을 정리하여 프레젠테이션을 함으로써 지식을 응용하고 해결하는 힘을 양성할 수 있게 되었다.
이러한 개혁의 성과는 OECD에 의한 PISA의 조사(지식이나 기능이 실생활의 다양한 과제에 어느 정도 활용 가능한가를 측정하는 조사)에서도 밝혀졌다. 특히 텍스트를 이해하고 응용하는 능력을 측정하는 읽기 소양 면에서 핀란드는 발군의 성적을 기록하여 유럽 각국의 주목을 받았다.
이러한 교육 본연의 모습은 평생을 통해 끊임없이 배우려는 자세를 확립하는 데에도 시사하는 바가 크다. 그리고 끊임없는 능력 개발과 자기 향상으로 부가 가치를 창출해가는 앞으로의 포스트 공업화 사회에 있어서의 진정한 모델이라는 점에서도 높이 평가할 만하다.

(후생노동성 보고서 『전환기 사회와 일하는 자의 생활 – '인간 개화 사회'의 실현을 위해서』)

여기에서 말하는 '스몰 비즈니스'란 고객의 요구에 맞춘 소규모의 개성적인 기업 활동을 가리키며, 핀란드에서는 자영업을 포함해서 기업가 정신을 키우는 것을 일컫는다. 수업 방식에서 테마 학습 방식으로 전환한 것은, 학급 전원이 함께 받는 수업 방식을 버리고 그룹이나 개인이 테마에 따라서 자주적으로 배우는 교육 방법을 택한 것을 의미한다.

일본의 후생노동성이 밝힌 포스트 공업화 사회라든지 포스트모던과 같은 관점에서 과연 얼마만큼 미래 사회를 그려낼 수 있는지 의문이 일지 않는 것은 아니다. 하지만 후생노동성의 논조는 OECD 등 소위 선진 공업국의 움직임에 민감하게 대응하며, 아울러 핀란드의 교육을 미래를 위한 시점에서 평가하고 있는 점에서 높이 살 만하다.

'Expanding Learning' 학습 이론

핀란드의 교육 관계자들은 과거 영국이나 미국으로부터 학습 이론을 배워왔다. 그리고 인접국가인 러시아의 발달심리학자 비코츠키나 레온티에프의 학습 이론을 '내화론'으로 규정하여 비판하면서* 헬싱키 대학의 학습이론 연구자인 엔게스트롬의 '활동 시스템' 이론 및 'Expanding Learning(확장해가는 학습)' 이론을 받아들였다. 어떤 의미에서는 핀란드의 교육 실천을 토대로 엔게스트롬 이론이 완성을 이루었다고도 할 수 있다.

내화론에 의거한 학습은 옳다고 생각되는 지식을 주체가 받아들여 필요할 때 꺼내 쓰는 것과 같다고 비판자들은 주장한다. '활동 시스템' 이론 및 'expanding learning' 이론을 따르는 학습에서는 지식을 주체가 탐구하는 것으로 본다. 또한 주체는 이를 사회 안에서 활동하고 적용할 경우, 지식 그 자체를 변혁하면서 새로운 지식을 창조해간다. 뿐만 아니라 이 과정은 사회적 맥락 안에서 다수에게 집단적인 변화를 일으킨다는 것이다. 이렇게 해서 핀란드의 교육학에서는 이미 정해진 지식을 외우면 그만이라

* Ari Antikainen; Jarmo Houtsonen; Juha Kauppila; Hannu Huotelin. *Living in a Learning Society*. Falmer Press, 1996.

는 학습관은 없어지고 있다.

하지만 또 다른 견해도 있다. 비코츠키는 '최근접 발달 영역' 이라는 이론을 제시했는데, '어른의 지도와 도움 아래서 문제해결이 가능한 수준' 과 '자주적 활동을 통해 문제해결이 가능한 수준' 사이의 '갭' 이 바로 '아이들 발달의 최근접 영역' 이라는 것이다. 발달의 차이라 할 수 있는 이 영역을 본래의 뜻을 살려서 다시 해석하면 '학습자가 혼자서 대응할 수 있는 레벨' 과 '타인이 개입해서 해결 가능한 레벨' 과의 차이라 할 수 있으므로, 타인이 개입하는 방법 그 여하에 따라 어느 한 시점에서 일거에 발전할 수 있게 된다. 이 시기와 갭을 개개인에게 맞추어 적절하게 파악하고 적절한 가능성을 시사하면서 발달을 지원하는 일이야말로 교사의 전문성이 요구된다.

또 타인이라 할 때도 교사에 한정되는 것이 아니라 일반 어른이라면 누구라도 상관이 없으며 아이들끼리도 괜찮다. 오히려 아이들끼리 더 잘 가르치고 배우기 쉬웠다는 예도 많다. '협동의 지혜' 가 바로 이것이다.

이 문제에 있어서 비코츠키는 발달의 방향이 한 가지로 정해져 있다고 하지 않았다. 발달의 계통에 있어서 교사의 예측만이 정석이 아니라 어른들의 사고를 뛰어넘어 학습이 확장되어감을 지적하였다. 따라서 '사회적 구성주의' 에 관해서 비코츠키의 개념으로 재정의하면 '최근접 발달 영역'* 을 협동으로 만들어가는 것이라고 할 수 있다.

그런데 여기서 문제가 생긴다. 누구와 어떻게 협동할 것인가이다. 교사는 학습 과정의 관리자인가, 아니면 협동 · 평등의 참가자인가 하는 것인데, 교사가 지원자라는 교육 이론도 바로 여기에서 출발하였다.

---

* 비코츠키 『사고와 언어』 상권, 메이지 도서, 1962. 동일 『'최근접 발달 영역' 의 이론』 삼학출판, 2003.

사람의 마음은 사물과의 접촉, 사람과의 접촉 속에서 생겨난다. 여기서 말하는 사람이란 타인뿐만 아니라 또 하나의 자신도 포함되어 있기 때문에 자문자답도 협동이나 접촉의 한 단면이 된다. 또한 뒤에서 다룰 '성찰' 도 마찬가지다.

스스로 배우는 공부는 즐겁다

핀란드에서는 수업 중에 야단맞는 아이들이 거의 없다. 그야말로 티 없이 쑥쑥 자라고 있다. 책상은 교사가 가르치기 쉽도록 배열되어 있다. 대개 4개의 책상을 붙이고 3명 정도가 그룹으로 학습을 한다. 믿기 어렵겠지만 그룹에 끼지 않고 자신만의 페이스로 공부하는 아이도 있고 여기저기서 자기 마음대로 공부를 한다. 수업 중에 걸어 다니는 것은 물론이고 물을 마시러 가거나 심지어 잘 모르는 친구를 위해서 가르치러 다니는 아이도 볼 수 있다. 이와 관련하여 2004년 12월 19일자 아사히 신문에는 다음과 같은 기사가 실렸다.

"핀란드의 한 초등학교 3학년 담임인 미코 아우티오 선생은, '될 수 있는 대로 아이들의 생활과 학습을 연관시키고 있다. 국어는 읽기와 쓰기의 정확함을 강조하고, 문장을 읽은 다음에는 의견이나 감상을 어떻게 표현할지에 중점을 둔다.' *라고 설명하였다. 중학교 2학년으로 수학을 잘하는 커리 코무시는 '경쟁에 상관없이 스스로 재미있고 잘하고 싶으니까 공부

* 「개인의 능력에 유연한 대응 의무 교육 '세계 제일' 의 현장」 『아사히 신문』 2004. 12. 19.

하고 있다. 수학을 못하는 친구를 도와주는 것은 기분 좋은 일이다.'*라고 하였다."

실제로 핀란드의 학교 현장에 뛰어들어 교사 생활을 하고 있는 우자와 키이코[鵜澤希伊子] 씨는 오랜 경험을 바탕으로 다음과 같이 그 소감을 전하였다. 핀란드의 수업에서는 다른 사람을 방해할 때만 교사가 주의를 주는데 그것도 어쩌다 한번이라고. "무엇을 하든지 거의 주의를 받지 않는다. 장난을 치다가 수업 내용을 못 듣고 공부가 뒤쳐진다면 그것은 어디까지나 본인의 책임이니까."**

'본인의 책임이니까' 라고 딱 잘라 말할 수 있는 점이 바로 핀란드 교육의 대단한 점이다. 그것도 한 사람의 교사와 한 곳의 학교에서만 실행하는 것이 아니라 가정과 사회 모두가 실천하고 있는 것이다. 일본과는 너무나 거리가 멀다.

수업 중에 뜨개질을 하고 있는 남자 아이에 대해서 교사는 "지금 뭐 하는 시간이지?" 하고 말할 뿐이었다. 해외에서 온 많은 참관자들을 앞에 두고 일부러 태연한 체하는 모습이 절대 아니었다.

며칠 후 핀란드 교육조합OAJ 본부에서 이 이야기를 꺼냈더니 마리야타 멜토 고문은 다음과 같이 말하였다. "그 선생님 나름대로 뭔가 생각이 있었을 것이다." 무척이나 교사를 신뢰하고 있는 발언이다.

"그 선생님은 뭐라 판단했을까?" 하고 필자는 되물었다. "아마도 뜨개질을 한 학생이 공부에 집중이 잘 안 되어 그 이상 계속하다 보면 머리가 아플 것 같다거나 하는 개인적인 이유를 존중해주는 판단일 것이다."라는 대답이 돌아왔다.

* 「개인의 능력에 유연한 대응 의무 교육 '세계 제일' 의 현장」『아사히 신문』 2004. 12. 19.
** 우자와 키이코[鵜澤希伊子] 『속 · 핀란드의 참 얼굴』 문예사, 2003, p.202.

한편, 핀란드의 일선 교사들에 의하면 그룹으로 공부를 할 때 다른 공부(활동)를 하는 아이들의 경우 다음과 같은 세 가지 이유를 생각해볼 수 있다고 한다.

첫째로, 앞 수업에서 미처 공부(활동)를 마치지 못하여 현재 수업에 몰두하기 어려운 경우다. 둘째로, 현재 수업 중의 학습이나 활동이 너무 빨리 끝나버려서 다른 수업에서 미처 하지 못한 활동을 하는 경우다. 셋째로, 집중력이 떨어졌을 때 예를 들면 소리를 친다거나 주위를 돌아다니는 아이들과는 미리 약속을 정해서 그런 행동이 하고 싶어질 때 뜨개질을 하거나 스스로 집중할 수 있는 작업을 할 수 있다.

교사가 지시한 연습 문제나 과제 등을 빨리 끝낸 경우에는, 현재 수업과 전혀 관계없는 것을 시작하더라도 조용히 앉아 방해하지 않는 한 교사는 특별히 주의를 주지 않는다.

집중력이 부족한 아이들에 대해서는 담임교사가 한 명 한 명에 맞추어 대책을 세운다. 초등학교 저학년일 경우 예를 들면 스킨십에 목말라 있는 아이라면 무릎에 앉히고 이야기를 들어주거나 한다. 너무나 산만해서 수업을 더 이상 할 수 없는 아이라면 착실하게 자리를 지키고 앉아 있는 아이와 함께 계산을 하게 한다거나 문제를 풀게 한다. 이렇듯 아이에 따라서 대책을 바꾼다.

그리고 돌아다니는 습관이 있는 아이에게는 '스스로 집중할 수 있는 것을 한다.'는 약속을 미리 정해서 돌아다니고 싶어질 때 실행하게 한다. 이러한 약속은 보통 반 차원에서 해결한다. 예를 들면 신학기가 되면 '우리 반의 약속'을 반 학생 전원이 결정하여 서명을 하거나 해서 공식 문서로 작성한다. 내용을 보면 '기분 좋은 반 만들기' '친구들과 사이좋게 학습하기' '개개인이 편안하게 공부할 수 있는 환경 만들기' '친구를 기분 나쁘게 하지 않기' '서로 서로 돕기' 등이 있다. 이와 관련해서 자신은 무엇을 어떻게 할지 학생들과 교사가 구체적으로 정하고 있다.

이러한 전개는 교사가 행하는 평상시 교육이다. 교사에 따라서 수업이 끝나고 집으로 돌아가기 전에 "오늘 ○○때 ○○의 태도가 무척 좋지 않았기 때문에 선생님은 굉장히 기분이 나빴다."라고 학생에게 직접 이야기하는 경우도 있다고 한다. 무엇이 어떻게 나쁜지를 스스로 생각하게 하고 나아가 앞으로는 어떻게 조치를 할 것인가에 대해서 학생들끼리 이야기하게 한다. 생각뿐만 아니라 의견을 나누도록 하는 것이다. 핀란드에서는 일상의 사사로운 일에 대해서도 스스로 생각하게 하는 교육이 이루어진다. 이는 교과수업뿐만 아니라 모든 학교생활에서도 매일매일 전개되고 있다.

중 · 고등학생이 되면 수업 중에 떠들거나 만화를 그리거나 하는 아이도 있고 심지어 헤드폰을 끼고 음악을 들으면서 연습 문제를 푸는 아이도 볼 수 있다. 이 경우 교사가 하는 일은 일방적인 주의를 주는 것이 아니라 '왜 떠드는가?' '왜 음악을 듣는가?' 하는 대답을 학생에게 요구하고 다른 학생들에게 의견을 묻는 것이다. 가능한 한 학생들끼리 의견을 나누도록 유도하며, 최종적으로 그 태도나 대응이 지금 상황에서 적절한지 아닌지를 학생들의 판단에 맡긴다. 적어도 '자신이 왜 주의를 받고 있는지 잘 모르겠다.' 와 같은 상황만은 피하도록 하고 있다는데, 이런 일은 늘 반복된다고 한다.

위험한 일이나 타인의 방해가 되는 행위에 대해서는 안 되는 이유를 확실하게 이야기해주고 몇 번이고 주의를 준다고 한다. '창문에 기어오르는 아이' '복도에서 큰 소리를 지르는 아이' 가 있다면 서둘러 끌어내리거나 "시끄럽다. 조용히 해."를 연발하기도 한다. 이런 일은 핀란드가 아닌 다른 곳에서도 쉽게 볼 수 있는 풍경이지만, 교사는 학생들에게 강요하지 않고 학생은 타인에게 방해되는 일을 하지 않는다는 원칙 아래 교사가 가르치고 있는 것이다.

이처럼 '학생 본인의 책임이니까' 하는 것은 교사가 아무 일도 하지 않아도 된다는 의미가 아니다. 오히려 그 반대다. PISA가 지적한 것처럼 '스스로 하려고 하는 의지와 동기가 대단히 중요' 하기 때문에 각국은 학생들의 동기를 이끌어내기 위해 열심이다. 하지만 핀란드에서는 성적이나 등수 같은 외적 동기에 의존하지 않으므로 교사들은 다른 '별도의 방법' 을 찾아야 하였다. "핀란드는 고도의 개인별 지도와 같은 학습 환경 개선으로 대처하였다"*라는 OECD 교육국의 슈라이하 지표분석 과장의 설명에 납득이 간다. 시험이라는 강제수단을 써서 일률적인 공부를 시켜서는 학습 동기를 형성시킬 수 없다. 때문에 교사는 학생 개개인이 공부하는 모습을 파악하면서, 적절한 때에 적절한 지원을 해가며 동기를 형성해가도록 돕는다. 이것은 그야말로 고도의 전문적인 대처 능력을 필요로 한다.

아이들의 학습 불안

아이들은 무엇 때문에, 왜 공부하고 있는 것일까?

예를 들면 일본을 비롯하여 아시아 학생들이 고득점을 올리고 있는 수학에 대해 생각해보자. PISA의 조사에 의하면 일본이나 한국의 학생들은

* 국립교육정책연구소 편 『일본의 교육이 보인다 교육-인디게이터 사업(INES)과 학생의 학업성취도 국제 비교 연구(PISA 2000) 결과를 토대로 일본의 교육 현상을 파헤친다-안드레아 슈라이하 OECD 교육국 지표분석 과장 강연』 p.20.

표 3-1 PISA 조사에 있어서 수학에 대한 학습 태도(%)

	일본	한국	핀란드	OECD 평균
1 수학 수업에 대해서 잘하지 못한다는 염려를 한다.	68.7	79.2	50.4	56.9
2 수학 숙제를 하려고 하면 매우 마음이 무거워진다.	51.5	33.2	6.7	29.2
3 수학 문제를 풀고 있으면 안절부절못한다.	42.1	44.3	15.0	29.0
4 수학 문제를 풀 때 머리가 멍해지는 느낌이 있다.	35.0	44.5	25.5	28.6
5 수학에서 나쁜 성적을 받을까 걱정이 된다.	66.0	78.1	51.2	59.0

★ 국립교육정책연구소 편 『살아가는 데 필요한 지식과 기능②』 GYOSEI, 2004, p.135.
★ 일본이나 한국 아이들은 수학을 배우는 것이 그다지 즐겁지 않은 모양이다.

불안감에 쫓기듯 공부하고 있는 데 반해서 핀란드 학생들은 불안 정도가 낮다고 한다(**표 3-1**).

같은 조사에서 학력과의 상관을 보았을 때 수학에 대한 불안이 수학 영역의 득점에 끼치는 영향은 일본의 경우 마이너스 14, OECD 평균은 마이너스 35로 나타났다. 일반적으로 학력이 높은 학생은 불안이 작아 마이너스 상관이 될 것으로 생각되지만 일본은 평균보다 수치가 훨씬 작다. 이는 '수학에 대해 불안감은 크지만, 이것이 득점에 그다지 영향을 주지 않는다.' 는 것이고, '득점이 높은 학생도 낮은 학생도 수학에 있어서는 똑같이 불안감을 갖고 있다.' 는 것을 의미한다.* 결과적으로 고득점인 학생이나 저득점인 학생이나 모두 불안 속에서 수학을 공부하고 있는 것이 확실

* 국립교육정책연구소 편 『살아가는 데 필요한 지식과 기능②』 GYOSEI, 2004, p.137.

표 3-2 수학 득점과의 관련성

	수학에서의 흥미 · 관심 · 즐거움	수학에서의 불안감	제어 전략
일본	0.27	0.03	0.06
한국	0.23	−0.04	0.27
핀란드	0.17	−0.37	0.00

★ 국립교육정책연구소 편『살아가는 데 필요한 지식과 기능②』GYOSEI, 2004, p.144.
★ 한국은 강한 자기 컨트롤로 수학을 배우고 있다. 핀란드의 경우 성적이 좋은 아이는 불안감이 적은 데 반해서 일본의 경우는 상대적으로 조금 많다.

하다. 오히려 적은 수이기는 하지만 득점이 높은 아이일수록 큰 불안감을 나타내고 있다(표 3-2).

일본은 고득점인 학생들에게조차 자신감이나 여유를 찾기 어렵다. 한편 일본, 한국과 마찬가지로 수학 학력이 높은 핀란드에서는 득점과 불안과의 상관관계가 낮다. 즉, 고득점인 학생일수록 불안이 작다. 잘하는 아이는 안심하고 자신감을 갖는 당연한 결과를 보이고 있다.

그런데 표 3-2에 보이는 '제어 전략control strategies' 이란, 학습에 있어서 '중요한 포인트가 어디인가?' '이전에 학습했던 것은 무엇인가?' '무엇을 모르는가?' '모르는 것은 반드시 자세히 풀어본다.' 와 같은 전략을 세우는 것이다.

OECD 교육국의 지표분석 과장은 '제어 전략' 에 대해서 다음과 같이 설명하고 있다. "PISA의 조사에 의하면 성적이 좋은 학생일수록 공부에 높은 관심을 가지고 있고, 교사가 주는 정보를 앉아서 기다리기보다는 스스로 무슨 공부를 해야 할지를 생각하고 계획을 세운다."*

한국에서는 잘하는 학생은 스스로를 컨트롤해가며 계획적으로 공부하

* 국립교육정책연구소 편『일본의 교육이 보인다』앞과 동일, p.16.

고 있다. 때문에 점수가 높다. 하지만 일본은 고득점 학생이나 저득점 학생이나 모두가 전략이 없다. 바꿔 말하면 고득점인 학생의 대다수가 무방책이라 할 수 있다. 심하게 말하면 일본의 아이들은 학교나 학원 교사가 시키는 대로 공부할 뿐 스스로 계획을 세우지 않는다. 소위 '지시를 기다리는 인간' 인 셈이다. 그렇다면 핀란드는 어떻게 된 것일까? 필자의 해석으로는 수학을 잘하지 못하는 아이들도 나름대로의 생각을 가지고 여러 방면으로 궁리를 하고 있다고 생각된다.

가정 학습은 핀란드나 일본이나 그다지 하지 않는다. 핀란드에서는 기본적으로 학교 수업을 충실히 하고 있고 숙제도 그다지 많지 않으며 오히려 심화 학습에 비교적 많은 시간을 쏟고 있을 정도다. 방과 후 공부 시간 중에서 심화 수업에 할당하는 시간 비율은 핀란드가 27%, 일본이 10%다 (표 3-3). 핀란드의 아이들은 학교가 끝나면 숙제를 하든지, 클럽 활동으로 취미와 개성을 살리고 있다. 16세까지는 입시 공부 같은 경험은 하지 않는다고 한다.

표 3-3 숙제나 자신의 공부를 하는 시간(주 평균)

	일본	핀란드	한국	미국	평균
선생님이 내준 숙제 또는 기타 과제	3.82	3.69	3.49	5.68	5.92
학교의 보충 교육	1.14	0.18	4.85	1.37	0.82
학교의 심화 수업	0.84	1.92	1.92	1.57	0.71
가정교사와 함께하는 공부	0.12	0.07	1.25	0.26	0.48
학원이나 입시 학원에서의 수업	0.55	0.34	3.80	0.41	0.86
기타 공부	1.99	0.87	4.18	1.51	1.62
합계	8.46	7.07	19.49	10.80	10.41

★ 국립교육정책연구소 편 『살아가는 데 필요한 지식과 기능②』 GYOSEI, 2004, p.286.
★ 핀란드와 일본 모두 아이들의 가정 학습 시간은 적다.

교사의 역량 향상과 사회적 존경

학력차가 있는 학생들을 동시에 가르치는 일은 교사에게 있어서 큰 부담이 아닐 수 없다. 핀란드는 이를 어떻게 해결해왔을까? 우선적으로 우수한 교사를 양성하고, 교사 개개인의 전문성을 신뢰하고, 교육 활동을 전면적으로 지원하고 위임하는 것부터 시작하였다. 그리고 무엇보다 교사가 일하기 쉬운 교육 환경을 만드는 데 힘써왔다.

교사는 초등학교 단계의 6년을 가르치는 학급 담임과 중등 교육 단계를 가르치는 교과 담임으로 나뉜다. 양쪽 모두 대학에서 5년 동안 재학하면서 석사 학위를 취득해야 하는 조건이다. 핀란드에서는 교사직이 사회적으로 존경을 받고 있어서 인기가 높다. 각종 조사에서 고교생이 지망하는 직업 1, 2위를 다툴 정도다. PISA의 세미나에서 헬싱키 대학의 마티 메리 교수는 고교생의 26%가 희망하고 있다고 소개할 정도다. 하지만 실제적으로 교육계 대학교에 입학할 수 있는 것은 지원자의 10% 정도에 불과하다. 채용되는 숫자는 훨씬 더 줄어든다. 교사가 되는 길은 그야말로 좁은 문이다. 그 때문에 핀란드에서는 다른 직종과 비교하더라도 능력이 뛰어나고 의욕이 앞선 교사를 확보할 수 있다.

대학의 교사 양성 교육에서는 이론과 실천 양쪽 면에서 실력이 강조된다. 취직한 후에도 스스로 연구하고 계속적으로 새로운 교육 사상이나 교육 방법을 탐구해나갈 수 있도록 능력을 키우는 것이 중시된다. 결국에 현장에 나가서도 사회 상황의 변화에 대처해나갈 수 있도록 끊임없이 배우며 익히는 교사를 양성하는 것이다.

2005년 PISA 세미나에서 세 차례나 발표를 담당했던 메리 교수는 제3회 PISA 세미나 때 '연구자로서의 교사Teacher as Researcher'를 테마로 보고하는 자리에서 대학에서 예비 교사들에게 얼마나 많은 관심과 애정을 기울이는가를 소개하였다.

교사의 뛰어난 능력과 노력하는 모습을 보면서 부모와 학생 모두 신뢰를 아끼지 않고 있으며 이런 가운데 국가 발전을 지속적으로 하고 있는 핀란드는 건강한 사회다.

행정 면에서도 교사의 능력을 신용하고 있다. 교사는 전문성을 지닌 중요한 인력이기 때문이다. 국가교육위원회에서 참사관으로 일하는 레이요 라웃카넨 씨는 다음과 같이 말한다. "학교를 평가할 경우 우리들의 목적은 교직원을 지원하고 그들의 발달을 돕는 데 있다." "우리들은 안내할 뿐, 비판은 하지 않는다. 조사 내용을 공개하거나, 좋은 학교 혹은 나쁜 학교를 나타내는 일람표도 만들지 않는다."

이 말을 들은 영국의 신문기자는, "창피를 주거나 잘못을 꼬집는 것은 핀란드 방식이 아니다. 자유와 자치가 그 방식이다.…… 억압보다는 교육학에서 말하는 창조성이 장려되고 있다."*라고 설명을 덧붙였다.

2005년 6월 23일 OECD 동경 세미나에 초대된 하타이넨 교육장관(당시)도 세계의 연구자와 보도 관계자를 대상으로 한 연설에서 확실하게 이렇게 말하였다. "우리들은 결코 학교 이름을 공표하거나 하지 않는다."

이와 관련하여 OECD 교육국의 지표분석 과장도 다음과 같이 언급하였다. "돈 문제가 아니다. 교사는 노동 조건에 비하면 오히려 보수가 적은 편이다(기본적인 초임은 연봉 1만 7000폰드, 역주 : 3천만 원 정도). 하지

* 「낙원과 헬싱키」 『가디언』지, 2003. 9. 16. Heaven and Helsinki Guardian, Tuesday September 16, 2003. http://education.guardian.uk/schools/story/0,5500,1042479,00.html

만 교사는 윗사람의 눈치를 보거나 조사를 당하는 일도 없고 정부 관료들에게 잘 보일 필요도 없다. 그들은 자신이 원하는 방법으로 가르칠 자유가 보장된다. 게다가 주위로부터 높이 평가받으며 존경받고 있다."*

한마디로 사회 전체가 교육적인 인간관계를 쌓고 있는 것이다. 그렇다면 이러한 전폭적인 지지 속에서 잘못된 교사는 한 사람도 없을까? 전혀 노력을 기울이지 않는 교사는 과연 없을까? 필자는 또 엉뚱한 생각이 들었다. 이 같은 질문을 하니, "그런 교사가 만약 있다면 매일매일 아이들이나 학부모로부터 요구 사항이 많아져서 잘하지 않으면 견딜 수 없을 것이고 결국에는 스스로 물러날 것이다."라는 대답이 돌아왔다. 자유와 권한이 있다는 것은 그만큼 무거운 책임도 뒤따른다는 것이다.

영국의 전국교사조합의 덕 맥보이 위원장은 핀란드의 정부 보고에 '교사는 교육의 진정한 전문가로 최선을 다하고 있으며 신뢰를 받아왔다.' 라고 명시되어 있는 것을 지적하고, "자율권autonomy이 상당히 있고, 평등을 기반으로 한 종합제학교 제도 아래서 일하며, 고도로 양성된 신뢰받는 교사. 이것이 바로 우리가 목표로 하는 모습이 아닌가?"**라고 전하고 있다. 그는 또 지적하기를 '종합제학교는 끝났다.' 라고 하면서 '스페셜리스트' 라는 이름의 엘리트 양성을 시작한 영국은 완전히 반대의 길을 걷고 있다는 우려의 목소리를 높였다.

한편 **표 3-4**는 교장이 본 '교사의 인간관계' 다. 해당 학교에 어느 정도의 학생이 재적하고 있는 가를 수치(%)로 나타내고 있다.

핀란드의 경우를 분석해보면, 교사가 아이들에게 기대하는 바가 큰데

* 「낙원과 헬싱키」 『가디언』지 동일.
** 「덕 맥보이의 스피치 전문」 『가디언』지, 2003. 1. 30. Full speech from Doug McAvoy. Guardian, Thursday January 30, 2003. http://education.guardian.co.uk/schools/story/0,5500,884859,00.html

표 3-4 교장은 교사를 어떻게 보고 있는가

	일본	핀란드	한국	미국	OECD 평균
학생에 대한 교사의 기대가 낮다.	32	7	32	24	26
학생과 교사의 인간관계가 원활하지 않다.	23	14	14	14	19
학생 개개인의 요구에 교사가 대응하지 못한다.	34	35	28	31	36
교사의 결근	4	20	11	13	22
개혁에 대한 교직원의 저항	42	13	17	33	27
교사가 학생에 대해서 너무 엄하다.	21	6	8	5	12
학생의 잠재 능력을 충분히 이끌어내는 지도를 교사가 하고 있지 않다.	37	16	27	13	27

★ 국립교육정책연구소 편 『살아가는 데 필요한 지식과 기능②』 GYOSEI, 2004, p.237.
★ 수치가 높을수록 교사로 인한 학급 분위기가 양호하지 않다고 판단된다.
★ 일본의 교사는 결근은 적지만 학생에게 엄하며 학생의 잠재력을 충분히 이끌어내지 못한다고 교장은 보고 있다.

그렇다고 너무 엄한 정도는 아니다. 교사는 학생의 잠재 능력을 충분히 이끌어내기 위해 애쓰고 있는 모습이 역력하다. 한편 교육 개혁에 관해서 교직원의 저항은 적다. 이는 교사직을 도중에 그만두어 버리는 경우가 많기 때문도 아니고, 교장이 말하는 것이라면 무엇이나 잘 따르기 때문도 아니다. 교육 개혁 과정에 교사는 적극적으로 참여하고 있으며, 교장은 교사의 의견을 잘 듣고 적극 수렴해가는 사회라는 것을 의미한다. 학생 한 사람 한 사람의 요구에 핀란드의 교사는 잘 부응하고 있다고 생각되지만 기대가 큰 만큼 교장의 입장에서 보면 아직도 부족한 것이 많은 모양이다. 조사 결과가 이를 말해주고 있다.

일방적이고 획일화된 지도를 하지 않는 것을 생각했을 때 학생 개개인의 요구에 대응하려는 핀란드 쪽에 오히려 더 교사의 부족한 면이 눈에 띄기 쉽다고 할 수 있다.

04

핀란드의 교육 배경

특급열차 펜드리노 호가 미끄러지듯 달리기 시작하였다. 얼마 되지 않아서 엄마가 아이에게 이야기를 들려준다. 아이의 이름은 '사가'. 1년 8개월 되었다. 20분 정도 지났을까, 재미가 없어진 듯 사가는 장난감을 가지고 놀기 시작하였다. 핀란드에서는 여러 가지 장면에서 배움을 이끌어내고 있다.

교실도 학교도 패밀리, 교육은 복지의 일환

교사들은 같은 학교에서 거의 정년까지 근무한다. 기초학교 9년(초등학교 6년, 중학교 3년) 혹은 고등학교 3년을 아이들과 함께하는 교사는 아이들이 어떠한 능력을 가지고 있으며 어떻게 성장해가는지를 한눈에 알아볼 수 있게 된다. 따라서 아이들의 학력 형성이나 인격 형성에 있어서도 장기적인 전망을 가지고 신중하게 대처할 수 있다. 사는 곳 가까이에 학교가 있고 늘 한결 같은 선생님이 자리하고 있다. 마치 거대한 집과 같다고나 할까. 한 울타리 안에서 지역의 아이들이 하나둘 커나가고 있다. 시험을 치르고 점수를 매기거나 우열을 따지는 것은 의미가 없어진다. 각각의 아이들에게는 그 나름대로의 보살핌이 필요하기 때문이다.

'교육은 복지의 일환' 이라는 개념을 바탕으로 급식은 고등학교까지 무료로 제공된다. 시내 단위로 메뉴가 통일되고 음식 재료는 일괄적으로 관리된다. 하지만 조리는 각 학교에서 이루어지기 때문에 즉석에서 만들어진 요리가 제공된다. 중학교에서는 육류 요리 외에 야채도 준비한다. 아이들은 카페테리아 방식으로 필요한 것만을 담아간다. 때문에 '남기지 마라.' '편식 하지마라.' 등과 같은 잔소리는 필요 없어진다. 음식을 남기는 일도 거의 없다.

지역에는 복지를 담당하는 전문가가 있고 지자체의 지원 체제가 완비되어 있기 때문에 학교는 이곳과 서로 협력하여 문제를 해결해나가고 있다. 참고로 핀란드의 사회복지사도 석사 학위 취득이 의무화되어 있는 고도의 전문 인력이다. 『보육법』(1996년)에 따라 6세 이하의 아이는 '보육의 권리' 를 가지고 있으며 부모가 희망하면 지자체가 보육을 제공하지 않으면 안 된다. 특히 대부분의 경우 초등학교 2학년(8세)까지는 지방자치단체가 낮 동안 보살피도록 의무화되어 있다 day care. 핀란드에서는 거의 대부분이 맞벌이를 하고 있기 때문에 아이들의 방과 후 생활이 커다란 사회문제가 되고 있다. 또한 학생들의 결석에도 골치를 앓고 있다. 비행이 아니라 사회생활에 적응하지 못하는 것이다. 결국 학교를 생활의 장으로 만듦으로써 그 해결책을 찾고 있다. 학교 시설을 이용한 클럽 활동 외에 최근에는 인터넷을 이용하여 가정에서 숙제를 물어볼 수 있는 사이트도 정비 중에 있다.

2000년부터 4년에 걸쳐 새로운 사회 · 보건 케어 계획이 전개되었다. 국가 예산이 적은 만큼 '자원 봉사 단체가 지원하는 지방자치단체 서비스' 방식이 채택되었다. 예를 들면 '액티비티 activity' 는 루터 파 교회와 핀란드 슬롯머신협회 등의 후원을 받고 있다. 슬롯머신이라 해도 핀란드에는 게임 센터와 같은 곳은 없고 슈퍼 출입구에 놓여 있는 작은 기계 같은 것으로 노인들이 동전을 가지고 심심풀이로 하는 정도다. 지도원의 고용은 지역의 실업자 대책과도 연결된다. 현재, 지도원으로 약 5,000여 명이 활동하고 있다.

부모가 맞벌이를 하는 가정이나 한 부모 가정에 있어서 액티비티는 없어서는 안 될 중요한 존재이다. '액티비티' 란 체육, 수공예, 어학, 예술 표현, 음악 등을 내용으로 한 학교의 클럽 활동이나 기초적 예술 교육을 말한다. 현재는 초등학교 1, 2학년을 대상으로 'morning activity' 와 'afternoon activity' 가 하루 3시간을 기준으로 실시되고 있으며, 현재 약 3,000개의 그룹이 활동하고 있다. 시간대는 아침 7시부터 오후 5시까지로 비용은 유료이지만 월 60유로(역주 : 약 9만 원) 이하로 정해져 있다.

핀란드는 교육의 기초를 가정의 문제라고 해서 방치하지 않는다. 가정에서 할 수 없는 일은 사회복지 차원에서 사회 전체가 떠안으려 하고 있다는 점이 다르다. 그리고 국민들이 이를 지지하고 있다. 핀란드 경제연구센터의 조사(2001년)에 따르면, '사회 안전이나 기타 공적 서비스를 잘 갖추려면 상당한 비용이 들겠지만 복지국가를 위해서는 그만한 가치가 있다.' 라고 국민의 85%가 답했다고 한다.

특별한 요구에 대응한 교육

핀란드의 학교에 가면 고개가 갸웃거려진다. 우선 장애인의 기준이 무엇인지 그 경계가 모호하다. 여러 사람들이 함께 모여 있는 가운데 한 사람 한 사람의 요구에 대응한 교육이 시행되고 있다. 요구가 많은 학생일수록 특별히 보살펴야 할 학생이라고 할 정도다. 무엇이 특별한가라는 판단은 교육하는 측의 '보는 눈', 다시 말해서 어른들의 여유에 달려 있다.

핀란드의 복지 정책에 대한 역사를 돌이켜보면 제1기는 감각 장애, 소위 신체장애 쪽으로만 관심을 기울였는데 이런 장애를 가진 대부분의 아이들은 학교에서 배제당하였다. 제2기는 장애가 있는 아이들에 대해서 의료 행위와 재활 치료가 병행되었는데, 대상이 되는 아이들은 같은 집단끼리 분리되었다. 제3기는 분리정책을 버리고 표준화와 통합 대책이 시행되는 시기다. 현재는 제4기로 교육의 평등과 평등한 교육 서비스를 제공하고 있다. 1998년의 『기초 교육법』에서는 통합 교육과 개인의 특별한 요구 special needs에 대응한 교육 실시가 명시되어 있다. 여기서 말하는 평등이란 불이익을 받지 않는 것으로 해석되기 때문에 통합을 추구하면서도 특별한 교육special education을 받는 것이 가능하다. 『기초교육법』에서는 보충 교육(원어로 tukiopetus remedial teaching : 회복 교육)과 '특별 지원 교육'(원어로 erityisopetus special-needs education)으로 나누어 정의하고 있다.

"일시적으로 뒤쳐진 학생이나 다른 특별한 지원을 필요로 하는 학생은 보충 교육을 받을 수 있다."(16조)

"학습이 뒤쳐지거나 어려움을 호소하는 학생은 다른 수업과 병행해서 특별 지원 교육을 받을 수 있다."(17조)

그런데 제3회 PISA 세미나 자리에서 미국인 교사가 다음과 같은 질문을 던졌다. "특별 학급을 편성하여 개별 지도inside-class를 하거나 보충 교육을 하는 것은 어떤 의미에서 봤을 때 또 다른 차별화가 아닌가?" 평등이냐 차별이냐 그 차이를 외부에서 말로만 이해하는 것은 꽤 어려운 듯하다.

수업을 참관해보면 확실히 개별 지도를 받고 있는 학생의 얼굴은 밝지 않다. 특별 학급의 수업을 참관해보면 자신이 없는 듯한 난감한 표정을 짓고 있는 아이도 볼 수 있어서 사정이 그리 간단한 것 같지는 않다. 하지만 핀란드 교육이 여타 국가들과 결정적으로 다른 것은 상위권 학생들을 위한 특별 학급을 따로 두지 않고 있다는 점이다. 또한 개별 지도를 받고 있는 학생 중 거의가 단기간에 성적을 올려서 통합 학급으로 되돌아간다는 사실이다. 대부분의 특별 학급은 통합 학급으로 돌아가기 위해 일시적으로 이용할 뿐이다. 가능한 한 '통합'이 원칙이며 사회적인 분열을 극복하기 위해서 초기에 국가가 적극적인 개입을 하고 있다.

제3회 PISA 세미나에서 제시된 '핀란드에 있어서 특별 지원 교육 아이들'이라는 교육지침(**그림 4-1**)은 핀란드의 현시점에서의 합의 사항이다.

개인별 교과 과정표syllabus에 따라 수업이 진행될 때는 공통 커리큘럼

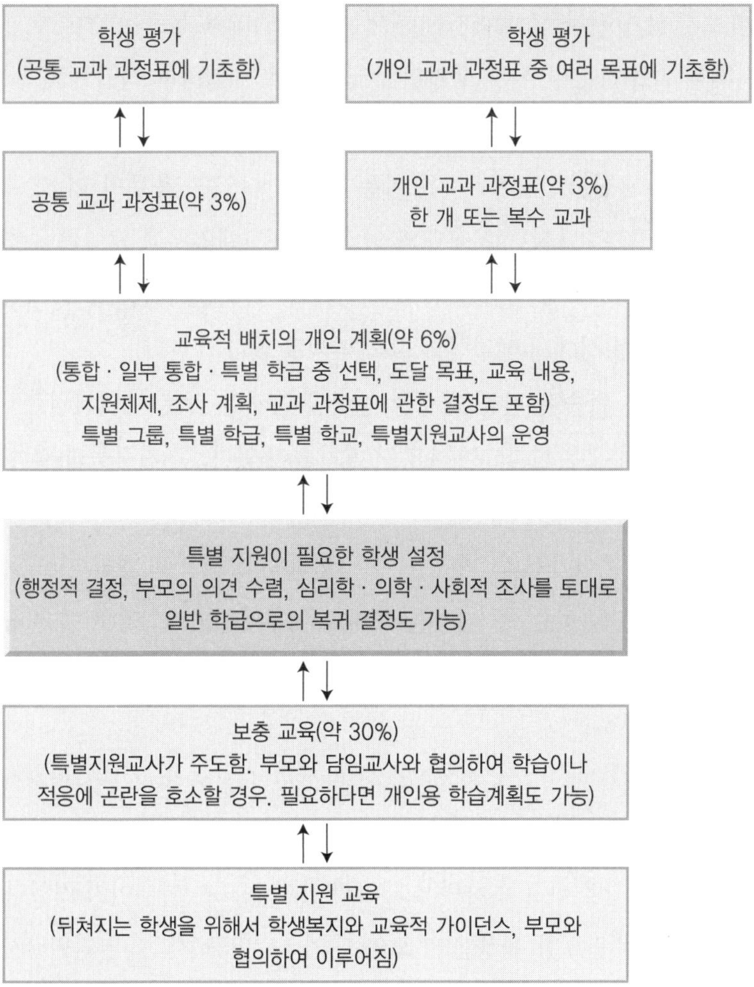

★ Pirjo Koivula, Kristiina Laitinen. *Special Needs Education and Student Welfare*.(제3회 PISA 세미나 배포 자료)

★ 약 30% 아이들이 보충 교육을 받고 있다. 이것도 특별 지원이 필요한 교육의 하나로 간주된다.

★ 특별 지원이 필요한 학생은 약 6% 정도다. 이 아이들의 교육을 위해서 특별지원교사가 배치되는 시스템이다.

★ 특별 지원이 필요한 학생의 약 반수가 통합 학급과 동일한 교육목표를 가지고 있으며, 나머지 반수는 개개인에게 적합한 목표로 바뀐다.

그림 4-1 핀란드에 있어서 특별 지원이 필요한 아이들을 위한 통합과 분리의 순서

을 따르지 않게 된다. 그때까지는 형태는 달라도 교육 목표는 같다.

문제를 호소하는 아이가 생기면 적극적으로 개입하여 상담에 응한다. 담임은 물론이고 교장 또한 전교생의 얼굴과 이름, 학교생활까지 알고 있어서 복도나 교실, 어디서 만나든 아는 척을 한다. 또 '용무원' 이 따로 있는데 대개가 젊은 남성으로 교내의 안전 확보를 책임지고 교내를 순회하거나 현관에서 안내자 역할을 담당한다. 또한 아이들의 선배로서 상담자 역할도 한다. 이 선에서 해결하는 일도 의외로 많다고 한다.

보충 교육은 학습 곤란을 해결할 능력과 자격을 갖춘 특별지원교사가 맡는다. 대개의 경우 한 학교에 1명씩 배치되어 있다. 반 친구들과 잘 어울릴 수 없어 결석이 많은 아이들도 담당한다. 보충 교육은 일반 수업에 특별지원교사가 들어가서 팀 티칭을 하거나 소수 그룹으로 개별 지도를 하거나 개인 지도를 하는 등 다양한 형태로 이루어진다. 수업 레벨은 공통 커리큘럼에 근거해 구체적이고 간단한 과제부터 시작해서 시간이 걸리는 복잡한 과제에 이른다.

학교에 따라서 개별 지도를 할 때 일반 학생과 섞어서 학급을 편성하는 곳도 있다. 이 같은 실천은 특별 케이스로 제1회 PISA 세미나에서도 보고된 바 있다. 통합을 목표로 하면서도 여러 가지 시도가 이루어지고 있다.

특별 지원이 필요한 학생은 부모와 담임 · 담당 교사, 특별지원교사가 서로 협동하여 대처해가도록 하고 있다. **표 4-1**을 보면 통합 학급이라도 조기에 개입하여 소위 '뒤쳐진 아이' 가 생기는 것을 방지하고 있다.

유바스큐라 대학의 바리얄비 교수는 영국 기자들에게 다음과 같이 말하고 있다. "여러분들이 교육에서 많은 어려움을 겪고 있다는 것은 익히 들어 알고 있다. 우리나라에서는 성적이 부진한 아이들이라도 상당히 열심히 하고 있다. 때문에 다른 국가에 비해서 성적이 좋은 아이와의 격차가 적다."*

일단 '뒤쳐진 아이'가 생기고 나면 큰 고생이 기다리고 있다. 핀란드는 이런 고생에서 완전히 벗어난 것이 아니라 미리미리 예방하고 있는 것이다. "성적이 부진한 아이들이라도 상당히 열심히 하고 있다."라고 말할 정도로 제대로 지원을 하고 있다. 그 결과 PISA에서 레벨1 미만이 1%대라는 놀랄 만한 성과를 낳았고, 뿐만 아니라 전체적으로도 높은 성적을 나타냈다.

바리얄비 교수는 덧붙이기를, "만일 당신들이 경쟁을 강조하면 성적이 부진한 아이는 패자 그룹에 들어가게 되고 골은 더 깊어질 것이다."라고 하였다. 결국 그는 교육을 탓으로 사회가 분열되어도 좋은가라고 되묻고 있는 셈이다.

특별 지원이 필요한 아이라고 판단되면 지자체의 예산으로 특별지원교사가 배치되는 등 특단의 조처가 취해진다. 현재 이와 같은 아이들은 기초학교의 전 학년을 평균했을 때 6.7% 정도다. 이 중에서 약 반수가 개인별 교과 과정표를 가지고 있는 상황이다. 또한 이들 중에서 반수는 공통의 도달 목표를 향해서 매진하고 있다. 구체적인 대응은 **표 4-1**, **표 4-2**와 같다.

특히 교육행정의 방침으로서 특별 학교(양호학교)를 폐지하면서 일반의 종합제학교 안에 특별 학급을 두어 대상자들을 수용하게 되었다. 통계에 의하면 특별 학교는 1991년에 362교, 2002년에 250교, 2004년에는 207교로 감소하고 있다.

* 『옵저버』지, 2005. 9. 25. Alex Duval Smith. Inside the best school in the world. *The Observer*, Sunday September 25, 2005. 이하에 재기록. *Guardian*, http://observer.guardian.co.uk/international/story/0,6903,1577761,00.html?gusrc=rss

표 4-1 통합 학급에 있으면서 보충 교육을 받는 학생 수

	보충 교육을 받는 학생 (2004년 핀란드, 명)	통합 학급에서 보충 교육을 받는 학생의 비율(2003, %)	
		핀 란 드	미 국
1학년 (7세)	21,898	37	5.3
2 (8)	20,373	33	6.4
3 (9)	16,850	28	7.3
4 (10)	13,818	23	7.5
5 (11)	11,550	19	7.3
6 (12)	9,287	15	5.5
7 (13)	9,498	16	5.2
8 (14)	10,484	17	4.4
9 (15)	10,103	17	4.8
10 (16)	142		
합 계 여학생의 수	126,390(21.2%) 47,034	21.86%	6.47%

⋆ Pirjo Koivula. *Special Needs Education and Inclusion Policy*.(제3회 PISA 세미나 배부 자료), EDU/CERI/DDD(2005)4로 구성.

⋆ 핀란드에서는 초등학교 저학년 때 조기 개입을 하여 학습이 뒤처지는 것을 막고 있다.

표 4-2 특별 지원이 필요한 학생의 학교 형태(2004년)

	재적 학생 수(%)
특별 학교	10,043명(1.69)
특별 학급, 특별 그룹	12,893명(2.17)
일부 통합	8,144명(1.37)
통합	8,718명(1.48)
합계	39,798명(6.71)

⋆ Pirjo Koivula. *Special Needs Education and Inclusion Policy*.(제3회 PISA 세미나 배부 자료)

⋆ 핀란드에서는 '통합'이 대원칙이다. 가능한 한 우열을 나누어 수업하지 않도록 노력하고 있다.

반대로 특별 지원이 필요한 학생 비율은 해마다 증가 추세에 있다. 예를 들면 1996년부터 3.0, 3.4, 3.7, 4.1%를 보이고 2000년에는 4.7%, 이후에는 5.2, 5.7, 6.2%로 증가하여 2004년에는 6.7%를 나타내었다.

PISA 2003에 참가한 학생 중에서 특별 지원이 필요한 학생 비율은 2005년 9월에 공표한 분석에 따르면 핀란드는 7.2%, 스웨덴 4.1%, 미국 3.6%인 데 비해 일본과 한국은 0으로 나타났다.* 핀란드는 국제학력조사 때에도 평소와 마찬가지로 이들을 결코 배제시키지 않았다.

교육과 복지의 실천–슈르바 기초학교

2005년 3월 제1회 PISA 세미나에서 사례 보고를 한 슈르바 기초학교 sylvvää의 교장은 34세의 야리 언더슨 씨다. 그는 "교사들이 연배라서 대하기 어렵다."라고 토로하였다. 교장이 된 지 2년째로 공모에 응모했다고 한다. 질문에 영어로 대답하는, 열정 있고 새로운 타입의 교장이다. 핀란드에는 공모가 흔하지 않고 대개의 경우 교사 경험자가 교장이 된다고 한다.

지역 주민은 1만 5,200여 명, 학교 학생은 560명에 교사는 45명이다. 그 밖에 상담교사 2명, 기타 교직원은 11명 있다. 특히 지자체 소속의 사회복지사(카운슬러)와 양호 교사, '학교생활 프로그램의 코디네이터' 도 각 1명씩 상근하고 있다고 한다. 그야말로 사치스런 구성이 아닐 수 없다. 상담교사는 성장기에 있어서의 고민이나 진로 상담을 주로 한다. 사회복

* EDU/CERI/DDD(2005)5

지사는 따돌림이나 인간관계, 지역이나 가정 문제 상담을 맡고 있다.

한 학급의 학생 정원은 24~27명으로, 외국어 수업은 16명 이하로 한다. 이는 지자체의 경제 상황에 따라 결정된다고 한다.

핀란드의 교육 예산은 주로 학생 수를 가지고 산정 기준을 정해서 산출하며, 이것을 국가로부터 지원받는 교부금으로 책정한다. 기타 재원과 합쳤을 때 인구에 비해 합계액이 적은 지자체일 경우는 상대적으로 많은 지자체로부터 지원받게 해서 고르게 한다. 이렇게 하여 인구 1, 2만 명의 작은 지자체는 재원을 마련하는 것이다. 어느 지자체나 교육비가 우선시되고 있으며 부족할 경우에는 교육세를 징수해도 좋다고 되어 있다. 지역의 어려운 상황을 고려하면서 사회복지사를 증원하거나 교사를 늘리거나 학급 정원을 줄이거나 한다. 또는 특별지원교원을 아르바이트 등으로 많이 고용할 수도 있는데 이는 지자체가 정하고 있다.

또한 학교에 어떤 교과를 둘 것인지 혹은 어떤 전문가를 채용할 것인지는 해당 학교와 지방자치단체와의 교섭으로 결정되기 때문에 교장의 교육 방침을 적용시킬 수 있다. 하지만 이에 따르는 책임은 중대하다.

이 학교에서는 새로운 시도로서 교사 누구나가 아이들과 청소년의 복지에 관해서 책임 의식을 갖도록 하고 있다(**표 4-3**). 학급 담임이 아이들을 전체적으로 관찰하고 문제를 분석한다. 우선시되는 중요한 문제는 결석하는 학생에 대한 대책이다. 학생의 결석은 용무원이 기록한다. 학급 담임은 결석자가 생겼을 때 용무원에게 물어본다.

문제가 생겼을 때는 일이 커지기 전에 조기에 개입하는 것이 원칙이다. 문제에 대처하기 위해서 교장, 부교장(교감), 사회복지사, 상담교사, 학교간호사, 특별지원교사로 구성된 6명의 '복지팀' 이 함께 정보를 모으고 대책을 협의한다. 실제적인 대응은 사회복지사가 담당하지만 교장도 합세하

표 4-3 학생 복지에 관한 여러 학교법

1. 복지를 위한 전체적인 어프로치
학습의 필수 조건으로서의 아이들 복지 건강한 성장과 발달 조기 예방과 개입 주체자의 권리로서의 복지 서비스
2. 안전
안전하고 건전한 학습 환경 폭력, 따돌림, 괴롭힘에 대해 방어하기 위한 플랜
3. 협력
가정과 학교와의 협력 다른 여러 기관과의 협력

★ Irmeli Halinen. *Comprehensive Schools-the Culture of Learning and Welfare.*(제1회 PISA 세미나 배포 자료)

★ 핀란드의 학교에서는 인간 형성 전체를 위해서 애쓰고 있다. 또한 제반 문제를 가정이나 지역과 함께 해결하려는 자세를 취하고 있으며 학부모도 학교에만 의존하지 않는다.

여 부모와 같이 해결책을 모색한다. 일본처럼 학급 담임에게 전적으로 책임을 묻지 않는다.

복지의 일환으로서 교육의 최종 목적은 아이들과 청소년이 자립할 수 있도록 도와주는 것이다. 개인적으로 가정에 어떤 문제가 있을 경우에도, '학생 스스로가 자신과 주변 상황을 파악할 수 있는 적극적인 행동인active doer으로 발달' 할 수 있도록 돕는다. 학교가 가정환경을 변화시키는 데는 한계가 있기 때문에 아이가 자립하도록 지원을 아끼지 않는 것이다.

서유럽과 미국의 학교는 교과를 통해서 객관적인 지식을 전달하는 것을 학교와 교사의 역할로 규정해왔다. 그러나 지금의 핀란드에서는 학교가 생활에까지 적극적으로 관여하도록 변화하고 있다.

제2회 PISA 세미나에서, "서유럽과 다른 방식을 취하기 시작한 것은 언제부터인가?"라는 질문을 던졌다. 이에 발달 심리학의 전문가인 인겔 달그렌 주임(헬싱키 시 교육청)은 "오래전부터 시작한 일이다."라고 대답하였다. 그러나 회의가 끝나고 다시 "이제까지는 별로 자각하지 못했는데, 교육의 중요한 시점일지도 모르겠다."라는 말을 남겼다.

지역 학교와 독자성-유반 프이스토 기초학교

2005년 10월 10일에 개최된 제2회 PISA 세미나에서 주체 측의 주선으로 에스포 시에 있는 유반 프이스토 Juvanpuisto 기초학교를 방문하게 되었다. 2003년 신흥 주택지에 만들어진 학교로 취학 전 학급(6세)이 있는 9년제다. 아직 9학년생은 없다. 학생 수는 436명. 교사의 구성을 보면 교장 1명, 부교장(교감) 1명, 사무원 1명, 교사 30명, 상담교사 1명, 지원교사 6명, 용무원 1명, 양호교사 1명으로, 총 42명이 재직하고 있다. 주변에 이민 자녀가 적기 때문에 이들을 위한 준비 학급은 편성되어 있지 않다. 이 학교의 운영 목표는 '안전, 안정, 평등' 이다.

학년에 따라서 학생 수와 학급 수의 비율이 다른 것은 특별 학급의 편성 필요성 여부를 학생의 실정에 맞추고 있기 때문이다. 외국어 수업의 경우 학급은 다시 이분화된다. 한 학급당 학생 수는 단순히 계산했을 때 A/B(**표 4-4**)처럼 14~30명으로 구성된다. 학생 수를 살피면서 필요에 따라 최선의 교육적 대응을 해나가고 있으며 기계적으로 교사를 배분하고 있지는 않다.

표 4-4 유반 프이스토 기초학교의 재적 학생 상황

학년	학생 수 (A)	학급 수 (B)	A/B
취학 전	41	3	13.7
1	64	3	21.3
2	54	3	18.0
3	65	4	16.3
4	34	2	17.0
5	30	1	30.0
6	29	1	29.0
7	62	3	20.7
8	54	3	18.0
9	–	–	–
	433	23	18.8

★ 오씨 아이러스콜피 교장 제공(제2회 PISA 세미나 배부 자료). 이 표 작성 후에 3명이 증원되었다.
★ 학급 인원수는 학생들의 상황을 살펴서 학교에서 재조정한다. 전국 평균은 한 학급당 16명.

이 학교의 교과 과정표(**표 4-5**)를 보면 단위의 합계는 국가 수준의 커리큘럼보다 4시간 더 많다. 더욱이 과목도 몇 개 정도 바뀌어 있다. 우선 핀란드어가 가장 많이 차지하고 있으며 제2외국어로는 프랑스어, 제3외국어로는 스웨덴어가 개설되어 있다. 선택 과목과 자유 선택(A언어)은 모두 프랑스어가 자리하고 있다. 따라서 다른 선택 과목을 희망하는 학생의 경우는 다른 학교에 다닐 수밖에 없다. 수학 수업은 2시간 늘어났다. 대신에 과학 수업은 생물과 지리의 구분을 없애거나 재편성하여 1시간을 줄이고, 물리와 화학도 3시간을 줄였다. 이 때문에 과학을 보강하기 위한 대책으로 3시간 수업의 가정과를 요리라는 과목으로 바꾸어 자연과학 수업으로 이동시키고 있다. 생활 과학 면을 중시한 수업이라고나 할까? 이렇게 해서 과학은 도합 1시간이 줄어들게 되었다. 예술과 실기는 철저히 교육시

표 4-5 유반 프이스토 기초학교의 커리큘럼

과 목	학 년									합계	국가 수준의 커리큘럼과의 비교
	1	2	3	4	5	6	7	8	9		
핀란드어	7	7	6	6	4	5	3	3	3	44	3~5학년에 +2
영어 (외국어 A1언어)			2	2	2	2	2	3	3	16	
프랑스어 (자유 선택 A2언어)				2	2	2	2	2	2	12	선택 과목, 자유 선택(A언어) 상당. 자유 과목에는 −1
스웨덴어 (외국어 B언어)								2	2	4	−2
수학	4	4	4	4	4	4	3	3	4	34	1~2학년에 +2
자연 과학	2	2	3	2	1	1	2	2	3	30	환경이 명칭 변경. 생물 · 지리 해체 -1
물리 · 화학							2	2	2		물리 · 화학 −3
요리							3				요리 신설 +3
건강 교육							0.5	2	0.5		
종교/윤리	1	1	1	1	2	2	1	1	1	11	
역사					1	2	2	2	3	10	역사 · 사회가 명칭 변경
	26				36(★6 선택)					62	5~9학년에 +6
미술	1.5	1.5	2	2	3	3	2	★	★		
음악	1	1	1	1	2	2	1	★	★		
수공	1.5	1.5	2	2	2	2	3	★	★		
체육	2	2	2	2	2	2	2	2	2		
가정과										0	−3 자연 과학란에 요리로 변경.
상담							0.5	0.5	2	3	+1 직업 가이던스가 명칭 변경.
최소 수업시간 수	20	20	23	24	25	27	29	★★		226	+4
국가 수준의 커리큘럼과의 비교	+1	+1		+1	+1	+3	−1	−2			

★ 8학년의 최소 수업시간 수의 합계(★★표시)는 24.5로 ★표시의 선택 수업을 합친 것.
9학년의 합계는 27.5로 ★표시의 선택 수업을 합친 것.

★ 오씨 아이러스콜피 교장 제공(제2회 PISA 세미나 배부 자료).

★ 가정과를 과학으로 바꾸는 것도 학교의 재량. 국가 수준의 커리큘럼은 변경 가능하다.

키고 있는데, 추가분을 이용해서 고학년 때는 한 개 분야에 집중할 수 있도록 하고 있다. 다시 말해서 국가 수준의 커리큘럼에서 지정한 선택 과목을 실질적으로 예술계 수업을 강화함으로써 효과적으로 활용하고 있다.

"프랑스어가 아닌 다른 외국어를 선택하고 싶으면 어떻게 하는가?"라는 질문에, "그 경우 근처 다른 학교에 가도록 한다. 또 텔레비전 등에서 외국어 학습을 일상적으로 하고 있기 때문에 러시아어나 독일어도 잘하는 아이들이 많다." 또 필자의 얼굴을 바라보며, "최근에 히로시마에서 교사가 왔다. 일본 전통현악기를 연주해주고 초밥도 만들어주고 서예도 가르쳐 주었다."라고 하였다. 아이들은 다양한 문화를 접하면서 자연스럽게 그 나라 언어를 배우게 되는 것 같았다. 실제로 교실을 나섰을 때 눈치 빠른 아이들이 필자를 일본인으로 알아보고 "아리가토우 고자이마시다(감사합니다)."라고 인사를 건넸다.

이 학교에는 일본의 PTA에 해당하는 '가정 · 학교협의회Home and School Association'가 조직되어 있다. 전체 모임은 적어도 1년에 2번 열린다. 이 협의회가 하는 일은 방과 후 클럽 활동을 조직하는 것이다.

morning care는 민간 기업이 담당하고 afternoon care는 복지 단체(지역아동복지조합)가 맡고 있다. 취학 전 아이들(6세 학급)과 1, 2학년이 그 대상이다. 참고로 afternoon activity는 유료다.

교사의 평균 급여는 월 1800~2200유로(역주 : 약 225만~270만 원)이다. 교사의 급여는 경험 연수에 비례해서 가산된다. 이는 순수하게 경력만으로 가산되어 평가급이나 능력급 같은 성과급은 없다(표 4-6).

기본 수업 외에 수업을 행할 때에는 추가급이 지급된다. 교사의 급여는 다른 직종에 비해서 높은 편이다.

교과서 선택은 교사가 직접 한다. 담당할 교과 또는 담임을 맡은 학년의

표 4-6 급여의 가산율

경험 연수(년)	가산율(%)
2	2
5	4
8	9
10	13
13	18
15	24
20	30

★ 교사의 급여는 경력만으로 정해진다.

것을 선택하면 교장이 승인한다. 대개의 경우 담당 교사가 제일 마음에 들어 하는 것이 채택된다. 교과서는 대여를 해주고 있으며 가능한 한 오래 쓰게 하지만 3년 이상은 어렵다고 한다. 여러 사람이 사용하므로 더러워지는 것은 당연해서 새것을 보충해간다는 설명이다. '공공 물건이므로 깨끗하게 사용해라'는 엄격한 분위기는 아닌 듯하다.

특별지원교사의 역할은 학생의 학습 곤란을 돕는 것이며 학생이 필요로 할 때 교육을 받을 수 있도록 대기하고 있다.

이 학교에는 특별 학급을 두고 있다. 특별 학급에서 수업을 받게 할지에 대해서는 '학생복지팀 student welfare team'이 최종 판단한다. 학생 개개인이 필요로 하는 정도에 따라서 ① 보충 교육을 하거나 ② 수업 중 지원 inner-class 혹은 개인별 지도를 하거나 ③ 개인별 교과 과정표(학습 계획)를 짜서 통합 학급과 다른 학습 진도를 나가거나 ④ 수업 내용을 세분화하는 등, 어떠한 특별 학급을 조직할지를 결정한다. 특별 학급에서는 주로 어학과 수학이 이루어지며 그 외 과목은 통합 학급에서 통합 교육으로 이루어진다. 특별 학급은 학생 5명 정도로 구성된다. 수업을 담당하는 것은 담임

1명과 지원교사 1명이다. 양쪽 모두 특별지원교사 자격을 가지고 있다.

특별 학급 구성에 대해서 아이러스콜피 교장에게 몇 가지 질문을 던져 보았다.

"멤버가 고정되는가?"

"'특별 지원 교육'이란 학생 개개인이 서로 다르며 일반적인 통념으로 묶을 수 없기 때문에 특별하다고 하는 것으로 이들을 따로 모아놓는다 해도 별 의미가 없다. 어디까지나 통합이 기본이다."

"어떻게 통합 학급으로 돌아가는가?"

"특별지원교사와 통합 학급의 담임이 서로 상의해서 그 시기를 결정한다."

"그러면 어떤 아이들로 특별 학급이 구성되는가?"

"대체로 집중력이 부족한 아이들이다. ADHD(주의력 결핍, 과잉행동장애)나 자폐증후가 있는 아이들이다."

개인용 학습 계획(개인별 교과 과정표)을 짤 경우에는 학부모와 상의하여 결정한다. 부모와 밀접한 관계를 유지하면서 1년에 2번은 진척 상황을 체크한다.

수업 풍경을 사진으로 소개해보자(다음 쪽).

6세로 구성된 취학 전 학급의 아이들은 불과 2개월 전에 입학하였다. 아직은 집단생활이 익숙하지 않은 모양이다. 모두 합해서 13명이 있는데 책상에 앉아 노트를 가지고 과제를 수행하고 있는 아이들이 3명, 선생님 이야기를 듣고 있는 아이가 2명, 칠판에 뭔가를 써놓고 생각에 잠겨 있는 아이가 2명, 점토를 가지고 놀고 있는 아이가 3명, 바닥에서 나무토막 쌓기를 하고 있는 아이가 1명, 책상 밑을 기어 다니면서 술래잡기를 하고 있는 아이가 2명, 이런 식이었다. 일본 같으면 초등학교 1학년일 텐데 수업 장

책상을 향해 앉아 공부하고 있는 아이.

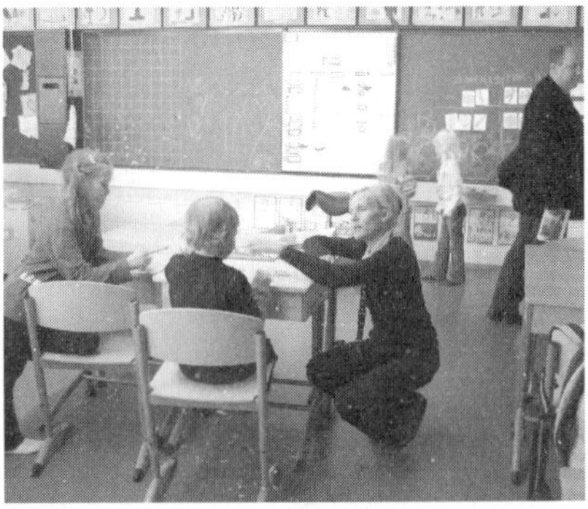

이때 교사의 이야기를 듣고 있는 것은 이 두 아이뿐.

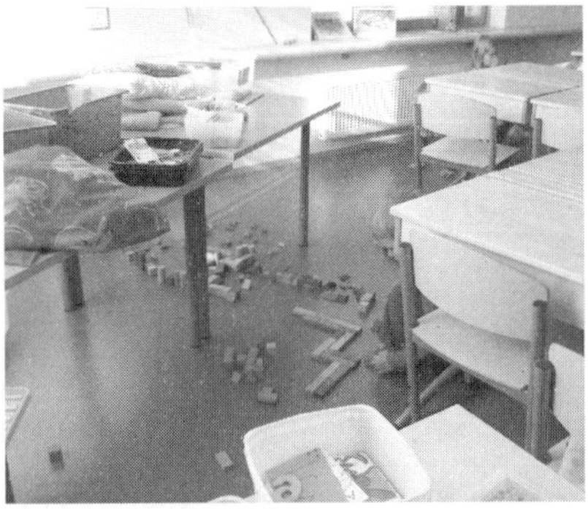

책상 옆 가려진 곳에서 혼자 나무토막 쌓기를 하는 아이도 있다.

점토놀이를 하는 3명.

7학년의 핀란드어 수업. 10명이 일제히 수업을 받고 있다.

신문이 교재로 준비되어 있었다.

애다 뭐다 하는 식으로 심각하게 받아들이지 않는 모양이었다. 모든 것을 담임교사에게 맡기고 있고 학교는 아이들을 천천히 키우고 있다.

3학년 특별 학급에는 아이들 7명이 있고, 교사 2명, 즉 담임과 특별지원교사가 이들을 담당한다. 영어(외국어 A언어)는 그림이 많은 교재를 사용하여 글자를 크게 천천히 쓰면서 공부하고 있었다. 선생님이 옆에 없으면 곧바로 자리에서 일어나 돌아다니기 시작한다. 교사는 이를 무리하게 저지하지 않고 천천히 조금씩 학습시키고 있었다. 상당 시간 의자에 앉아서 자신만의 페이스로 공부하는 아이도 2명이나 되었다.

4학년의 핀란드어 수업은 학생이 17명으로 2명, 2명, 4명, 4명, 5명이 그룹을 지어 학습하고 있었다. 이 정도 학년이 되면 그룹 형태로 그럭저럭 차분하게 학습할 수 있게 된다고 한다. 그러나 중학생 이상이 되면 남녀별 그룹으로 나뉘는 것은 어쩔 수 없는 일이라고 한다.

7학년의 컴퓨터 수업은 정보를 검색하고 데이터를 모아 표를 작성하는 작업이다. 학생 10명은 각자의 컴퓨터로 공부하고 있었는데, 잘 모르겠는지 서서 돌아다니는 아이도 소수 있었다. 자신은 아무것도 하지 않고 다른 사람을 도와주러 다니는 아이도 1명. 선생님에게 묻는 것보다 같은 작업을 하는 친구에게 물어보는 편이 빠르다고 생각했는지도 모르겠다. 수업이 막 시작된 탓인지 그렇지 않으면 흥미 있는 과제가 주어진 탓인지 노는 아이도 쉬는 아이도 없었다.

7학년의 핀란드어 수업 시간. 학생 10명이 함께 수업을 받고 있었다. 칠판을 향해서 2명씩 앉는 방식이었다. 신문이 쌓여 있는 것으로 보아 이 시간은 'NIE Newspaper in Education(신문 활용 교육)' 수업인 듯하다.

복도를 걸어가다 보니 복도 한쪽에서 4학년생 4명만이 수학 시험을 치르고 있었다. 개별 지도 형식으로 특별 학습을 하고 있는 모양이었다. 교

문장을 요약하는 과제 중에 창밖을 내다보는 아이도…….

복도 한쪽에서는 4학년 몇 명이 수학 시험을 보고 있다. 개인별 수업에서의 복습인 모양이다.

8학년 물리 수업. 17명 중 2명은 자기들끼리 실험을 시작하였다.

선생님의 이야기를 듣는 둥 마는 둥.

전혀 내켜 하지 않는 2명. 옆자리에서 살펴보러온 아이도 있다.

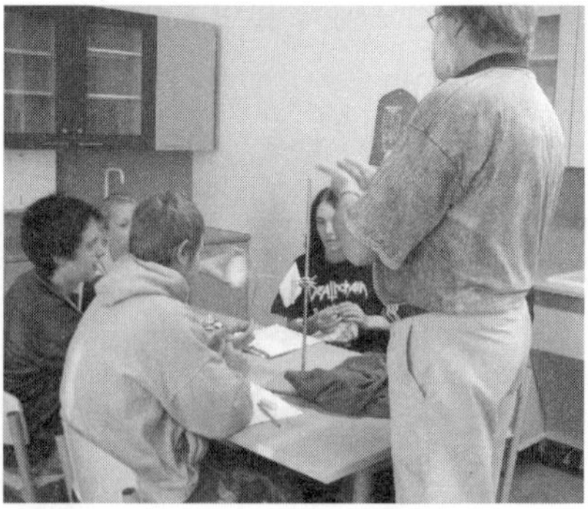

자기가 하고 싶은 과제를 마음대로 하는 그룹도 있다.

이 그룹은 서로 협력해서 선생님이 도와주지 않아도 일이 잘 진척되고 있었다.

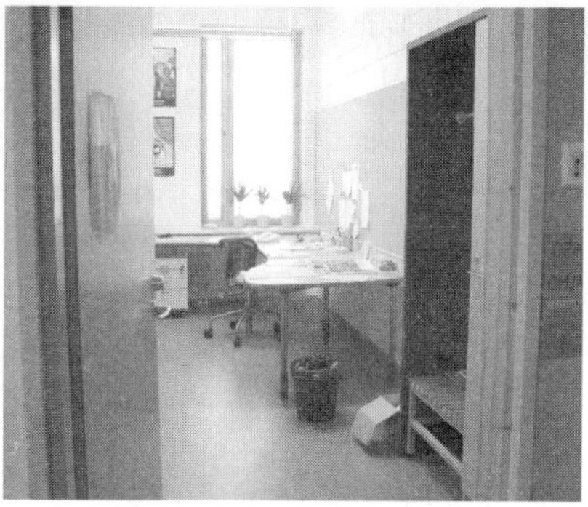

초등학교 선생님의 개인실. 작업이 가능하도록 꾸며져 있다.

사는 아프리카계 젊은 여성이었다.

8학년의 물리 수업은 '힘의 모멘트'를 살펴보는 중이었다. 이곳의 학생도 17명으로 2명, 2명, 4명, 4명, 5명의 그룹으로 나뉘어 공부를 하고 있었다. 공부할 마음이 전혀 없어 보이는 2인 그룹, 수업이 빨리 끝나기를 고대하며 기다리기 지루해하는 그룹, 4명 중에서 1명만이 작업을 하고 있고 나머지 3명은 수다를 떨고 있는 그룹, 4명이 협력해서 빠른 페이스로 차례차례 과제를 수행하고 있는 그룹. 그야말로 다양하였다.

8학년의 직업 오리엔테이션에 해당하는 '상담' 시간에는 '미래'라는 텍스트를 사용하고 있었다. 색도화지를 나누어 주고 그곳에 꽃 그림을 그리도록 지시하였다. 부끄러워하면서도 열심히 작업을 하고 있는 남학생. 오히려 흥미를 잃어 하는 쪽은 여학생. 휴대전화로 문자를 보내던 그녀는 투덜거리며 작업을 시작하였다. 18명 전원이 1명, 2명, 3명, 4명, 4명, 4명으로 그룹 지어 있었다. 나중에 사진을 보고 있자니 덩그러니 어울리지 않고 혼자 있는 여학생이 보였다. 이 수업이 나중에 어떻게 전개되었을지 궁금해진다.

이 초등학교에서는 담임교사에게도 개인 연구실이 주어진다. 교실에서는 쉽게 이야기할 수 없는 상담을 하기도 한다. 개인 지도 파일 등 교실에 두기 어려운 것들도 보관할 수 있다. 그에 비해서 교무실은 비좁고 회의할 분위기도 아니었다. 교사에게 개인 연구실이 주어진다는 것은 대학 교수와 같은 전문직으로 존경받고 있다는 것을 말해준다.

이상으로 살펴보았을 때 일본처럼 일제히 이루어지는 수업은 거의 없었다. 설명은 일제히 이루어지지만 그 시간은 얼마 되지 않고 곧 과제 수행으로 이어진다. 과제는 개개인의 그룹별로 행해지며 그 진행 상황에 맞추어서 교사가 지도하는 형식이 일반적이다. 저학년 때는 그룹 작업이 어렵지만 교사가 무리하게 시키는 분위기는 전혀 찾아볼 수 없었다.

개성적인 건물과 '프레네 교육'의 실천-스트론베리 초등학교

2005년 12월 12일 월요일, 헬싱키 시 교외에 자리한 스트론베리 초등학교 Strömberg 또는 Storömbergin ala-asteen koulu를 방문하였다(이 책의 3장 '핀란드 아이들은 왜 공부하기를 좋아하는가'에서 소개한 바 있다). 이 학교는 2000년에 세워진 신설 학교로, '프레네 교육'의 실천과 옛 공장을 이용한 새로운 디자인의 참신하고 멋진 건물로도 유명하다. 자유 교육을 실천하는 모델로서 인터넷에서도 소개되고 있다.*

* Salla Korpela, *The Finnish school–a source of skills and well-being*. http://virtual.finland.fi/netcomm/news/showarticle.asp?intNWSAID=30625. 학교의 독자적인 홈페이지는 http://www.str.edu.hel.fi이고 커리큘럼 등도 소개하고 있다.

현관에 들어서면 넓은 홀이 있고 벽 한쪽에 스토브가 빨갛게 타고 있었다. 아침에는 용무원 케요 하마라이넨 씨가 반갑게 맞이하고 아이들은 차례차례 인사를 건넨다. 아이들의 출신은 각양각색으로 대저택에서 유복하게 사는 아이부터 시영 주택에 사는 가정 형편이 어려운 아이까지 있다.

교내에는 온실이 있어서 겨울에도 식물들이 잘 자라고 있었다. 한 켠에는 독서를 위한 소파가 놓여 있고 체스 테이블도 보였다. 이 학교 아이들은 너나 할 것 없이 서로 친하게 지내고 있으며 가정적인 분위기가 물씬 풍긴다.

학교 건물은 옛 공장의 부속 건물로 기능공들을 훈련하던 시설을 훌륭하게 복원하여 이용하고 있었다. '프레네 교육'과 같은 수작업을 중시하는 활동주의 교육에는 안성맞춤인 조건이다. 오래전 프랑스 출신의 프레네 Célestin Freinet, 1896~1966가 인쇄기를 입수하여 시작한 노동 교육은 이곳 핀란드에서 컴퓨터를 사용하여 그림과 글자를 입력하고 편집하여 인쇄하는 현대판 프레네 학교로 변신을 이루었다. 아이들은 목공예나 책 출판 등 많은 수작업을 배우고 있다.

또한 지역 사회와의 연대도 강해서 부모가 찾아와서 소품 만드는 작업을 지도하기도 한다. 아이들은 지역 사회로 견학을 다니며 스스로 체험을 만들어나간다. 가까운 마라위 호수의 환경 보전 운동에도 참가하고 있다. 이처럼 지역과 더불어 프레네 학교다운 활동을 열심히 하고 있다.

교장인 파이비 리스트라이넨후스 씨는 프레네 학교의 특징으로 다음 세 가지를 들고 있다. 첫 번째는 함께 실천하고 함께 생활하는 것, 두 번째는 실천하면서 배우는 것 learning by doing, 세 번째는 지역으로 눈을 돌리는 것. 즉, 공개와 개방을 원칙으로 바깥세상과 소통하며 연계해나가는 것을 들었다. 그는 자신들의 프레네 교육은 핀란드의 국가 수준의 커리큘럼과 지

초등학교 공작실. 천장이 높다.

선생님은 있지만……

아이들이 서로 상의하고 있는 모습.

순조로운 작업 진행.

수업을 마치고.

자체 기준(헬싱키 시 커리큘럼)과도 딱 들어맞는다고 하였다. 그리 생각하면 현재의 핀란드 교육은 1920년대에 전개된 국제 신교육의 계보에 위치한다고도 볼 수 있다. 그의 해석에 따르면 프레네 교육은 저학년 때부터 학생 활동을 중시하며 현재의 핀란드 교육을 철저히 따르는 것이 된다.

이 학교의 특징에 대해서는 커리큘럼(**표 4-7**)만으로는 파악하기 어렵

표 4-7 스트론베리 초등학교의 커리큘럼(중학교 부분은 예상되는 수치)

과 목	학 년									합계	국가 수준의 커리큘럼과의 비교
	1	2	3	4	5	6	7	8	9		
핀란드어	7	7	6	5	4	5		9		43	3~5학년에 +1
외국어 A1언어			2	2	2	2		8		16	
자유 선택 A2언어				2	2	2		6		12	
외국어 B언어								6		6	
수학	3	3	4	4	4	4		10		32	
자연 환경	2	2	3	3						32	
생물 · 지리					2	1		7			
물리 · 화학					1	1		7			+1
건강 교육								3			
종교/윤리	1	1	1	1	2	2		3		11	
역사 · 사회					1	2		7		10	
음악	1	1	1	1	2	2		1		56	
미술	2	2	2	2	2	3		2			
수공	1	1	2	2	2	2		3			
체육	2	2	2	2	2	2		6			
가정과								3		3	
직업 가이던스								2		2	
최소 수업시간 수	19	19	23	23	24	26	30	30	30	224	+2
국가 수준의 커리큘럼과의 비교						+2					

* 스트론베리 초등학교 교과 과정표는 국가 수준의 커리큘럼과 거의 동일하다.

다. 과목 이름도 표준적이고 시간 수도 국가 수준의 커리큘럼을 거의 따르고 있기 때문이다. 따라서 수업 내용에 그 특징이 있다고 보인다. 수업은 그룹으로 나뉘어 자신의 과제를 스스로 행하는 식으로 진행된다. 학생들은 매주 교사와 상담하여 목표를 정한다.

아이들은 스스로 정보를 수집하여 노트에 적어서 학교에 가지고 온다. 교과서로는 거의 가르치지 않고 이 노트가 교재 역할을 한다. 그리고 아이들 스스로 도서실이나 인터넷을 이용하여 정보를 모으고 교사의 도움을 받아 다른 학생과 협동하거나 때로는 소파에서 쉬면서 수업을 하고 있다. 그야말로 지식은 스스로 만들어가는 것이라는 '사회적 구성주의' 원칙이 살아 있다. 반 분위기는 활발해서 교사가 학생을 억지로 이끌고 나갈 필요가 전혀 없다. 수업은 90분으로 이른바 모듈 방식으로 이루어지며, 특정 테마를 심도 있고 다루기 쉽게 하고 있다. 교사는 아이들의 학습 진도를 보면서 각각의 그룹에 맞게 적절한 과제를 부여한다.

교사가 되기 위해서는 초등학교 담임 자격과 중등교육 과목의 자격 양쪽 모두를 취득해야 한다. 학교에서는 각자가 자신 있어 하는 분야에서 활동적인 교육을 행하고 있다. 지자체에서 결정한 한정된 인원의 교사로 소수 인원의 학급을 만들어 가는데, 여기에 이 학교만의 독자적인 모습을 엿볼 수 있다. 예를 들면 학년에 관계없이 통합 수업을 하고 거기에서 남는 교사는 소인원의 활동적인 교육에 충당하는 식이다. 가령 1~3학년까지를 모아 합창 수업을 하는 경우, 교사 2명이 지도를 하면 교사 1명이 남게 된다. 이때 남는 교사를 4~6학년 학급에 투입하면 소인원의 활동적인 교육이 가능한 것이다. 우리들이 참관을 갔을 때도 30명 정도의 학생이 2, 3학년 합동으로 만들기 수업을 하고 있었다. 한편 공작실을 엿보니 학생 8명이 종이 세공을 하고 있었는데 자세히 보니 은색종이를 둥근 종이에 붙이는 크리스마스트리를 만드는 데 한창이었다.

아이들은 학교생활을 유지하기 위한 일도 열심이었다. 이는 교장이 말하는 제1원칙으로 학습의 일환으로 간주되고 있었다. 그룹으로 나뉘어 학교 정원, 도서관, 폐지 모으기, 리사이클, 음식 쓰레기로 유기비료 만들기, 학교 주변 청소, 수족관 관리, 급식 돕기 등을 청소원, 요리사, 용무원, 학교 사무원들의 협력을 얻어 수행해나가고 있었다. 이 일은 학급 담임이 지도를 담당하지 않는다. 일의 내용은 다르지만 학교에 있는 사람들은 저마다 의미 있는 일을 하고 있고, 모두가 함께 학교를 위해 일한다는 것을 아는 것이 중요하다는 것이 교장의 설명이다. 수족관을 엿봐도 크게 대단하지 않다. 열대어와 자라가 있는 정도다. 개 같은 동물을 키우는 것은 아이에 따라서 알레르기를 유발할 수도 있기 때문에 좋지 않다고 여기는 모양이었다.

그밖에 글자를 읽지 못하는 아이일 경우 개별 지도를 하고 있다. 자폐증이나 발달 장애 증후군 및 ADHD(주의력 결핍 · 과잉행동 장애)와 같은 장애를 겪는 학생은 이곳에서는 통합 학급에서 수업을 받는다. 헬싱키 시에 있어서 특별지원교사는 우선 한 학교에 1명이 배치되어 있으며 특별지원이 필요한 아이일 경우 학생 2명당 특별지원교사가 주 9.5시간을 지도하도록 되어 있다.

이 학교에는 중증 장애를 가진 아이들을 위한 특별 학급이 있다. 다른 지역의 아이들도 포함해서 5명(정원 6명)으로 구성되어 있다. 이처럼 학생 1명당 특별지원교사 1명을 배치하는 체제로 아이들 5명에게 교사 5명이 함께한다. 교사는 2시간마다 상대하는 학생을 바꿔간다. 예를 들면 전혀 언어를 사용할 수 없는 아이에게는 픽토그램pictogram이라는 그림 카드로 의사소통을 하고 있다. 이 5명은 공통 커리큘럼과는 별도로 개인용 교과 과정표를 따르고 있으며 행사 때가 아니면 통합 학급의 아이들과 교류하지 않는다. 또한 위험이 따르기 때문에 다른 학생들이 도와주는 일도 거의 없다. 그 대신 같은 건물 안에서 생활하고 있기 때문에, 예를 들면 보행기를 사용하여 화장실을 간다든지 하는 장면을 아이들이 쉽게 볼 수 있다. 교사들은 되도록 서로가 접촉할 수 있는 기회를 많이 만들려고 노력 중이다.

전체 학생은 정원 250명에 현재 재학 중인 학생은 200명이다. 이 중에서 이민자녀는 23명이다. 학력에 관해서 특별히 문제가 될 만한 것은 없기 때문에 이들을 위한 특별 학급은 만들지 않았다.

교장이 주장하는 학교 제1원칙은 아이들에게 민주주의를 실천시키려는 헬싱키 시의 방침과도 관련이 있다. 예를 들면 어느 공원에 어떤 놀이기구가 있었으면 하고 아이들이 희망할 경우 학급에서 결정하여 학교 학생회에 제안을 한다. 그러면 매년 5월에 시의회의 회의장을 빌려서 시내 학생회 대회가 열릴 때, 각 학교의 제안을 심의하여 놀이기구 안이 무사히 통과되면 실현 가능하다. 아이들은 어른과 마찬가지로 사회의 프로세스를 밟으면서 민주주의의 구조와 방식을 배워나간다. 이것이 바로 일찍부터 아이들이 참가하는 이유이기도 하다.

수업은 빠르면 정오, 늦어도 오후 2시경에는 마친다. 하지만 가정에 돌아가서 혼자 지내게 할 수는 없기 때문에 시가 학교 근처에 '아동 센터'를 운영하고 있다. 마당에서 운동을 할 수 있을 뿐만 아니라 실내에도 시설이 잘 갖추어져 있어서 실내운동과 숙제를 하는 공부방도 있다. 또 지도원 5명이 상근하고 있어서 오후 간식도 나오는데 이용은 모두 무료다. 1, 2학년 아이들은 여기서 오후 4시 무렵까지 지내고 부모가 데리러 오면 같이 귀가한다. 3~6학년이 되면 일단 집으로 돌아간 다음 클럽 활동 등을 하러

간다.

지금 이 지역은 afternoon activity 조직화에 적극적으로 나서고 있다. 그러나 클럽 활동을 하는 데 있어서 학교 시설을 사용할지, 아동 센터를 사용할지, 아니면 교회 시설을 사용할지를 아직 결정하지 못하고 있다고 한다. 액티비티activity는 현재 핀란드 전역으로 확산되고 있으며 국가교육위원회가 액티비티 지도서를 편집하고 있다.

아이들에게 문제가 발생하면 대책 그룹care group이 구성된다. 멤버로는 교장, 특별지원교사, 상담교사, 양호교사, 지역의 큐레이터curator 모두 5명이다. 이 대책 그룹이 담임교사와 협력하여 학교 밖의 전문가와 의사 등의 지원을 얻어 대응해간다.

스웨덴어 교실을 병설한 학교-베사라 초등학교

12월 9일 제3회 PISA 세미나에서 필자에게 주선해준 학교는 헬싱키 시 동부에 위치한 베사라Vesala 초등학교였다. 이 지역은 이민자가 많이 사는 인구 증가 지역이었다. 다른 지역과 달리 실업률도 높다고 한다. 또한 한부모 가정도 적지 않아서 학교는 대책에 고심하고 있다.

학생 수는 570명. 그 중에서 140명이 이민자녀다. 출신을 보면 러시아가 30명으로 가장 많고, 소말리아가 29명, 에스토니아가 12명, 베트남이 10명순으로 전부 25개 민족으로 이루어져 있다. 아버지가 한국인이고 어머니가 일본인인 가정의 아이가 2명(영화라는 6학년생과 여동생), 일본인 부모의 아이도 1명 있었다. 이름은 에이린. 학생 수가 많은 4개 민족은 이 학교에서 주 2시간씩 모국어 수업을 받고 있다. 나머지 21개 민족은 시내의 다른 학교에 다니면서 모국어 교육을 받고 있다. 어디까지나 본인의 자유로 선택한다. 교사 1명이 10명 정도를 맡아 모국어 교육을 실행하는 노력은 일본의 상황과 비교해볼 때 상당히 모범적이라 할 수 있다.

이민자녀를 중심으로 핀란드어와 수학에 대해서 보충 교육 체제를 마련해놓고 있다.

이 학교의 교사는 전부 40명. 그 밖에 양호교사, 요리사, 청소원, 용무원이 상근하고 있고, 상담교사는 주 3일, 사회복지사는 주 2일 비상근으로 근무하고 있다.

이 학교에는 시각 장애인 학생 1명과 언어장애를 겪고 있는 학생 1명이 있어서 각각 특별지원교사 personal assistant가 담당하고 있다. 또한 ADHD(주의력 결핍 · 과잉행동 장애)나 신경증 같은 학습 장애를 앓고 있는 학생이 8명 있는데 그곳에는 학급 담당교사 외에 특별지원교사 teacher assistant가 1명 더 배치되어 있다.

그 밖에도 핀란드어 보충 교육이 필요한 학생이 있다. 어느 학교에서건 특별 지원이 필요한 학생에 대해서는 조기 개입이 원칙이다. 특히 저학년 때는 주 8시간을 특별 지원 교육에 배당하며 인원수를 바꾸면서 소인원 학급을 만들어 그곳에 특별지원교사를 투입하고 있다고 한다. 예를 들면 2학년의 핀란드어 수업에서는 전체 학생 32명을 특별 지원이 필요한 특별 학급 9명과 통합 학급 23명으로 학급을 둘로 나누어 수업을 진행하고 있었다. 특히 특별 학급 9명에는 교사 1명 외에 특별지원교사 1명이 더해져 교사 2명이 가르치고 있었다. 통합 수업이 원칙이지만 필요에 따라서 학급도 소인원으로 조정하고 지원교사도 늘린다고 한다. 이같이 교사를 배분하는 일은 교장의 몫이다. 숫자상으로 보면 불균형이지만 교육 조건을 실질적으로 평등하게 하기 위함이라 한다. 참관을 했을 때는 학생 8명이 있었는데 그 중 5명은 아프리카계의 이민자녀였다. 필자를 안내해준 영화라는 학생은 5세 때 핀란드에 와서 일시적으로 핀란드어 특별 지원 교육을 받았지만 지금은 받지 않는다고 한다. 에이린(5학년)은 지금도 핀란드어 특별 지원 교육을 받고 있다고 하였다.

이 지역에서는 지자체의 예산이 남으면 원칙상 교육비로 돌리기 때문에 그 자금으로 교사를 늘린다고 한다.

2학년의 핀란드어 수업. 특별 학급의 9명.

두 명의 교사가 천천히 가르치고 있다.

복도에 있는 문고 코너. 언제든 마음대로 독서를 할 수 있다.

독서와 학력의 관계

독서와 학력이 깊은 관련이 있는 것은 이미 많은 연구자들이 지적해왔다. 그렇다면 각 가정에는 어느 정도의 책이 있을까? 부모나 가족이 늘 책을 읽는 것은 아이 학력의 지표가 될 수 있을까? **표 4-8**은 '국제 수학 · 과학 교육 동향 조사TIMSS 2003'의 데이터다.

핀란드는 참가하고 있지 않지만 과학 · 수학 테스트에서도 확실하게 가정의 장서 수와 학력이 상관있음이 밝혀졌다. 단순히 책을 몇 권 가지고 있느냐에 따라 몇 점을 딸 수 있다는 관계가 아니라, 가정의 장서 수는 기타 교육 여건과 밀접한 관련이 있다는 것을 의미한다. 장서 수는 예를 들면 동기 부여와 지적인 것에 대한 존경, 아이가 하는 공부에 대한 부모의

표 4-8 가정의 장서 수와 수학 · 과학 득점 및 학생 비율(TIMSS 2003, 8학년)

	0~10권			11~25권			26~100권			101~200권			201권~		
	수학	과학	%	수학	과학	%	수학	과학	%	수학	과학	%	수학	과학	%
일본	533	517	13	553	539	22	571	552	32	587	567	17	604	584	17
한국	534	514	15	555	533	10	586	556	33	608	572	22	636	596	19
노르웨이	408	441	7	425	463	11	460	493	33	477	504	22	481	515	27
스웨덴	447	472	6	460	481	14	485	511	27	513	537	21	531	558	32
미국	449	469	13	473	493	18	506	527	28	528	552	18	541	569	24
영국	446	487	13	480	520	17	494	541	27	518	564	18	539	588	24

★ 국립교육정책연구소 편 『TIMSS 2003 산수 · 수학 교육의 국제 비교』 GYOSEI, 2005, p.96 및 동 출판 『TIMSS 과학 교육의 국제 비교』 GYOSEI, 2005, p.95.

★ 전반적으로 가정에 책이 많을수록 상대적으로 학력도 높다고 할 수 있다. 그러나 정확하게 몇 권 당 몇 점이라고는 말할 수 없다.

표 4-9 가정의 장서 수(%)

국가명	거의 없다	1~10권	11~50권	51~100권	101~250권	251~500권	501권~
일본	1.9	10.1	22.9	20.4	20.8	11.9	7.8
한국	1.1	7.1	18.0	22.6	27.7	15.9	7.5
핀란드	0.6	6.6	23.0	24.1	24.1	13.9	6.4
캐나다	0.9	5.6	17.7	20.1	23.9	18.6	12.5
OECD 평균	1.6	8.0	19.1	20.7	21.0	15.3	11.6

표 4-10 도서관 이용 빈도(취미로 독서하기 위해 책을 빌린다, %)

국가명	전혀 내지는 거의 빌리지 않는다.	연 2~3회	월 1회 정도	월 수차례	기타
일본	52.2	25.6	11.0	7.5	3.8
한국	49.3	23.9	11.1	15.5	0.2
핀란드	20.3	35.5	27.3	15.7	1.2
캐나다	37.1	36.0	18.0	8.4	0.6
OECD 평균	41.0	32.2	15.9	8.6	2.4

표 4-11 취미로서의 독서 시간(취미로 매일 독서하는 시간, %)

국가명	취미로 독서를 하지 않는다.	30분 미만	30분~1시간 미만	1~2시간 미만	2시간 이상
일본	55.0	17.8	15.4	8.2	3.5
한국	30.6	29.6	21.9	12.0	6.0
핀란드	22.4	29.1	26.3	18.2	4.1
캐나다	32.7	33.7	20.4	9.6	3.6
OECD 평균	31.7	30.9	22.2	11.1	4.2

★ 표 4-9,10,11 국립교육정책연구소 편 『살아가는 데 필요한 지식과 기능』 GYOSEI, 2002, p.82, p.91, p.92.

★ 핀란드의 가정에는 장서가 그다지 많지 않지만(표 4-9), 아이들의 도서관 이용률은 높다(표 4-10). 또, 취미로 독서하는 아이들 수도 많다(표 4-11). 그에 반해 일본은 독서를 하지 않는 아이들(고교 1년)이 과반을 넘었다.

지원과 관여 등 여러 가지 교육 여건과 관련된 하나의 지표라고 생각된다.

PISA 2000 조사에 따르면, '취미로 독서를 하는가?' 라는 물음에 '그렇지 않다.'라고 대답한 학생은 일본이 가장 많은 55%, 독일이 42%, 미국이 41%였다. OECD 평균은 32%, 핀란드는 가장 낮은 22%였다(**표 4-11**).

그런데 '하지 않는다.'라고 대답한 학생의 읽기 소양 득점은 일본이 514, 핀란드 498, 미국 479, OECD 평균 474, 독일 459로 나타났다.* 국가별로 보면 취미로서의 독서 시간이 증가하면 읽기 소양 득점도 상승하는 경향이 있다. 하지만 각국을 비교해보았을 때 독서량이 그대로 읽기 능력으로 이어진다고는 말할 수 없다. 이는 읽기 소양이 어떠한 상황에서 형성되었는지, 다시 말해서 독서량이 어떠한 교육 조건과 어떻게 상관되는지를 생각하는 것이 더 중요하다는 것을 말해준다.

평소 책을 가까이 하는 일은 학력 향상에 있어서 먼 장래의 주요한 요인으로 작용한다. 취미로 독서를 하는가의 여부가 일본에서는 그다지 크게 반영되지 않았으나 다른 여러 나라에서는 그 차이가 크고 특히 핀란드는 최대로 나타났다.

독서가 취미, 책은 도서관에서

'약 77%가 매일 1시간씩 독서를 한다는 통계가 있을 정도로 책을 좋아하는 핀란드인'**이라고 알려져 있듯이, 핀란드는 '도서관 이용률 세계

* 국립교육정책연구소 편 『살아가는 데 필요한 지식과 기능–OECD 학생의 학업성취도 국제 비교 연구(PISA 2000) 국제 결과보고서』 GYOSEI, 2002, p.82.

** 핀란드 항공 기내지 『kiitos』 No. 22, 2005.

제일' 을 자랑하고 있다. 국민 한 사람당 1년에 책 21권을 빌리고 있다고 한다. 일본의 경우 국민 1인당 공공도서관에서 책을 빌리는 것은 1년에 4.1권에 불과하다.*

이러한 핀란드이지만 젊은이들이 책을 멀리하는 경향이 두드러지면서 읽기 능력이 저하되고 있음이 이미 1995년에 판명되었다. 이는 8학년의 읽기 소양 조사에서 지적된 것이다. 1996년 대학입시 자격시험에서는 특히 국어 성적의 저하가 두드러졌다. 그래서 서둘러 1997년을 읽기 능력 향상의 해로 지정하여 교사조합과 도서관협회가 앞장서서 향상을 위해 힘을 쏟았다.

한편 국가가 취한 정책은 도서관을 짓거나 정비하는 일이었다. 예를 들면 인구가 56만 명 있는 헬싱키 시에는 도서관이 38개 있다. 인구 규모가 같은 일본의 치바 현[千葉県] 후나바시 시[船橋市]에 10개, 오사카[大阪]의 히가시오사카 시[東大阪市]에 6개, 카고시마 시[鹿児島市]에 13개(현에서 지은 도서관을 포함)**와 비교했을 때 핀란드의 도서관이 얼마나 잘 완비되어 있는지 짐작할 수 있다.

가정에서도 대개 오후 5시가 되면 가족 모두가 모이기 때문에 저녁식사 후에는 여유롭게 부모와 함께 '책읽기 시간' 을 갖는다. 또 도서관을 비롯해서 여러 곳에서 책을 읽고 감상하는 모임이 있다. 읽기 능력 면에서 세계 제일이 된 연유에는 이처럼 국민적인 노력이 숨어 있었던 것이다.

그러나 실제로 핀란드의 가정을 살펴보면 장서 수가 그다지 많지 않다(**표 4-9**). 이는 몹시도 추운 날씨 사정 때문에 개인 주택들이 크지 않다는 것을 이유로 들 수 있다. 그래서 도서관의 장서를 늘려 누구나가 이용할

* 이시지마 테츠[石山徹] 「핀란드 보고1」『요미우리 신문』 2005. 3. 23.
** 이시지마 테츠[石山徹] 「핀란드 보고1」 동일.

수 있도록 한 것이다.

그리고 핀란드의 아이들은 시험에 관계없이 취미로 독서를 하고 있기 때문에 도서관 이용이 잦다. 물론 모든 아이들이 그렇다는 것은 아니고 예외인 아이들도 있겠지만 그 비율이 일본보다 훨씬 낮다는 것이다(**표 4-10**).

핀란드는 독서에 관한 책임을 가정에만 지우지 않고 사회가 든든하게 받쳐주고 있다. 일본은 다른 선진 국가에 비해서 가정에 책이 그다지 많지 않다. 뿐만 아니라 취미로 독서를 하지 않는 아이들 숫자도 선진 여러 나라와 비교해볼 때 월등히 많다(**표 4-11**).

핀란드와 일본은 학력의 밑바탕이 되는 토대 면에서 이처럼 커다란 차이가 나는 것이다.

'룩 수오미' 운동

'룩 수오미 Luku-Suomi: Reading Finland' 란 국가교육위원회가 2001년부터 2004년에 걸쳐 전개한 국어 교육 촉진 운동이다. 기초학교와 고등학교 학생을 대상으로 모국어 기능과 문학 지식을 향상시키려는 취지에서 시작되었다.

1994년 커리큘럼 개혁 시점에서 모국어 수업 시간이 25%나 삭감되었을 뿐만 아니라 책 전체를 읽지 않고 짧은 문장, 시, 단편, 소설 발췌문 같은 것을 읽도록 권장하였다. 삭감된 모국어 시간은 외국어 수업을 늘리는 데 사용되었는데, 이는 시장 경제라는 세계화의 흐름 때문으로 설명되고 이해되었다.* 당연히 읽기 능력 저하를 우려하는 목소리가 여기저기서 나

* Juha Rikama, *Lukion kirjallisuudenopetus 1900–luvun jälkipuoliskon Suomessa: opettajien*

왔지만 핀란드 측 분석에 의하면, '핀란드 학생들은 다른 북유럽 학생들에 비해서 훨씬 다양한 자료들을 읽고 있다. 예를 들어 신문, 잡지, 코믹물, 이메일, 인터넷을 읽는 것은 OECD 평균보다 높게 나타났다. 반대로 픽션이나 논픽션은 OECD 평균보다도 낮다.'* 핀란드는 읽기 대상을 전통적인 문자에서 정보 매체까지 폭을 넓힌 것이다. 결국 PISA 조사에서 긍정적인 결과를 얻었지만, 1994년의 커리큘럼 개혁이 시대를 앞선 선견지명으로 다양한 분야에서 읽기 능력을 높이려 한 성과라고도 할 수 있다.

룩 수오미 운동을 처음으로 추진한 것은 모국어 교사들과 학급 담임들이었다. 거기에 학교와 도서관을 연결해서 도서관 사서가 양쪽을 오가며 지도하기 시작하였다. 100개 이상의 지자체가 룩 수오미에 참가하였다.**

국가교육위원회는 "현대 사회에서는 다양한 종류의 텍스트를 읽는 것이 무엇보다 중요해지고 있다."라고 룩 수오미 운동의 의의를 설명하고 있다. 이는 PISA가 읽기 소양에 대한 견해를 밝히면서 다양한 정보 형태를 의식하고 있다고 표명한 것과 동일하다. 그런데 이렇듯 다양한 종류의 활자물을 접하면서도 핀란드의 기초학교에 다니는 학생들 중 18%가 읽기 능력 부족을 나타내었고, 특히 1990년대를 거치면서 독서의 즐거움이 감소하는 양상이 두드러지면서 이 운동이 본격화되었다고 할 수 있다.

운동을 전개하는 데 있어서 다음과 같은 사항에 초점이 맞추어졌다.

① 독서력이 부족하다고 판단되는 하위 20% 학생들의 읽기 능력을 개선할 것

② 남학생을 끌어들일 방법을 모색할 것

arviointien valossa, Suomalaisen Kirjallisuuden Seura, Helsinki, 2004.

* Jouni Välijärvi, Pirjo Linnakylä, Pekka Kupari, Pasi Reinikainen, Inga Arffman, *The Finnish Success in PISA – and Some Reasons behind it*, PISA 2000. Jyväskylä, 2002, p.17.

** National Board of Education *Luku-Suomi*. http://www.oph.fi/SubPage.asp?path=1,443,3218,4160

③ 생각하고 평가하는 기능을 개선할 것

④ 여가 시간을 이용하거나 학교에서의 읽고 쓰는 능력을 개선할 것

⑤ 학교 도서관을 발전시킬 것

⑥ 학교와 공공도서관의 협력관계를 개선할 것

⑦ 교사 전체가 힘을 합하여 학생들의 읽기 능력을 발달시킬 것

⑧ 교사의 문학 · 핀란드어 교수법을 개선할 것

⑨ 아동문학을 교사에게 소개할 것

⑩ 읽고 쓰기에 관하여 학교가 가정과 협동해나가도록 유도할 것

⑪ 이민자녀에게 모국어와 핀란드어를 가르치는 교수법을 발전시킬 것

이다. 특히 ②가 의미하는 것은 남학생이 여학생에 비해서 독서량이 적기 때문일 것이다.

예를 들면 에스포 시에서는 2000년부터 학교 도서관을 상대로 상담원 교사consulting teacher를 새로 두고 룩 수오미와 관련한 계획에 관해서 학교 도서관 사서를 지원하는 등 여러 가지 활동을 전개하고 있다.*

문자 문화 보급의 움직임

각 지역의 도서관은 1990년대 초반부터 '책의 힌트book hints'라는 정보를 아이들이나 지역 주민에게 제공하고 있고 교사 연수도 개최하고 있다.

* Riita Eskelinen & Marjukka Puustinen. *Luku-Suomi: a National Program for Improving Literacy and School Libraries in Finland*. http://www.suomenkoulukirjastoyhdistys.fi/Parnumarjukka.ppt. 단, Developing school libraries in the city of Espoo라는 홈페이지에서 들어간다.

신간을 소개하거나 인기가 있는 책의 리스트를 작성하여 서평을 알리는 노력도 기울이고 있다. 이를 통해서 펜클럽과 같은 모임이 결성되기도 하고 작가와의 만남도 이루어지고 있다. '책의 힌트'는 현재 인터넷에서도 공개되고 있다.

한편 연수를 받은 도서관 사서는 모국어 수업에서 '책의 힌트'에 관해 특별 수업을 한다. 초등학교에서는 교사가 매월 도서관에 아이들을 데리고 가서 책을 빌릴 수 있게 도와준다. 그뿐 아니다. 책에 관해서 자신의 생각을 가질 수 있도록 지도하고 있다. 핀란드어로 'luku'는 읽기 능력만이 아니라 의사를 표명하는 능력도 동시에 담고 있기 때문이다. 이 점이 바로 핀란드의 읽기 능력이 갖는 강점이라 할 수 있다.

핀란드 신문협회는 독서에 관한 사람들의 관심을 높이기 위해서 '교육 안에서의 신문Newspapers in Education' 운동을 전개하였다. 이는 'NIE(신문 활용 교육)'로 잘 알려져 있는데, 신문을 사용하여 활자문화를 유지하려는 것을 말한다. 저널리스트를 학교에 초대하여 교육 활동에 직접 참가시키고 있으며 학생들이 신문사를 견학하거나 또 학생 신문을 발행하는 지역까지 있다.

인터넷을 이용하여 온라인 매거진을 발행하거나 문학론을 펼치는 '넷 도서관Netlibris'도 특이한 발상이다. '북 토크'를 인터넷상에서 볼 수 있는 것이다. 학생과 교사, 도서관 사서, 대학 교수 등, 그야말로 사회 각 분야에서 참가하고 있다.

대개 3, 4개 학교에서 10~15명의 학생이 모이며 튜터까지 포함하여 한 그룹을 결성한다. 이른바 독서 서클이다. 평소 때는 인터넷을 사용하여 교류하지만 1년에 4~8번 정도 함께 모여 작가와 만나는 시간을 갖거나 문학작품에 대해 보다 심도 있는 의견을 나누고 감상을 이야기하는 등 다양

신문사에서 이루어진 동화 구연. 쇼핑 도중에 좀 앉아서 쉰다는 느낌으로 부모와 아이들이 들른다.

토끼로 가장하여 이야기를 들려주고 있다. 아이들을 이야기 속으로 끌어들이는 것도 능숙하다.

한 활동을 한다. 이 결과를 또 '작가 방문'으로 인터넷에 게재한다. 2000/2001년에는 교사 100명과 학생 2,000명이 함께했는데 2003년에는 참가인원이 두 배로 증가했다고 한다.

도서관 풍경

탐페레 시립도서관에는 캐릭터의 이름을 딴 '무민 박물관'이 있다. 이름에 끌려 가보았다.

사서에게 인터뷰를 요청했는데, 가까운 초등학교에 주 2회 책을 읽어주러 간다고 하였다. 주 1회는 학교에서 교사가 학생들을 데리고 온다고 한다.

관내에는 CD가 부록으로 딸린 책이 많이 있었다. 예를 들면 국민적 서사시 『칼레발라Kalevala』와 같은 내용이 꽤 긴 것도 쉽게 감상할 수 있다.

아이들은 학교를 마치고 클럽 활동을 하러 가는 도중에 책을 반납하러

여기가 탐페레 시립도서관 입구.

서클 활동에 나가기 전에 다 읽은 책을 반납하는 아이들.

어린아이도 스스로 책을 선택하고 있다.

이동도서관 버스. 무척 크고 길다.

여기저기에 책 추천 코너가 있다.

아동도서관 입구의 캐릭터 전시.

역 근처 도서관 입구는 빌딩의 한 켠 같은 느낌.

들어가면 곧바로 컴퓨터실. 인터넷 이용이 자유롭다.

컴퓨터실은 일하는 사람들로 바쁘다.

CD를 찾는 젊은이들.

프로젝트가 완비되어 있어서 영상도 크게 볼 수 있다.

컴퓨터실에서는 이민 온 청년들을 많이 볼 수 있다.

와서 또 빌려간다. 집에서 읽는 경우가 많다고 한다.

핀란드의 중앙역 옆에는 우체국이 있다. 이곳은 우편박물관뿐만 아니라 도서관으로도 활용되고 있다. 'Library 10' 이라는 이름으로 2005년 4월 1일에 문을 연 이곳은 주로 젊은이들을 대상으로 하고 있다. 도서관 안내에도 '새로운 스타일의 도서관 서비스' 라고 쓰여 있었다. 입구에서 도서관 카운터까지 신문이나 잡지를 읽을 수 있게 자리가 마련되어 있고, 중앙은 특별히 음악 CD와 컴퓨터를 두었다. 활자를 가까이 하지 않는 젊은이들을 위한 배려일 수도 있고 새로운 타입의 도서관, 미디어관을 만들려는 의도일 수도 있다. 스튜디오 룸에서는 오디오나 비디오도 편집할 수 있고, 무대에서는 콘서트나 퍼포먼스도 가능하다고 한다. 어쨌든 입지 조건이 좋아서 젊은이들이 각자의 스타일로 이용하고 있었다. 개관 시간도, 월요일에서 목요일까지는 10시부터 22시, 금요일은 10시에서 18시, 주말은 12시부터 18시로 이용자 위주로 되어 있다.

핀란드어와 스웨덴어

핀란드에서 핀란드어와 스웨덴어는 국가 수준의 커리큘럼에서도 '국어 kotimainen kieli; national language' 로 명시되어 있고 국민들도 그렇게 부르고 있다. 여러 공식 문서에서도 '핀란드의 공용어는 핀란드어와 스웨덴어이고 어느 쪽도 평등하다.' 라고 되어 있다. 2002년 시점에서 핀란드어 사용자가 국민 전체의 92.1%, 스웨덴어 사용자가 5.6%로 이 둘만으로도 거의 전체를 커버할 수 있다. 인구 비례로 따지면 압도적인 차이가 나지만 핀란드의 역사적인 상황으로 살펴볼 때 이 두 언어는 동등한 권한을 갖고 있다.

핀란드와 스웨덴어로 교육 제도가 충분히 정비되어 있지만 두 개의 학교 계열은 별도의 교육위원회가 담당하고 있다. 예를 들어 같은 학교 내에 스웨덴어로 가르치는 학급이 있어도 핀란드어로 가르치는 학교의 관할 밖이 된다. 그만큼 문화적인 자치가 철저하다.

과거 아이들은 두 언어 중 한쪽을 필수 외국어로 배우지 않으면 안 되었다. 그러나 2004년 국가 수준의 커리큘럼이 공포된 이후에는 스웨덴어는 외국어의 일종으로 취급되어 핀란드어 사용자가 반드시 제2외국어로 학습하지 않아도 되게 되었다. 하지만 실제로 핀란드어를 모국어로 하는 이들은 초등학교에서 영어를, 중학교에서 스웨덴어를 배우는 경우가 많다. 때문에 스웨덴어를 모국어로 하는 국민들로부터는 평등이 깨어졌다는 비판이 일고 있지만 커다란 반대 운동은 일어나지 않고 있다. 스웨덴어는 북유럽 5개국이 서로 회합을 할 때 쓰는 언어로, 핀란드에서도 어느 정도 사용 가능하도록 교육받고 있기 때문에 사회적으로 크게 문제가 되지 않고 있는 모양이었다.

그러나 이 두 개의 국어와는 별도로 헌법은 소수파의 언어로서 라플란드의 유목민 언어인 사미어, 로마어, 수화, 이 세 언어를 인정하고 있다. 그리고 2004년의 국가 수준의 커리큘럼에서는 이들 5개 언어를 '모국어 äidinkieli: mother tongue'로 지정하였다. 수화를 인정하는 점에 있어서 가히 선진국이라 할 것이다. 법적으로 지자체에서는 가능한 한 모국어를 이용해서 교육하는 것을 목표로 한다. 소수파의 언어 교육은 핀란드에서 이제 막 시작 단계이지만 유럽의 소수 언어 · 지역 언어를 기초로 해서 독특한 정책이 전개되고 있다.

실제로 사미어 사용자는 1,700명(0.03%)에 불과하다. 그래도 선주민의 하나로 인정되어 '사미 의회법'(1996년 1월 시행)에 따라서 독자의 언어와 문화를 보호받을 수 있게 되었다. 현재는 사미어에 의한 수업이 시작되고 있다고 한다.*

한편 교육계는 그 밖의 언어로서 국내 소수파와 이민자(2.2%)의 언어도 커리큘럼상 모국어로 인정하고 학습 기회를 주도록 하고 있다. 이민자녀의 경우에는 1주에 최저 2시간을 학교 예산이 아닌 지자체 비용으로 지원하고 있다. 또한 지자체가 실시하고 있지 않은 언어에 대해서는 실시하고 있는 지자체의 학교에서 해당 수업을 받을 수 있다. 이처럼 멀리서 다니는 학생들을 고려해서 소수파의 언어 교육은 늦은 시각인 오후 5시부터 시작하고 있다.

이와 관련해서 『기초교육법』은, "학생은 자신의 수업용 언어 opetuskieli: language of instruction를 습득하기 위해서 모국어 mother tongue로서 핀란드어와 스웨덴어 또는 사미어를 학습할 수 있다."(12조 1항) "학생은 자신들 조상의 언어 native language를 습득하기 위해서 모국어로서 로마어, 수화 또는 기타 언어**도 학습할 수 있다."(12조 2항)라고 명시하고 있다.

단, 이와 같은 개혁은 첫발을 내딛은 지 얼마 되지 않았다. 사미어로 교과를 가르치는 교사를 양성하기 위해서 교육청의 TF팀이 설치된 것은 1998년 10월의 일이다. 그리고 이 TF팀이 제안하여 교육학부에 강좌가 신설되고 최초의 학생이 입학한 것은 1999년 여름이다. 이와 동시에 로마

* 야마카와 아코[山川亞古]「다문화 사회의 언어적 인권을 보장하는 학교 교육」 나카시마[中嶋] 외 편 『핀란드를 통해 배우는 교육과 학력』 아카이시 서점, 2005.

** 핀란드어로는 ädinkieli인데 이를 모국어로 번역하느냐 선대어로 번역하느냐에 따라 차이가 있다. 영문으로는 Basic Education Act 628/1998(http://www.finlex.fi/en/laki/kaannokset/1998/en19980628.pdf). 핀란드문은 Suomen Laki. *Opetustoimen Lainsäädäntö*. Talentum Media OY, Helsinki, 2005 등.

어로 교과를 가르치거나 혹은 이민자녀에게 교과를 가르치기 위해서 특별 코스가 각각 35단위로 개설되었다.* 이 같은 노력에 대한 앞으로의 성과가 실로 기대되는 바다.

언어 학습에 있어서 또 하나의 카테고리는 외국어 vieraat kielet: foreign languages다. 외국어 교육은 중시되고 있으며 기초학교에서는 모국어를 포함하여 4개 언어를 학습하도록 되어 있다. 이민자녀의 경우는 5개 언어가 되는 셈이다.

마이너리티의 문제

"핀란드에는 이민자의 비율이 매우 낮아 인구의 1%를 겨우 넘겼다."**라고 OECD 출판물에 소개된 것이 2001년의 일이다. 하지만 사태는 급변하여 2004/2005년 통계에 의하면 학령기 아이들로 따졌을 때 인구의 2.2%에 이르렀다. 이 같은 현상은 헬싱키 시와 신흥 산업도시인 에스포 시에서 두드러지는데, 헬싱키 시는 2.6%, 에스포 시는 5~6%를 웃돈다. OECD 공식 문서에는, '핀란드의 기초교육은 사회적 민족적으로 서로 다른 배경을 가진 학생을 포함해서 성적을 공통 레벨까지 가르치게 되어 있다. 교사의 양성 목적은 이 목표가 달성되도록 교사에게 이해와 실천적 기능을 준비시키는 것이다. 그러나 다양성을 키우는 점에 있어서 한

* Olli Luukkainen, *Teachers in 2010: Anticipatory Project to Investigate Teachers' Initial and Continuing Training Needs(OPEPRO). Summary of Final Report*. National Board of Education, Finland, 2000, pp.59~60.

** PISA. *Knowledge and Skills for Life: First Results from PISA 2000*. OECD, p.48.

층 더 힘든 일을 떠안고 있다. 어떻게 대처하면 좋을지, 다른 국가의 아이디어를 조사해보고 싶다.' *라고 되어 있다.

스웨덴처럼 이민자의 인구가 13.6%를 점하는 국가와 달리 핀란드의 마이너리티 대책은 아직 걸음마 단계다. 그렇지만 일본과 비교하면 대단히 앞서 있다.

소수파는 모든 사회생활에서 기본적으로 '평등법'(2004년)에 의해 보호받고 있다. 이민자는 평등하게 대우받고 있으며 2개국어 사용bilingual과 다문화 습득을 보장받고 있다. 모국어와 함께 공용어로서 핀란드어 또는 스웨덴어를 선택하게 해서 2개국어를 자유자재로 구사하게 하는 것이 법률상의 기본 원칙이다. 수업할 때 핀란드어, 스웨덴어, 기타 외국어가 사용되고 있다는 공식 보고가 있다.

그런데 원칙은 이러하지만 현실은 좀 다르다. 모국어로 모든 교육을 보장하고 있지는 않다. 금지나 제한은 없지만 모든 언어가 평등하게 보장받고 있다고는 보기 어렵다. 이런 상황에서 이민자 등 소수파는 자신의 민족어를 유지하면서 모국어를 핀란드어(지역에 따라서는 스웨덴어)로 바꾸고 있다.

핀란드어 또는 스웨덴어를 모국어로 하지 않는 사람을 대상으로 현재 주 2시간의 모국어 학습이 실시되고 있다. 주 2시간 이상의 핀란드어 학습(제2언어로서의 핀란드어 학습)에 이어 가능한 범위에서 특별 지원 교육, 이슬람 또는 그리스정교의 학습 또는 윤리 학습을 받을 수 있다.**

공적인 보고에 의하면, 핀란드에 입국한 이민자녀 중 의무 교육 연령에 해당하는 아이들은 종합제학교에 익숙해질 수 있도록 6개월간의 '준비 교

* op. cit.
** 『교육 총연 · 제3차 해외 교육 시찰단 보고서』 2001.

육preparatory instruction'을 받을 수 있다고 되어 있다. 같은 문화권의 아이들을 모아서 소그룹을 형성하고 그곳에서 아이들이 자신의 모국어와 문화적 정체성을 발전시켜나간다. 그 위에 핀란드 문화에 친숙해질 수 있도록 2개의 문화와 2개의 언어로 교육받는다. 이처럼 양쪽 언어를 사용할 수 있다는 의미에서 '기능적 2개국어 사용functional bilingualism'이라는 말이 사용되었지만, 지금은 핀란드에 있어서 마이너리티 교육의 기본 이념이 되었다. 헬싱키 시의 경우, 초등학교 31민족(핀란드에서는 그룹으로 불리고 있다.), 중학교 23민족, 고등학교 8민족이 준비 학급을 이용하고 있다.*

일본식으로 하면 국어이지만 핀란드에서는 모국어로 가르치는 핀란드어와 제2외국어로 가르치는 핀란드어를 구별하고 있고, 교사자격도 서로 다르다. 이는 영어자격과 ESL(제2언어로서의 영어) 자격이 서로 다른 것과 마찬가지인 제도다. 스웨덴계 핀란드인이라면 제2자격 대상이 된다. 그러나 이민자의 경우는 모국어인 민족어를 사회적으로 사용하는 일이 극히 제한되어 있어서 모국어와는 별도로 핀란드어를 처음부터 습득해가지 않으면 안 되는 것이 현실이다. 예를 들어 일상적인 회화를 하는 데는 불편을 못 느끼더라도 수업 중에 사용되는 추상적인 언어는 이해하기가 어려운 것이 보통이다. 따라서 준비 학급을 마치더라도 학년이 올라감에 따라 특별 지원 교육이 필요하게 된다. 이렇게 해서 핀란드에서는 이민자녀에게 가르칠 제3의 핀란드어 교사자격을 고려 중이다.

한편 준비 학급에 있어서도 이민자녀는 예술 교과와 실천적인 교과와 같은 몇 가지 수업을 통합 학급 학생들과 같이 받는다. 어느 수업을 어느 정도로 통합할지는 준비 학급의 교사와 통합 학급의 교사가 서로 협의하

* Katri Kuukka, *Multicultural Education in Helsinki City*, Education Department of City of Helsinki, 2005, p.2.

여 정한다.

통합 학급 수업으로 옮기더라도 계속해서 핀란드 문화에 관한 지식을 포함하여 '제2언어로서의 핀란드어 Finnish as a Second Language' 수업에 출

표 4-12 헬싱키 시내의 모국어 교육 대상 민족별 학생 수(명)

모국어	2003/2004	2004/2005	모국어	2003/2004	2004/2005
러시아	883	883	네팔	22	22
소말리아	633	633	세르비아	19	19
에스토니아	228	228	일본	19	19
영국	140	140	태국	17	17
아라비아반도	113	113	독일	17	17
베트남	103	103	헝가리	17	17
알바니아	71	71	보스니아	17	17
스페인	67	67	포르투갈	17	17
폴란드	64	64	아이슬란드	16	16
중국(베이징)	55	55	이란	16	16
그리스	48	48	아프가니스탄	14	14
이탈리아	46	46	링가라(콩고)	12	12
네덜란드	38	–	노르웨이	11	11
중국(광둥)	38	–	암하라(에티오피아)	9	10
프랑스	30	30	티그리니아(에티오피아)	7	7
쿠르드	48	29	벵골	7	7
우르두(파키스탄)	29	29	라플란드	6	6
필리핀	29	29	스웨덴	5	5
루마니아	28	28	불가리아	5	5
터키	27	27	쇼나(아프리카 남동부)	4	–
			합계	2975	2877

* Katri Kuukka *Multicultural Education in Helsinki City*. 2005.및 Ilona Kuuka, Katri Kuuka. *Mother Tongue Teacher's Expanding Role–from Teacher to Pedagogical Supporter*. 2004.
* 모국어 교육이 보장되는 이민자녀들은 국적도 다양하다. 학생 수가 아무리 적어도 주 2시간의 모국어 교육을 받을 수 있다.

석한다. 또한 핀란드어 특별 지원 수업이 있다. 이를 개별수업으로 할지 아니면 첫 수업이나 방과 후 보충 교육으로 할지는 학교가 제공할 수 있는 가능성을 고려하면서 교사가 판단한다. 결국 개개인의 진도에 맞추어 학급 편성이 달라지는 것이다.

이와 병행하여 지자체의 관할로 추가 커리큘럼 학급에서 자신의 모국어를 발달시킬 기회가 보장된다. 예를 들어 2004년 12월 기사에 따르면, 헬싱키 시내에는 2,600명의 이민자녀들이 있어서 약 40개 언어로 수업을 받고 있다고 한다.* 필자가 헬싱키 교육청에서 조사한 데이터(**표 4-12**)를 보면 학생 수는 좀더 증가하고 있다.

모국어 교육을 실시하고 있는 민족 수는 38개에 이르기 때문에 헬싱키 시에서는 행정이 파악하고 있는 거의 대부분의 민족이 모국어 교육을 받고 있다는 것이 된다. 그야말로 소수에 불과한 이민자녀들도 대상으로 하고 있다는 점에서 머리가 숙여진다.

복지와 교육의 연계

OECD 교육국의 슈라이햐 지표분석 과장은 PISA의 공식 발표문을 바탕으로 다음과 같은 지적을 하였다. "OECD 지역 내에서 학생의 사회적 배경과 성적 사이에 깊은 관련이 있다는 의견에는 실망을 금할 수 없다. 왜냐하면 우리들은 이상적으로 학생 개인의 사회적 배경과 상관없이 모든

* Salla Korpela, *Free schooling for all: The Finnish school system support lifelong learning.* http://www.virtual.finland.fi/netcomm/news/showarticle.asp?intNWSAID=41557

학생들에게 평등한 기회를 줄 것을 주장하기 위해 상당한 노력을 기울여 왔기 때문이다. 그러나 실제로는 그다지 큰 성과를 올리지 못하고 있다. 어떠한 가정에서 태어났느냐가 크게 좌우하고 있고 그것이 학교 성적에 지대한 영향을 끼치고 있기 때문이다."*

"실망을 금할 수 없다."라는 표현에는 그 나름의 사상성과 감정이 깃들어 있었다. 특히 영국의 경우를 지적하면서, "전체적으로 학업 능력이 뛰어나고 평균 성적도 높지만 우선적으로 어느 가정에 태어났는가가 크게 작용하고 있다."라고 언급하며 핀란드와의 비교 논의가 한창이라 전하였다.

"핀란드는 전체적으로 성적이 좋다. 하지만 이보다 더 중요한 것은 다른 OECD 국가와 비교했을 때 사회적 배경이 학업에 미치는 영향이 훨씬 적다는 것이다. 이는 바로 모든 학생들에게 균등한 기회를 제공하고 있는 현 교육 제도가 성공하고 있다는 증거다."라고 현 상황을 분석하였다. "때문에 영국에서는 사회적으로 특권 있는 배경에서 태어나면 핀란드 학생과 마찬가지로 성적이 좋겠지만 이민가족이나 한 부모 가정, 빈민 가정 등과 같은, 혜택을 못 받는 환경에서 태어난 경우에는 성적이 훨씬 나쁠 것이 자명하다. 이는 프랑스와 독일, 미국도 크게 다를 것이 없다."라는 분석을 덧붙였다.

핀란드와 같은 북유럽 복지국가는 국민 세금 부담이 큰 만큼 사회 구석구석까지 복지 혜택을 누리고 있다. 교육과 사회복지, 보건의료 분야에는 빈부에 상관없이 공적 서비스를 받을 수 있는 시스템이 완료되어 있다. 학

* 일본교직원조합회 편『어떻게 될 것인가. 어떻게 할 것인가. 세계의 학력, 일본의 학력–일교조 52차 전국교연 · 특별 분과회 '학력 문제' 기념강연과 심포지엄』 어드밴티지 서버, p.17.

교 교육뿐만 아니라 평생교육제도의 보급도 확산되어 있어서 야간이나 여름 학기를 이용하여 누구라도 적은 비용으로 원하는 것을 배울 수 있다. 사회보장제도가 잘되어 있기 때문에 흥미가 있는 분야가 있으면 아무 망설임 없이 쉽게 도전할 수 있는 것이다.

1993년에는 교육을 비롯하여 지방 분권화가 진행되면서 재원 등 대부분이 지자체의 결정권으로 이양되고 국가의 지도 감독권은 원칙적으로 폐지되었다. 지자체의 활동은 갈수록 왕성해져서 인구 530만 명의 국가에 지자체 직원이 42만 명에 이른다. 예를 들면 전체 노동인구에서 공무원 노동자가 차지하는 비율은 핀란드가 28%(1997년), 일본은 7%(1996년)로 나타났다. 그 중에서 핀란드는 사회복지, 보건, 교육 분야의 직원이 전체의 82%에 이르기 때문에 사회복지가 얼마나 중시되고 있는지 또한 재원이 얼마나 투입되고 있는지 잘 알 수 있다.

이러한 복지정책을 실행하기 위해서는 당연히 국민들의 부담이 커질 수밖에 없다. 세금은 수입의 30~60%에 다다르며 평등하고 풍부한 재원을 자랑한다. 세금이 많은 만큼 부부가 맞벌이를 하지 않으면 가계 유지가 힘들기 때문에 세금 감면을 희망하거나 공적 부문의 삭감을 주장하는 부호들도 있다. 하지만 이들 중에는, "내가 오늘날 이렇게 성공하게 된 것은 무상 교육을 받았기 때문이다. 그 덕분에 고수익을 올릴 수 있었으니 세금으로 돌려주는 것은 당연하다. 그래야 다음 세대의 젊은이들도 나처럼 무상 교육으로 재능을 펼칠 수 있지 않겠는가?" 하는 이들도 있다고 한다.*

평등한 교육이 실행되어야 가정 형편과 관계없이 실력 있는 아이들을 키워낼 수 있다. 이는 고도의 경제 성장을 이룬 일본이 일찍이 경험한 일

---

* 야마다 마치코[山田眞知子] 『일하는 방법으로 지역을 바꾼다-핀란드 복지국가의 대응책』 公人의 友社, 2005, pp.28~29.

이며 오늘날 핀란드 역시 같은 경험을 하고 있다고 볼 수 있다. 북유럽의 정보 산업국들은 한결같이 복지정책 실현이 오늘날과 같은 성공을 이루어 냈다고 생각하고 있다.

핀란드의 교육적 특색을 한마디로 이야기하면 '평등한 교육' 이지만 그 배경에는 사회적 이상을 실현하기 위한 부단한 노력이 감춰져 있다는 것을 먼저 이해하지 않으면 안 된다. 실제로 현지에 가보면 사회 전체가 이러한 평등한 분위기를 만들기 위해 많이 애쓰고 있다는 것이 느껴진다.

개인의 능력 차이는 물론 인정한다. 그러나 아이의 성장에 영향을 주는 사회적 · 경제적 배경의 격차는 어떻게 해서든 없애려고 한다. 그리고 아이들 한 사람 한 사람을 사회가 확실하게 받아들이고 있다. 이런 사회가 바로 핀란드다.

05

세계 표준의 학력을 목표로

사진 제공 : 핀란드 관광청

수업은 그룹 단위로 진행된다. 각자의 페이스로 공부하며 필요할 때 선생님에게 도움을 청한다.

학력이라 할 때 보통은 학교에서 아이들이 배우고 익히는 능력이라 생각하기 쉽다.
하지만 이를 사회적 측면에서 되짚어볼 필요가 있다.
학력이란 무엇인가?
한 마디로 요약하자면 스스로 자립하여 사회에서 살아가는 힘이 아닐까?
노동 능력과 사회성을 몸에 익히고 창조적으로 인생을 개척하면서
충실한 사회생활을 영위해나가는 것이라 할 것이다.
학교가 가르치고 키워야 할 능력은 이 중에서 과연 어디까지일까?

내일의 시민을 위한 학력–OECD의 동향

OECD는 1968년에 교육연구혁신센터 CERI를 창설하여 교육 문제에 본격적으로 착수하였다(**표 5-2**).

1988년에는 OECD 가맹국 대부분이 국제교육지표사업 INES을 실시하기 시작하였다. 교육 지표 전반에 관한 INES의 연차보고서로 『도표로 살펴보는 교육 Education at a Glance–OECD 인디케이터』를 내놓고 있다. 그렇다면 과연 무엇을 학교 교육의 성과라고 할 수 있을까? 바로 이 문제가 오늘날의 과제로 떠오르고 있다.

유럽의 커다란 움직임 가운데 OECD 교육연구혁신센터 CERI는 1995년에 교육 목표를 '내일의 시민'을 만드는 것이라 발표하였다. 이는 전통적 커리큘럼에 따른 고득점 획득이 학생 상호 간의 창조성과 비판적 사고 그리고 자기 신뢰 self-confidence와 같은 중요한 면까지 희생해가면서 달성되고 있지 않은가 하는 비판의 목소리를 대변한 것이다. 결국 CERI는 TIMSS와 같은 수학 · 과학 혹은 읽기와 같은 지표, 나아가 기존의 읽기 · 쓰기 · 셈하기의 '기초적 학력'으로는 현재의 학교 교육의 성과를 파악하기에 불충분하다는 판단을 내리기에 이르렀다. 'self-confidence'는 '자신감'으로도 번역되는데 넓게는 자존심, 자기 긍정적 이미지와도 통하며 자신이 잘 하는 것과 서툰 것을 종합하여 자신의 존재를 의미 있는 것으로 인정하는 것이라 하겠다. 바꿔 말하면 동아시아 형태의 금욕적인 주입식 교육이 아이들과 청년들의 자신감을 상실시켰으며 저마다 갖고 있는 중요한 자질을 신장시키는 데 있어서 오히려 해가 될 수 있다는 판단이다.

표 5-1 본문에서 인용하고 있는 유럽의 정치 기구

유럽연합(EU; European Union)
1992년, 마스트리히트 조약에서 EC로 개칭되었다. 1993년 11월 1일 발족되었으며, 본부는 브뤼셀에 있다. 현재 25개국, 4억 6000만 명이 가입되어 있다. 원 가맹국 : 벨기에, 네덜란드, 룩셈부르크, 프랑스, 이탈리아, 독일(서독). 이후 가맹국 : 영국, 아일랜드, 덴마크(1973), 그리스(1981), 스페인, 포르투갈(1986), 오스트리아, 핀란드, 스웨덴(1995), 폴란드, 헝가리, … 슬로베니아, 에스토니아, 라트비아, 리투아니아, 몰타(2004) 등.
유럽이사회(The European Council)
유럽정상회담(Summit)이라고도 한다. 1974년에 설치되었으며, 가맹국의 수뇌 정상, 유럽위원회 위원장으로 구성된 수뇌 회의다. 각국 외상과 유럽위원회 위원 1명이 보좌 역할을 하며, 연 4회 개최된다. 각료급 대표로 구성되는 공동체의 최고 의결기관으로, 법안을 결정하며, 중요 사항은 회원 전원의 일치를 얻어야 하고, 그 외는 특정 다수결로 결정한다.
각료이사회(The Council of Ministers)
유럽공동체 이사회(Council of the European Communities) → 유럽연합 이사회(Council of the European Union) 각료 이사회라고도 한다. 가맹국의 각료로 구성. 의제에 따라서 해당 각료가 출석한다. 예를 들면 Education Council 등. 이사회 본부는 브뤼셀에 있다. 특정 회의는 룩셈부르크에서 이루어진다. 각 가맹국은 6개월마다 교대로 이사회 의장국을 맡는다.
유럽위원회(The European Commission)
Commission of the European Communities EC 위원회 → EU 위원회 각 가맹국에서 1명씩 임명되는 위원으로 구성되며, 위원회의 임기는 5년이다. EU의 행정 집행기관으로, 각료 이사회에서 결정된 사항을 실시 · 감독한다. 법안 제출도 시행하며, 본부는 룩셈부르크에 있다. 담당 분야는 총국(DG; Directorate-General)으로 나뉘며, 직원은 1만 5000명이다.
유럽의회(The European Parliament)
1979년 이래, 위원은 직접 보통선거에 의해 선출되며, 현재 정원은 732명이다. 임기는 5년이며, 스트라스부르에서 본의회가 열린다. 일부 회의와 위원회의 회의 및 상임 위원회는 유럽위원회, 이사회와의 연락 편의를 위해서 브뤼셀에서 열린다. 사무국은 룩셈부르크에 있다. 자문기관으로 출발해서 현재는 특정 분야에서 이사회와의 공동결정권(법안 결정), EU 예산의 승인권, 신임 유럽 위원의 일괄 승인권을 갖는다.

유럽평의회(The Council of Europe)
1949년 5월 1일 창설되었다. 본부는 스트라스부르에 있으며, 참가국은 EU보다 많은 46개국(2004)이다. 원 가맹국 : 벨기에, 덴마크, 프랑스, 아일랜드, 이탈리아, 룩셈부르크, 네덜란드, 노르웨이, 스웨덴, 영국. 이후 가맹국 : 그리스, 터키(1949), 아이슬란드(1950), 오스트리아(1956), 키프로스(1961), 스위스(1963), 몰타(1965), 포르투갈(1976), 스페인(1977), 리히텐슈타인(1978), … 아르메니아 · 아제르바이잔(2001), 세르비아 · 몬테네그로(2003), 모나코(2003) 등. 특별 옵저버 : 바티칸 시국. 비유럽 옵저버 : 캐나다, 이스라엘, 일본, 멕시코, 미국.

따라서 OECD는 교과의 지식 습득보다는 사회에 나가서 직접 활용할 수 있는 능력을 측정하기로 결정하였다. 이러한 실천적인 능력은 '역량 competency, competencies인데, competence, competences로도 쓰인다.' 이라 불리는데 이러한 입장에서 국제적인 '학업성취도 국제 비교 연구' 가 고안되었다. 오늘날 PISA라고 불리는 것이 바로 이것이다. PISA 조사의 원형은 1997년 6월 핀란드에서 열린 INES 총회에서 결정되었는데 핀란드와 PISA와의 인연은 우연만은 아닌 것 같다.

한편 '역량' 의 영역으로 OECD의 CERI는 새로운 교육 지표로 '교과 교차적 능력 cross-curricular competencies' 을 들고 있다.

PISA의 본래 목적은 각국의 교육 정책을 책정하는 데 보탬이 되는 것이었다. 기초적인 학습 대상을 PISA가 제시함으로써 여러 국가에서 자국의 교육 발전을 모니터할 수 있는 논리를 제공하려 애써왔다. 말하자면 정책 결정에 필요한 판단 데이터를 제공하는 것에서부터 시작되었다고 할 수 있다. 그 때문에 각국의 정부가 이 결과에 그토록 민감한 것이다.

PISA는 조사에서 측정 가능한 학생의 능력을 다음과 같이 정의하였다. 즉, 다양한 교과 영역 안에서 문제를 찾아내어 해결하고 해석하는 데 있어서 문제를 효과적으로 분석하고 추론하고 커뮤니케이션에까지 이르는 능

표 5-2 학력 문제에 힘을 쏟는 OECD

약어	한국어 명칭	참고
OECD	경제협력개발기구 Organization for Economic Cooperation and Development	1960년 12월에 파리에서 서명되었고, 1961년 9월 30일에 발효되었다. 원 가맹국 : 오스트리아, 벨기에, 캐나다, 덴마크 등. 이후 가맹국 : 일본(1964), 핀란드(1969), 호주(1971), 뉴질랜드(1973), 멕시코(1994), 체코(1995), 한국(1996), 슬로바키아(2000) 등.
CERI	교육연구혁신센터 Centre for Educational Research and Innovation	1986년 6월, OECD 이사회에 의해 창설되었다. 현재와 앞으로의 교육 문제나 학습 문제를 조사 · 분석 · 연구한다. INES는 이 센터 활동의 일부다.
INES	국제교육지표사업 International Indicators of Education Systems	경제 글로벌화에 대응하여 각국의 교육을 공통의 틀 안에서 비교하는 지표를 개발한다. 1988년부터 활동하고 있고 PISA는 이 사업의 일환이다.
Eurydice	유럽정보네트워크	1980년에 창설되었고, EU 유럽위원회의 주도로 각국의 교육 제도나 교육 실천의 교류를 위해 설치되었다. 1995년부터 소크라테스 계획을 실행하고 있다. 본부적인 역할을 하는 곳은 유럽유닛(Eurydice European Unit)으로, 브뤼셀에 있다. 각국 교육청 산하에는 국가유닛(National Unit)이 있다. 가맹국은 EU 가맹국, 유럽자유무역협정 가맹국 등 30개국(2003)이다.

력이다. 그리고 이를 읽기 소양, 수학적 소양, 과학적 소양, 문제해결 능력으로 완성되는 'literacy(지식, 능력, 소양)' 라는 개념으로 부르게 되었다. 문제해결 뒤에 문제 해석이 오거나, 또 문제 분석과 논리적인 해결 후에

커뮤니케이션이 이루어지듯, 자기 행동을 평가하고 음미하며 이를 자기표현의 경지에까지 키워내고 평가하는 능력이 하나의 사고 프로세스 안에 들어 있다. PISA는 본격적인 사고력을 측정하려는 전 세계적인 시도로서 가히 놀랄 만한 국제 조사라 할 수 있다.

한걸음 더 나아가 PISA는 '역량'의 영역을 사회적이며 동적인 것으로 폭을 넓혀, 커리큘럼 과정에서 형성된 '역량'이나 교과 교차적 능력 cross-curricular competencies 외에도 스스로의 학습 동기 부여, 자기 신뢰, 학습 전략 등의, 모든 종합적인 실천력을 포함시키고 있다. 이러한 종합적 학습 능력은 사회에 나가서도 계속적으로 배우고자 하는 평생교육의 발상과도 일치한다.

'소양 literacy'의 구체적인 측정 방법에 대해서는 1999년에 그 평가의 기틀 Measuring Student Knowledge and Skills: A New Framework for Assessment이 공개되었다. 평가의 관점과 설문의 구체적인 예가 세계에 공개된 것이다.

이러한 경위를 살펴보면 PISA라는 국제 학력 조사는 학력관의 전환을 의미한다고 해도 과언이 아니다. 학력의 정의가 교과 지식에서 벗어나 누구나가 사회생활에서 사용하는 실제적인 능력으로 바뀐 것이다.

'역량'의 등장-DeSeCo 계획

2005년 6월 제10회 OECD/JAPAN 세미나의 공개 포럼에서 OECD 교육국의 슈라이하 지표분석 과장은 "OECD는 이제까지 배우고 익힌 지식이나 기능이 아니라 앞으로 무엇을 할 수 있는가 하는 능력을 측정하기로 결정하였다."라고 발표하였다. 측정 대상을 이제까지 습득한 지식 · 기능이 아니라 역량(실제적인 능력)이라 할 수 있는 응용력 내지는 학습 능력으로 초점을 바꾼 것이다.

필자는 슈라이햐 과장에게 왜 이러한 결정을 내렸느냐는 질문을 하였다. 그러자 그가 참고하라며 전해준 것이 DeSeCo Definition and Selection of Competencies 계획의 최종 문서였다.

유럽평의회 Council of Europe에 있어서도 이미 1997년 2월부터 '민주적 시민성을 위한 교육 EDC; Education for Democratic Citizenship' 계획이 발족되었으며, '참가하는 시민 participating citizens' 으로서 갖추어야 할 기능과 가치를 몸에 익히도록 하는 교육 목표가 설정되었다. EDC가 상정한 지식, 기능, 태도, 가치는 '핵심 역량 core competencies' 이라고 표현되고 있다. 특히 1997년 10월 유럽 이사회 Summit에서 '시민의 권리와 책임에 바탕을 둔 민주적 시민성을 위한 교육을 발전시킬 것, 이와 함께 시민 사회에 있어서 젊은이들의 참가를 발전시킬 것' 이 지적되었고 '민주적 시민성을 위한 교육' 에 박차를 가하는 안이 행동 계획으로 받아들여졌다.

이렇게 해서 1997년 12월 '역량' 의 내용에 대해서 각국과 각계의 합의를 이끌어내기 위해서 OECD가 후원하고 스위스 연방통계국의 주도하에 PISA와 연계하여 '역량의 정의 · 선택 DeSeCo; Definition and Selection of Competencies 계획' 이 개시되었다. 이 조직은 2002년에 작업을 완료하고 2003년에 최종 보고서를 발간하였다.

DeSeCo 계획은 앞에서 언급했듯이 기존의 학력관으로는 아이들의 중요한 자질을 간과하기 쉽다는 것에서 출발하였다. 다시 말해서 커리큘럼에 기반을 둔 '역량' 이나 교과 관련의 '역량' 은 인간 발달이나 사회 발전, 혹은 정치적 · 경제적 통치에 있어서 중요한 교육성과를 전부 커버하는 데 한계가 있다. 따라서 그보다는 오히려 실천적 사고 영역을 키우는 것이 현대 사회나 경제에서 '잘해나가는sucess' 데 결정적으로 중요하다고 생각한 것이다. 읽기 · 쓰기 · 셈하기가 아니면 과연 어떠한 역량이, 개인이 '성공적이고 책임 있는 생활successful and responsible life'을 영위해나가며 또한 현재와 미래 사회의 제반 문제를 직면해나가는 데 있어서 중요한 것일까? DeSeCo 계획은 "생활을 잘 영위해나가는successful life 것과 기능을 잘하는 사회well-functioning society에 공헌하는 역량에 초점을 맞추었다."라고 설명하고 있다.

혹자는 다음과 같이 설명하기도 한다. "전통적인 교육 과정을 통해서 명확하게 전달되는 인지 기능이나 지식은 교육의 중요한 성과이지만 역량에 대한 영향reflection은 그와 같은 요소에 한정되지 않는다. 노동 시장에서의 행동 및 지능과 학습과 관련된 최근의 연구들을 보면, 기존의 제도적인 교육 영역에서 전부 발달시킬 수 없는 태도, 동기, 가치와 같은 비인지적인 요소의 중요성을 지적하고 있다."*

DeSeCo 계획으로 확인된 것은 인간이 이상적으로 꿈꾸는 사회생활을 보내기 위해 필요한 능력이다. 이러한 실천적 능력은 과거 기업 내 교육, 직업교육, 혹은 성인교육의 영역에서 추구해온 개념이었다. 교육의 최종 목표를 고려할 때 이 용어가 학교 교육의 성과를 평가하는 데 가장 적당하다는 판단을 내리기에 이르렀다. 그래서 지금까지 지적되어오던 개별적이고 다양한 능력을 보다 확장시켜 역량으로 정리하고, 더 나아가 그 핵심이 되는 '핵심 역량key competency'을 이끌어내는 작업에 들어갔다. 결국 1997년을 시점으로 OECD는 사회적인 전망을 가지고 지금까지의 전통적인

* D. S. Rychen and L. H. Salganik(eds). *Key Competencies for a Successful Life and a Well-Functioning Society*. Hogrefe & Huber, Göttingen, Germany. 2003, p.5.

학력관과 결별하였다. 그리고 PISA가 발족되었다.

DeSeCo 계획 작업의 첫 번째는 1990년대에 OECD 각국에서 실시된 교육성과지표에 관한 여러 연구들을 비판적으로 분석하는 것에서 시작하였다. 제1회 국제 심포지엄은 1999년 10월 13일부터 15일까지 개최되었다. 이들 선행 연구로부터 공통적인 이해를 모아 용어를 정리해서 두 번째 '역량'의 예비 개념을 작성하였다.*

세 번째는 인류학, 경제학, 철학, 심리학, 사회학 등 여러 분야의 학자들이 중심이 되어 이론 영역을 검토하였다. 2001년의 일이다.

네 번째로 '핵심 역량'에 관한 구체적인 경험과 전망을 살피기 위해서 OECD 내에서 국가별 정보 수집 CCP; country consultation process이 전개되었다. 그리고 2001년 5월~9월, 12개국이 '핵심 역량'과 교육 지표에 관한 항목에 대해서 국가별 보고서를 제출하기에 이른다.** 이때 이유는 명확하지 않지만 일본과 한국은 보고서를 제출하지 않았다. DeSeCo 계획은 이들 보고서를 바탕으로 2002년 3월에 제2회 국제 심포지엄을 개최하여 보고서 분석과 토의에 들어가 각계의 견해를 정리하였다.

마지막으로 OECD의 요구에 따라 2002년 전반기에는 프로젝트의 결론과 권고를 포함한 DeSeCo 계획의 보고서 작성에 착수하였다. 여기에는 각계 분야의 연구자와 교육 관계자 및 통상과 노동, 보건 등의 전문가

---

* D. S. Rychen and L. H. Salganik(eds). *Defining and Selecting Key Competencies*. Hogrefe & Huber, Göttingen, Germany, 2001. 그 본보기가 된 것은 L. H. Salganik; D. S. Rychen; U. Moser; J. Konstant, *Project on competencies in the OECD context: Analysis of theoretical and conceptual foundations*. Neuchâel, Switzerland: Swiss Federal Statictical Office. 1999.

** 제출국은 오스트리아, 벨기에(플라망어권), 덴마크, 핀란드, 프랑스, 독일, 네덜란드, 뉴질랜드, 노르웨이, 스웨덴, 스위스, 미국이다. DeSeCo의 홈페이지(http://www.portal-stat.admin.ch/deseco/news.htm)에서 'Country Contribution Process'의 파일로 들어가면 열람할 수 있다.

들뿐만 아니라 OECD 가맹국 대표, 유네스코, 세계은행World Bank, 국제노동기구ILO, UN개발계획UNDP의 대표들이 한자리에 모였다.*

이와 동시에 '유럽교육정보네트워크(Eurydice)' 에서도 '유럽위원회 교육 · 문화총국' 의 협력을 얻어 의무 교육에 있어서 교육 목표가 되는 '역량' 에 관한 리포트를 각 가맹국들에게 제출하도록 요구하고, 이에 관한 평가를 정리하였다. 이것이 2002년 10월의 일이다.** 이러한 움직임들은 DeSeCo 계획이 실질적으로 유럽을 중심으로 전개되고 있음을 보여준다.

DeSeCo 계획은 2002년 말에 작업을 끝내고 최종 보고서는 그 이듬해 2003년에 발간되었다.***

이 계획의 작업 과정을 보고 있으면 관련 분야의 규모와 깊이가 선진국들 사이에서 상당히 높은 사회적 합의를 바탕으로 하고 있으며 누구도 부정하기 어려운 교육 논리로 완성해나가고 있음을 알 수 있다. 명실 공히 '학력의 세계 표준' 을 만들어 세계를 선도해나가고 있다고 할 것이다. 그리고 이제 이러한 흐름은 아무도 거역할 수 없게 되었다.

---

* OECD. *Defintion and Selection of Competencies(DeSeCo): Theoretical Foundations: Strategy paper*. 2002. http://www.portal-stat.admin.ch/deseco/deseco_annual_report_2001.pdf. 세계은행의 입장은 *Expanding Opportunities and Building Competencies for Young People: A New Agenda for Secondary Education*. World Bank, 2005. 유네스코의 입장은 D. S. Rychen, A. Tiana. *Developing Key Competencies in Education; Some Lessons from International and National Experience*. UNESCO; IBE, 2004.

** Directorate-General for Education and Culture of European Commission. *Key Competencies*. Eurydice European Unit, October 2002. http://www.eurydice.org/Documents/survey5/en/KComEN03.pdf

*** D. S. Rychen and L. H. Salganik(eds). *Key Competencies for a Successful Life and Well-Functioning Society*. Hogrefe & Huber, Göttingen, Germany, 2003.

각국이 지향하는 학력의 본질

최근 수년간 직업교육 분야에 있어서 독일 문헌을 살펴보면, 650개를 웃도는 '핵심 역량'이 제시되고 있다는 보고가 있을 정도인데, 논의 과정에서 다음과 같은 것이 밝혀졌다.

① 각국에서 널리 가치가 인정되고 있는 것은 자율autonomy이다.

② 국가를 초월한 공통의 가치 내지는 공통의 '역량'을 특정하는 것으로 커뮤니케이션이나 시민성을 들 수 있다. '바람직한 시민'이라는 가치는 인정되지만 그에 요청되는 '역량'은 국가마다 다르게 나타났다.

③ 교육계에서의 '핵심 역량'은 보통교육과 직업교육과의 공통점을 명확히 하기 때문에 교육제도 개혁을 촉진시키는 하나의 계기로 이해되고 있다.

④ 경제계에서의 '핵심 역량'은 새로운 직업 분야에 대한 가능성 및 비즈니스 기회로 이해되는 경향이 있다.

⑤ 시민 단체는 사회적 균형을 달성하는 것과 적극적이고 민주적인 동참을 육성하는 것을 특히 강조한다.

학교 교육의 목표로는 우선적으로 중등교육 수료 자격이 논의되고 있다. 예를 들면 독일의 중등교육 수료 자격시험Abitur에서는 지식 구조의 이해, 자기 학습의 방향 설정, 자기 학습에 대한 '성찰reflect'*, 사고, 판단,

---

* reflect, reflection, reflectiveness에 대해서는 반성, 내성, 성찰이라 번역할 수 있으나 교육계에서는 성찰로 번역하는 경향이 강하므로 이에 따르기로 한다.

행동과 같은 12개의 광범위한 '역량' 을 획득하는 것을 목표로 하고 있다. 스위스의 경우, 중등교육 수료 자격시험 Maturität 에서는 '교과 간 목표' 로서 평생교육 능력, 자율적 판단 능력, 지적 개방성 등 12개의 '역량' 을 확정하고 있다.

학교 교육의 교과 편성에 있어서도 오스트리아에서는 '핵심 기능 key skill' 이라는 용어를 써서 지식 편중을 피하려 하고 있다. 그리고 1999년에는 10~14세 학생들의 커리큘럼을 교과지식형에서 벗어나 '현실 생활 오리엔테이션' 을 더욱 강화한 개인이 사용할 수 있는 '역량' 으로 확대시켰다. 또 교과는 언어와 커뮤니케이션, 인류와 사회, 자연과 테크놀로지, 창조성과 설계, 거기에 건강과 운동이라는 5가지 교육 영역으로 종합하여 각각의 '역량' 을 정의하였다.

독일에서는 '핵심 기능 key skill' 을 커뮤니케이션, 수의 적용, 정보 · 테크놀로지, 공동, 자기의 학습과 성적 개선, 문제해결이라는 6개의 광범위한 영역으로 나누고 각각을 5개의 실행 가능한 레벨로 세분화하였다.

스코틀랜드의 경우에도 '핵심 기능 core skill' 으로서 커뮤니케이션, 수리능력 numeracy, 정보기술 IT, 문제해결, 협동이라는 5개의 그룹으로 나누고 각각을 5단계로 정의하고 있다.

또 노르웨이나 뉴질랜드에서는 교육 제도 전반에 걸쳐서 종합적인 커리큘럼을 두고 있으며 다양한 시각으로 교육 목적을 명시하여 넓은 영역의 '역량' 을 그 안에 포함시키고 있다. 특히 노르웨이는 지적이고 창조적이며 또한 활동적이고 자유로운 교양을 익히도록 해서 궁극적으로는 사회와 환경을 배려할 줄 아는 '통합형 인간' 을 교육 목표로 두고 있다.

뉴질랜드에서는 이미 1988년에 교육의 광역 목표 4개를 정하였다. 현재는 커뮤니케이션 기능, 수리능력 기능, 정보 기능, 문제해결 기능, 자기 관리와 경쟁적인 기능, 사회적 협동의 기능, 신체 기능, 활동과 공부의 기능이라는 학생이 습득해야 할 8가지 기본 기능 essential skill을 확정하고 있다.

특히 스웨덴과 핀란드에서는 학교에서 발달시키고 평가받아야 할 '역량'의 영역을 개별적인 지식이나 기능이 아닌 일반적인 본질로서 정의하고 있다. 예를 들면 스웨덴에서는 외적 세계 안에서 관계를 살피고 자신의 삶의 방식을 찾아나가는 것, 의식적으로 논리적 판단을 행하는 것, 민주주의를 이해하고 이를 적용하는 것, 창조적이고 커뮤니케이션이 가능할 것 등을 평가의 관점에 포함시키고 있다.

이와 같은 배경에서 DeSeCo 계획은 '교육은 보다 전체적이고 광범위한 인간적 제반 문제를 달성하는 것이다.' 라는 결론을 이끌어내었다. 즉, 학교 교육에서 키워나가야 할 능력, 소위 '학력' 이라 하는 것을 넓은 범위로 파악하고, 동시에 사회의 구체적인 사물들을 대상으로 하여 혼자만 작업하는 것이 아니라 인간관계 안에서 협동하면서 힘쓰는 능력으로 간주하고 있는 것이다.

경제계는 무엇을 요구하며 어떻게 움직이는가

경제계 시각에서 교육의 성과는 생산성과 경쟁력을 좌우하는 결정적인 요인이다. 그러나 교육계와는 대조적으로 '핵심 역량 key competency' 을 확정하려는 움직임이 그다지 활발하지 않다. 그 이유는 시장이 요구하는 능력을 특정 짓기 어렵기 때문이다. 기껏해야 '애쓰고 있다.' 는 정도다.

일반적으로 고용자는 피고용자에게 역량을 갖추기를 요구한다. 팀워크나 협동하는 문화 역시 중시하고 있다. 따라서 역량을 부정하고 있기보다는 오히려 역량 부족을 피고용자의 본인 책임이라고 쉽게 간주해버리고 있지는 않은지, 이 점을 노동자 측에서는 경계하고 있는 것 같다.

핀란드에서는 709명의 고용자 조사에서 13개의 필수 역량 및 자질을 규정하였다. 거기에는 자발성, 흥미, 성실, 양심도 포함되어 있다.

노동조합 측에서는 노동자의 능력 육성도 사회적인 책임이라고 주장한다. 예를 들면, 스웨덴에서는 주요 노조가 2001년에 각서를 교환하여, 평생교육과 역량 발달에 관한 문제를 논의하기 위해 협의체 발족을 시도하였다. 노동조합은 개인뿐만 아니라 조직적으로도 잘 발달된 '학습하는 직장'을 전망하고 있다. 개인은 자신의 역량을 발달시킬 책임이 있고 그 기회에 도전하지 않으면 안 된다. 반대로 조직은 역량이 필요하다는 것을 인정하고 피고용자의 발달을 위해 적절하게 투자하는 일정 수준의 책임이 있다고 해석한 것이다. 스웨덴의 금속노동조합은 이러한 생각을 더욱 발전시켜 역량의 발달과 평생교육을 '인권'으로 인정하도록 요구하고 있다.

경제계와 정계 등에서 역량을 확정시키기 위해 종합적으로 힘쓰고 있는 국가도 있다. 덴마크에서는 지식사회를 향한 역량 달성을 체크할 목적으로 덴마크 경제회의, 53개의 회의 참가 기업, 기타 공적 부문과 연구기관의 관련 시설이 주축이 되어 '국립역량평가 National Competence Account'라는, 교육청, 고용청, 과학·기술·혁신청, 경제·상무청을 포함하여 부처 상호 간의 프로젝트를 설립하였다. 이 국립역량평가는 127개의 지표에 관해서 덴마크와 기타 OECD 6개국을 비교하여 3개의 '핵심 가치 core values'를 특정하였다.

그리고 핀란드에서는 2001년 법령 1435호에서 기초교육의 국가적 과제를 '인간성과 사회성의 성장' '지식과 기능의 필요성' '교육의 평등과 평생교육의 필요성' 의 3개 분야에 있어서 21개 항목으로 제정하고 2002년 8월 1일부터 시행하고 있다.

사회적 요청을 통합한 '핵심역량' 의 확정

국가별 보고서에서 지적된 '역량' 은 강조의 정도에 따라서 **표 5-3**과 같은 세 그룹으로 나뉜다.

표에서 '사회적 역량/협동' 이란 타인과 협동하거나 지원 또는 영향을 주는 것을 일컫는다. 대립을 해결하거나 교섭하려는 인간관계의 기능으로 구성되는데, 함께 일하며 타인을 인도하거나 도움을 주고 혹은 타인에게 안내와 지원을 요청하는 것을 포함한다. 더 나아가 최근 들어 중요시되고 있는 것으로 서로 다른 문화적 배경을 가진 사람들을 이해하고 그 사람들과 협동하는 것을 구체적인 내용으로 한다.

표 5-3 OECD 국가별 보고에 있어서 '핵심 역량' 영역의 언급 빈도

높다	중간	낮다
• 사회적 역량/협동 • 소양/지적이고 응용적 지식 • 학습 능력/평생교육 • 커뮤니케이션 역량	• 자기 역량/자기 관리 • 정치적 역량/민주주의 • 환경 역량/자연과의 관계 • 가치 방향 설정	• 건강/스포츠/육체적 역량 • 문화적 역량(미적, 창조적, 다른 문화권과의 상호작용, 미디어 역량)

⋆ *Key Competencies for a Successful Life and a Well-Functioning Society*, 2003, p.37.
⋆ 보고서를 제출한 국가 모두가 실제로 사회에 나가 생활하는 능력을 중시하고 있다.

'소양/지적이고 응용적 지식'은 본질적으로는 언어 획득(즉, 읽기, 쓰기, 말하기, 듣기, 그리고 이해하기)과 수리 능력과 관련된 전통적 능력을 의미하는데, 수학, 고도로 복잡한 정보 처리, 문제해결, 성찰력 reflectivity, 덧붙여 '메타 인지(후술)' 등의 이용과 같은 고도로 발전된 것도 시야에 넣고 있다.

'커뮤니케이션 역량'은 '사회적 역량' 안에 들어갈 수 있는데, 인지적 · 도구적 · 기술적 측면뿐만 아니라 진심으로 '진실'과 대면하려는 정서적인 측면도 포함하고 있다. 외국어 커뮤니케이션 역량을 이 카테고리 안에 넣을지의 여부는 국가마다 다르다.

DeSeCo 계획이 확인한 역량은 폭넓은 종합적인 정신적 능력이다. 인간이 사회 안에서 살아가기 위해 필요하다고 여겨지는 것들이다.

또한 DeSeCo 계획은 OECD 여러 국가에서 학력과 관련하여 사회적으로 요청되는 것들을 고려하여, 역량의 내적 구조를 정하였다(**그림 5-1**).

나아가 역량의 성과를 정리하여 이를 현대적으로 '잘해나가는 생활'(성취한 인생이라고 번역되기도 한다.)이라고 다시 정리하였다(**그림 5-2**). 개

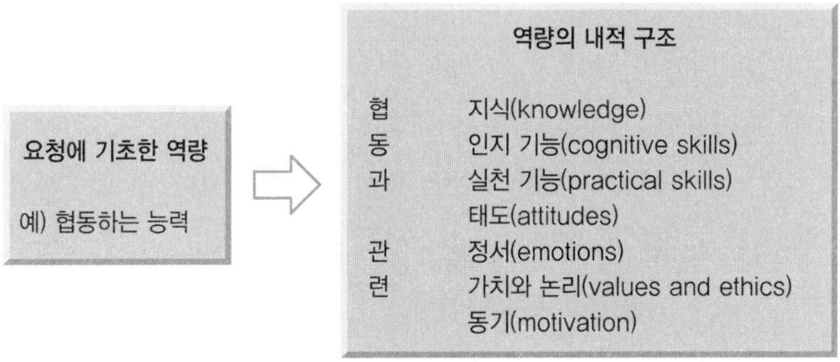

그림 5-1 요청이 역량의 내용을 결정한다

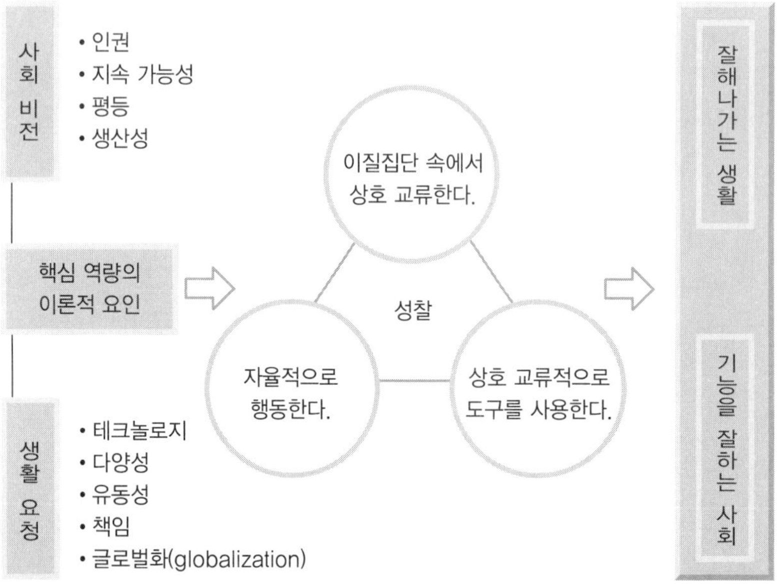

⋆ 그림 5-1, 5-2, *Key Competencies for a Successful Life and a Well-Functioning Society*, 2003, p.44, p.184.

⋆ 핵심 역량은 개인과 사회의 힘이다. 역량은 태도와 가치, 동기 등을 포함하는 폭넓은 실천적인 능력으로, 자신과 사회에 있어서 의미 있는 힘이다. 크게 3가지로 핵심 역량을 정리할 수 있는데 어느 것이나 성찰하는 능력과 관련이 있다.

그림 5-2 DeSeCo가 계획한 핵심 역량의 구조

인적인 입장에서 보면 글자 그대로 '잘해나가는 생활'이 되지만, 사회적인 입장에서 보면 '기능을 잘하는 사회'라고 할 수 있다. 그리고 이에 대처하기 위해 DeSeCo 계획은 역량을 광범위한 3개 개념으로 정리하고 이를 '핵심 역량'이라고 명명하였다. '핵심 역량'은 '이질 집단 속에서 상호 교류한다.' '자율적으로 행동한다.' '상호 교류적으로 도구를 사용한다.'와 같은 3개 항으로 정리되었다.

OECD 교육국의 슈라이햐 지표분석 과장은 "우리들은 세 가지 능력에

대해서 비교하려고 검토 중이다."라고 말하고, '핵심 역량'을 다음과 같이 설명하였다. '젊은이들이 말이나 기호, 텍스트를 사용하여 정보를 구사하고 테크놀로지를 활용하여 상호작용하는 능력', '타인과 잘 화합하고 협력하여 팀을 이루어 작업을 하거나 대립을 해결할 수 있는 능력', '사물을 전체적인 시각으로 파악하여 활동하는 것, 일에 책임을 지는 것, 자신과 다른 사람의 권리와 한계를 인정하는 능력'.*

이와 같은 능력을 비교하는 것은 쉽지 않고 단계적으로 달성해나갈 수밖에 없지만 그러한 역량을 측정 가능한 형태로 대체하는 것이 바로 '소양 literacy'이라고 지적하였다.

EU가 목표로 하는 의무 교육의 목표

유럽위원회 European Commission는 국제 경쟁력 강화를 목표로, 1995년에

* 국립교육정책연구소 편『일본의 교육이 보인다 교육-인디게이터 사업(INES)과 학생의 학업성취도 국제 비교 연구(PISA 2000) 결과를 토대로 일본의 교육 현상을 파헤친다-안드레아 슈라이햐 OECD 교육국 지표분석 과장 강연』p.10.
PISA 측의 요약을 정리하면 다음과 같다. "첫째로 개개인에게 정보 테크놀로지라는 개성적 도구와 언어라는 사회적 · 문화적 도구를 사용하여 환경과 효과적으로 상호 교류하게 한다. 이를 위해서 광범위한 도구를 이용 가능하게 한다. 각각의 개인들은 자기 자신의 목적에 맞게 도구를 사용한다. 즉, 도구를 상호 교류하며 사용하게 하기 위해서 도구 사용에 대해서 사전에 충분히 이해할 필요가 있다. 두 번째로 세계 속에서의 상호 의존도가 높아져가는 가운데 개개인이 타인과 원활한 교류를 할 수 있게 하는 것이다. 특히 다양한 환경에서 자란 사람들이 만나기 때문에 문화적으로 서로 다른 집단 안에서 상호 교류할 수 있는 것이 무엇보다 중요하다. 세 번째로 개개인은 자기 자신의 생활에 대한 책임을 지고 자신의 생활을 광역 사회의 일부로 이해하고 자율적으로 행동할 수 있게 한다." (PISA, *The Definition and Selection of Key Competence: Executive Summary*. p.5. http://www.pisa.oecd.org/dataoecd/47/61/35070367.pdf)

마드리드에서 열린 EU정상회담 때 『교육과 학습-인지적 사회를 향해서』를 제목으로 한 백서를 제출하고, 1996년을 '유럽 평생교육 · 훈련의 해'라고 선포하였다. 그리고 1997년에 OECD 각국은 PISA를 개시하게 된 것이다. 계속해서 2000년 리스본 EU 정상회담 때는 '2010년까지 유럽을 가장 경쟁력 있고 도약적인 지식 기반 경제로 한다.' 는 목표가 채택되었다. 이러한 10년 계획은 '리스본 전략' 이라 불리고 있다. 유럽의 이러한 움직임은 미국과 일본을 겨냥한 종합적인 대전략이라고도 해석할 수 있다.

다음 해 2001년 스톡홀름의 회의에서는 교육과 훈련을 발전시키기 위한 EU 가맹국의 공동 활동으로서 'EU에 있어서 교육과 훈련의 시스템의 질과 효과를 개선한다.' (제1전략) '교육과 훈련의 시스템에 모든 이들이 이용 가능한 시설을 만든다.' '교육과 훈련의 시스템을 보다 넓은 세계로 열어나간다.' 라는 3개 전략이 수립되었다.

2002년이 되자 유럽이사회와 유럽위원회는 리스본 전략 중에서 교육과 훈련 분야에서 달성해야 할 목표를 한층 더 세분화하고 13개의 중점 목표를 설정한 '유럽에 있어서 교육과 훈련 시스템의 대상에 관한 계속적인 프로세스의 상세한 작업 계획' *을 세웠다. 이뿐만 아니라 여기에는 목표 달성을 측정하는 지표가 마련되었다. 이렇게 해서 EU 가맹국들은 공통의 교육 목표를 처음으로 갖게 되었다. 그리고 2002년 말 31개국의 교육 각

* *Report from the Education Council to the European Council: The concrete future objectives of educational and training systems*. http://europa.eu.int/eur-lex/pri/en/oj/dat/2002/c_142/c_14220020614en00010022. pdf. 그 외 '교육과 훈련 2010' 에 대해서는 *'Education &Training 2010' The success of the Lisbon Strategy hinges on urgents reforms: Draft joint interim report on the implementation of the detailed work programme on the follow-up of the objectives of education and training systems in Europe*.(SEC(2003)1250) Brussels, 11. 11. 2003. COM(2003) 685 final. http://europa.eu.int/comm/education/polices/2010/doc/com_2003_685-al_23013_en.pdf

료와 유럽위원회의 대표들이 모여 직업교육에 대해서 공동으로 보조를 맞추어나갈 것을 합의하고 '코펜하겐 선언' 에 서명하기에 이른다.

이 '작업 계획' 은 리스본 전략을 '모험적이면서 현실적인 추구' 내지는 '교육과 훈련의 단일적 복합 전략' 이라고 부른다. 그리고 제1전략은 '교사와 지도원 양성의 개선' '지식 사회를 향한 기능을 발달시키는 것' '누구나 정보 커뮤니케이션 기술을 이용할 수 있도록 정비를 확실히 할 것' '과학과 기술에 관한 재학습을 확대할 것' '자원을 최대한으로 이용 가능하도록 만들 것', 이상 5가지를 중점 항목으로 나누었다. '새로운 능력을 육성하기 위해서는 새로운 교육을, 새로운 교육을 위해서는 새로운 교육 방법을' 이라는 개혁의 움직임을 여기서도 엿볼 수 있다. 일련의 작업 계획은 2003년에 '교육과 훈련 2010 Education and Training 2010' 이라 이름 붙였다.

이와 같은 교육 통합의 흐름 속에서 EU 유럽교육정보네트워크가 각국에 요구한 것이 있다. 의무 교육의 목표로서 '역량' 이라는 테마를 가지고 보고를 하도록 한 것이다. 그 결과 2002년 5월~9월에 걸쳐 당시 EU 가맹국 15개국, 숫자로 보면 18개의 국가와 지역*에서 보고서를 제출하였다. 그리고 2003년 2월에는 이들 보고서를 종합하고 평가하여 '유럽위원회 교육 · 문화총국' 이름으로 '핵심 역량' 이라는 보고서를 간행하기에 이르렀다.**

* 리포트 제출국은 벨기에(프랑스어권, 독일어권, 플라망어권), 덴마크, 독일, 그리스, 스페인, 프랑스, 아이슬란드, 이탈리아, 룩셈부르크, 네덜란드, 오스트리아, 폴란드, 핀란드, 스웨덴, 영국(잉글랜드, 웨일스, 북아일랜드, 스코틀랜드)이다. '유럽교육정보네트워크 유럽유닛' 은 EU 이외에도 당시의 가맹국인 에스토니아에 리포트를 요구했는데 이 리포트는 인터넷에서만 공개되었을 뿐이어서 정식 보고서로 인정되지 않았다.

** Directorate-General for Education and Culture of European Commission, *Key Competencies*. Eurydice European Unit.이다. 보고서의 원고는 2001년 10월에 완성되었

이 보고서를 살펴보면, EU로서 공통의 교육 목표를 설정해나가자는 강한 의지가 느껴진다. 그것은 EU가 확대되면서 인구 증가, 이주의 시작, 복잡한 자격 증가, 높은 실업률, 사회적 차별의 위기 등을 해소하는 방안으로 종래의 '국민 의식' 형성에 자리를 대신할 수 있는 것을 교육 목표로 하려는 것이다.

"유럽 여러 나라는 한층 강화되고 있는 '지식 주도 사회' 에서 적극적인 역할을 담당할 시민을 육성하기 위해서 지식과 기능, 역량, 능력, 태도를 확립하는 것에 점점 더 관심을 기울이고 있다."*

그리고 '지식 기반 경제' 나 '지식 기반 사회' 가 1990년대에 EU 각국의 합의로 이루어진 것임을 설명하고 특히 여기에는 '지식에서 역량으로' 라는 전환이 일어났음을 지적하였다. 말하자면 실업 대책과 맞물려 EU 내부에서 21세기의 '지식 사회' 재해석론이 제기되었기 때문이다. 그리고 2002년에는 기초교육(의무 교육)에서 직업교육에 이르기까지 유럽 각국에 있어서 공통된 교육 내용을 확정하는 데 상당한 합의를 이끌어낼 수 있게 된 것이다.

교육론에 관해서도 매우 명확하게 다음과 같이 언급하고 있다.

"학교 교육의 최종 목적은 학교 밖으로 나가서 효과적으로 기능하도록 학습자가 준비하는 것이다."** 또 교육학 이론에 대해서도 20세기 전반에는 '행동주의' 가 우선되었지만 1960년대 이후에는 '인지주의' 내지는 '구성주의' 로 전환되는 경향이 있다고 판단됨에 따라서, 우선적으로 '구

는데 출판은 2003년 2월이었다. 동시에 인터넷에서도 공개되었다(http://www.eurydice.org/Documents/survey5/en/KComEN03.pdf). 또 기자회견용의 보고서 요약도 준비되었다(Eurydice, *Press release:Key compitencies: A developing concept in general compulsory education*).

* Ibid. p.11.

** Ibid. p.19.

성주의' 에 대해 중점적으로 설명하고 있다.

"전달을 위한 교육은 교사 중심에서 학습자 중심의 교육 방법으로 전환할 것을 요구하고 있다. 교사는 기억을 위한 지식을 제공하는 사람이 아니라 학생이 자신의 역량을 구축하는 데 필요한 프로세스를 지원해주는 사람으로 그 의미가 바뀌었다. 교사는 축적된 지식이나 경험을 기반으로 교과의 특별한 지식을 가르치면서 동시에, 학생들이 창조적이고 비판적으로 사고하는 기능과 학습을 위한 능력 ability to learn을 학급 활동을 통해 길러 나갈 수 있도록 육성해나가야 한다. 실제적인 역량을 획득한다는 것은 그 능력이 완전하게 학습자의 일부가 되는 것을 의미한다. 교사의 역할은 학생 스스로가 자신의 능력을 발휘해야 하는 새로운 상황에 직면하여 지식이나 기능을 적용하려고 노력할 때 안내와 지원을 해야 하는 것이다."*

여기서 그야말로 중요한 사항이 지적되고 있다. 교사는 단순히 지식을 전달하는 사람이 아니라 종합적으로 능력을 키우는 지원자가 되어야 한다는 것, 또 진정한 학습이란 학습자 안에 단단히 뿌리내려야 한다는 것이다.

EU는 최근 몇 년 사이에 '가르치는 교육' 에서 '배움을 지원하는 교육' 으로 교육관을 전환하는 중이다. 교사 역시 아이들이 창조적이고 비판적으로 배워나갈 수 있게 지원하도록 하고 있다. '사회적 구성주의' 를 기반으로 하는 핀란드 교육은 아마도 이러한 유럽의 교육 개혁 흐름에 가장 앞서 있다고 해도 과언이 아닐 것이다.

2005년 11월 10일에는 유럽위원회가 유럽의회와 함께 '평생교육에 있어서 핵심 역량에 관한 협의회 council on key competences for lifelong learning' 의 권고를 채택하였다. 이 협의회는 31개국의 대표와 기타 관계자들이 모여 '핵심 역량의 틀' 을 작성했다고 전해진다. 여기서 밝힌 역량이란,

* Ibid. p.20.

① 모국어로 커뮤니케이션할 것
② 외국어로 커뮤니케이션할 것
③ 수학, 과학, 기술 능력
④ 디지털 기능의 능력
⑤ '학습' 을 익혀나감
⑥ 인간관계에 있어서 서로 다른 문화 교류 및 사회적인 능력
⑦ 기업가 정신
⑧ 문화적 표현

등이다. 이와 같은 능력의 대부분, 예를 들면 '사회적 능력, 인간관계의 능력, 시민으로서의 능력, 기업가 정신, 학습을 익혀나감, 문화적 표현' 은 '전통적인 방법으로는 가르칠 수 없기 때문에 학습을 조직하는 데 있어서 새로운 시도가 필요하다.' 고 설명하고 있다. 다시 말해서 '교사는 다른 교사와 함께 또 지방자치단체와 힘을 합하여 활동하면서 서로 다른 집단과도 접촉하도록 요구받고 있기 때문에 이와 같은 새로운 과제에 대응하기 위해서 새로운 역량과 계속적인 공부가 필요하다.'고 지적되고 있다.*

이와 같이 EU의 유럽위원회는 교사에게 다양한 욕구를 가진 아이들을 상대로 열린사회에서 협동하여 활동하도록 유도하고 있는 것이다. 적어도 학교를 시민 통합의 장으로 활용하고, 교사로 하여금 이질 집단을 상대로 교육 활동을 수행하게 하려는 입장은 명확하다. 이 점에 있어서도 핀란드는 시대의 최전선에서 실천의 노력을 기울이고 있음을 잘 알 수 있다. 2010년을 눈앞에 둔 이른바 '리스본 전략' 은 이같이 착착 진행되어가고 있다.

---

* European Commission. *Key competences for lifelong learning in Europe: Frequently asked questions*. http://www.europa.eu.int/rapid/pressReleasesAction.do?reference=MEMO/05/416&format=HTML&aged=0&language=EN&gui Language=en

PISA가 측정하려는 학력이란

사실 PISA 스스로는 DeSeCo 계획의 성과를 "새로운 '역량' 영역에 관한 조사에 있어서 장기적 확대를 주도할 가능성 있는 기틀을 제공하고 있다."라고 평가하고 있다.* PISA 측의 자료를 토대로 해서 PISA가 '역량'을 어떻게 해석하고 있는지 그 개념을 확인해보자.

PISA가 DeSeCo 계획과 보조를 맞추면서 확정한 역량에는 주체가 활동한다는 관념이 일관되게 나타난다. 그 때문에 이 역량의 특징을 보면, 우선 첫 번째로 인간의 폭넓은 정신 활동을 커버하고 있다는 점이다. 바꿔 말하면 주체가 의욕과 전망을 가지고 사회와 자신의 상황을 비판적으로 체크하면서 종합적으로 제반 능력을 발휘해나가는 것이다. 두 번째로는 역량을 동적인 것으로 파악하고 있다는 점이다. 즉, 역량이란 개인과 타인 내지는 사물과의 동적인 관계 속에서 만들어지며 이를 발전시키고 발휘해 나가야 하는 것으로 이해하고 있다. 따라서 학력과 능력은 혼자만의 것이 아니라 사회와 자신이 필요로 하는 상황에 대응하여 장기적인 안목으로 봐야 한다는 것이다. 세 번째 특징은 역량을, 비판적 측면을 중요한 축으로 하여 인격 형성에서 사회 구축에 이르기까지를 커버해야 하는 것으로 상정하고 있다는 점이다. 즉 배운 지식과 기술이 사회와 자신에게 어떠한 의미가 있는지를 잘 음미하면서 자신의 인간관이나 세계관을 변혁하고 이를 스스로 표현하며 다른 사람들과 교류하는 전 과정을 학습 프로그램에

* PISA 측이 DeSeCo 계획 보고를 요약 · 소개한 것으로는 PISA. *The Definition and Selection of Key Competencies: Executive Summary*가 있다. http://www.pisa.oecd.org/dataoecd/47/61/35070367.pdf

넣고 있는 것이다.

왜 역량을 교육 목표로 정했느냐는 질문에 대해서 PISA는 '배운 지식과 기술을 초월하기 위해서' 라고 설명하고 있지만 보다 엄밀하게 말하면 전통적인 학력관의 부정을 의미한다. 대부분의 OECD 국가들이 '유연성, 기업가 정신, 개인 책임' 에 가치를 두고 있었는데, 그 본질을 PISA는 '각 개인이 적응하는 것뿐만 아니라, 혁신하고 창조하고 스스로 방향을 설정하며 스스로 동기를 부여하는 것' 이 기대된다고 해석하였다. 또한 DeSeCo 계획의 논의 속에서 대부분의 연구자와 전문가들은 오늘날 우리가 안고 있는 과제를 해결하기 위해서는 '복잡한 정신적 과제에 대처', '축적한 지식을 기초 단계에서 재생산할 수 있도록 효율적으로 처리' 가 가능하도록 개인의 능력이 요구되고 있다고 전하고 있다. PISA도 이에 동의하고 있다.

특히, DeSeCo 계획에서 밝혔듯이 '역량은 잘 갖춰진 학습 환경 안에서 키워지는 것' 으로 간주하고, 학습이란 스스로 배우는 것임을 다음과 같이 지적하고 있다. "핵심 역량의 구조를 이루는 중심은 도덕적이고 지적이며 성숙한 자기표현과 자기학습 · 자기행동을 위해 책임지는 여러 개인들의 능력이다."

DeSeCo 계획은 역량을 핵심 역량이라는 세 개의 광역 영역 카테고리로 분류하고 있는데, PISA는 핵심 역량을 선택할 경우의 공통 항목을 '닻으로서의 공통 가치' 로 표현하고 다음과 같이 언급하고 있다. "전체 OECD 사회는 민주적 다양한 가치와 지속 가능한 발전을 달성하는 것이 얼마나 중요한지에 대해서는 동의하고 있다."

특히, PISA는 이러한 가치 실현의 복잡함을 다음과 같이 표현한다. "이들 여러 가치는 각각의 개인이 자신의 가능성을 달성할 수 있게 해야 한다는 것과 개인이 타인을 존경하고 공정한 사회를 만드는 것에 공헌해야 하는 것 양쪽을 의미하고 있다. 이 개인적 목표와 집단적 목표의 보완적 상태가 개인의 자율적인 발달과 타인과의 교류 양쪽을 인정할 수 있는 역량 구조 안에서 성찰될 필요가 있다."

이처럼 개인과 사회 사이에 일종의 지적인 긴장 관계가 요구되고 있음을 말하는 것으로, 사회나 집단에 순응하는 것만을 요구하고 있지 않다.

PISA는 '성찰, 이것이 핵심 역량의 심장' 으로 표현하고 이 핵심 역량을 유지하는 결정적인 능력으로서 '성찰 reflectiveness; reflection' 내지는 '성찰적인 사고와 행동' 에 착목하였다.

PISA가 이해하는 '성찰' 이란 '자신의 사고와 행동을 음미한다.'는 '메타 인지 능력' 의 의미가 있고 또 한 가지는 '양자택일을 초월하여' 라고 표현되는 것처럼 단순한 속단이 아니라 '끈기 있게 생각한다.' '숙고한다.' 는 의미가 있다. 양쪽 모두 '비교적 복잡한 정신 과정' 이다.

우선 전자에서 말하는 '성찰' 이란 스스로가 '자신을 객체로 보는 사고 과정의 주체' 가 되는 것, 결국 자신의 사고나 행동을 (높은 곳에서) 바라보고 생각하는 또 한 사람의 자기 자신이 있다는 것이다. 그 덕분에 자신의 행동이나 사고를 계획할 수 있으며 사회적인 맥락 안에서 의의를 찾고 평가하고 조정하며 더 나아가 실행하거나 변경을 할 수 있다. 또 이 평가나 조정 기능이 있기 때문에 충실감이나 만족감을 맛볼 수 있고 책임을 느낄 수 있다. 이러한 '성찰' 은 '사고(思考)에 대해서 사고(思考)한다.'는 '메타 인지 기능' 의 활동으로 여겨지며 '창조 능력이나 비판적 자세를 취하는 것' 을 의미한다.

PISA는 우선적으로 이러한 힘이야말로 사회성을 키우는 원동력이라고 보고 있다. "그것은 개개인이 어떻게 생각하는가를 포함하여 어떻게 하면 개개인이 자신의 사상이나 감정, 사회관계를 원만히 하면서 그동안 쌓은 경험을 보다 일반화시켜나갈 것인가와도 관련이 있다. 이는 개개인이 사회적 압력으로부터 탈피하여 다른 전망을 가질 수 있게 하며, 독립된 판단으로 자신의 행동에 책임을 질 수 있게 한다. 결과적으로는 일정 레벨의 사회적 성숙에 도달하도록 한다."

여기서 말하는 사회성이란 사회적 압력에 자신도 모르게 따라가려는 적응 행동이 아니라 이러한 압력에서 벗어나 자신의 독립된 판단으로 자유롭게 행동하는 것을 의미한다. 이러한 자유가 보장되어야 비로소 자기 책임을 물을 수 있게 된다는 것이다. 개개인이 사회를 비판하거나 '다른 전망' 을 갖는 것까지 포함하여 자율적인 인간으로 상정된다는 점은 특별히 주목해야 할 대목이다. 민주주의라 했을 때 집단에 매몰되지 않는 강력한 개인을 전제로 하고 있기 때문이다. PISA는 이와 같은 개성이 풍부한 개인을 키워내려 하고 있다.

또 하나의 '성찰' 은 '차이나 대립을 다루는 능력' 이라 할 수 있다. '반드시 한 가지 해답을 구하거나 양자택일적인 해결에 매달리는 것이 아니라 오히려 대립적이고 모순된 목표를 또 하나의 현실적 측면으로 파악하여 통합하는 것, 예를 들면 자율과 단결, 다양성과 일반성, 혁신과 계속성 사이의 긴장을 조절하는 것' 혹은 '대립하고 있는 것처럼 보이지만 표면상으로만 그렇게 보이고 있음을 이해하고, 복수의 입장이나 견해 사이에 있는 다면적인 관계를 배려함으로써 보다 종합적인 방법으로 생각하고 행동할 것.' 바꿔 말하면, 개인 한 사람 한 사람이 '성찰하여 생각하고 행동한다.'는 것은 핵심 역량 구조의 중심을 이룬다. '성찰' 이란 '공식이나 방법을 직면하는 상황에 대해서 그 형태 그대로 적용하는 능력' 뿐만 아니라, '변화시키거나 경험을 통해 배우거나 비판적인 전망을 가지고 사고하고 행동하려는 능력' 도 포함하고 있다. 이로써 PISA가 측정하려고 하는 대상, 즉 역량에 대한 이해가 쉬워졌으리라 본다.

그러나 PISA에도 문제는 있다. 조사는 연필과 종이를 이용하여 이루어지며, 언어와 기호symbol, 그리고 텍스트를 사용하는 능력(핵심 역량의 일부, **표 5-4**의 ① A에서 PISA는 설명하고 있다.)에 크게 의존하고 한정되어 있다.

표 5-4 핵심 역량의 구조

핵심 역량	이유	측면
① 도구를 상호 교류적으로 사용할 것	• 최신 기술에 뒤떨어지지 않기 위한 필요성 • 자신의 목적에 도구를 적용할 필요성 • 세계와 적극적으로 교류할 필요성	A. 언어와 기호(symbol) 텍스트를 상호 교류적으로 사용한다. B. 지식과 정보를 상호 교류하여 사용한다. C. 기술을 상호 교류하여 사용한다.
② 이질 집단에서 상호 교류할 것	• 다원적 사회에서 다양한 것을 취급할 필요성 • 공감의 중요성 • 사회 자본의 중요성	A. 타인과 원만한 관계를 유지한다. B. 팀을 짜서 협동하며 일한다. C. 충돌을 관리하고 해결한다.
③ 자율적으로 행동할 것	• 복잡한 세계에서 자신의 정체성과 목표를 설정할 필요성 • 권리를 실행하고 책임을 질 필요성 • 자신의 환경과 그 기능을 이해할 필요성	A. 커다란 상황 안에서 행동한다. B. 인생 설계와 개인적 계획을 짜고 실행한다. C. 권리와 이해, 경계, 필요성을 지키고 주장한다.

* PISA. *The Definition and Selection of Key Competencies: Executive Summary*. 2005.
* PISA는 key competency 중 일부를 측정하고 있을 뿐이다.

하지만 2003년 시점에서 그 실적을 되돌아보았을 때, 젊은이나 성인이 보유하고 있는 필요한 역량을 측정하는 데 있어서 상당한 진전을 이루어낸 것만은 사실이며 공적이라 할 만하다. 예를 들면 역량 구조의 배후에 있는 '지식과 학습으로의 성찰적 어프로치'가 측정 가능하다고 PISA는 밝혔다. 일례로, PISA의 읽기 소양 조사에서 '학생이 정보를 찾아내고 해석하는 데서 끝나지 않고 찾아낸 것을 성찰하고 평가한다.'는 수준에까지 이르고 있는 것이다.

특히 읽기 소양이란 단순히 주어진 것을 읽고 이해하는 것이 아니라 정보를 찾아내는 데서 시작하여 해석한 내용과 지금의 자신의 위치와 의미를 성찰하고 평가하는 것까지를 포함하는 긴 여정의 사고 프로세스라 규정하고 있다. 당연히 이 사고 과정의 결말은 외부로 표현된다.

이상과 같이 살펴보았을 때 여러 가지 다양한 능력의 토대가 되는 역량을 측정 가능한 형태로 추출해낸 것이 바로 '소양'인 셈이다. 따라서 PISA의 조사는 인간이 지닌 깊은 사고력을 측정하려는 목적으로 만들어진 것으로 어느 정도는 성공했다고 볼 수 있을지도 모르겠다.

학교는 어떤 학력을 키울 것인가

OECD 교육국의 슈라이햐 지표분석 과장이 일본에서 강조한 것처럼*

* 2003년 1월에 일본교직원조합의 주체로 열린 전국교육연구집회 · 특별분과회의 강연. 강연 기록은 일본교직원조합회 편 『어떻게 될 것인가. 어떻게 할 것인가. 세계의 학력, 일본의 학력-일교조 52차 전국교연 · 특별 분과회 '학력 문제' 기념강연과 심포지엄』 어드밴티지 서버, 2003. 및 『일본의 교육 52』 동일.

'소양' 이라는 새로운 지식을 창출해내고 지식을 바탕으로 한 성찰, 비교, 판단, 가정하는 능력은 이 세상 모든 젊은이들이 사회에 나가서 살아가는 데 필요한 기본적인 조건이라 할 수 있다. 이 같은 관점에서 살펴보면 학력 경쟁이라는 발상은 나오지 않는다.

좀더 구체적으로 설명을 하자면 슈라이햐 지표 과장이 강조한 것은 '변화에 적응하는 능력' 으로 이는 새로운 지식을 창출해내고, 지식을 바탕으로 숙고하고, 비교하고, 판단하고, 가정하는 능력이다. 더욱이 이 능력은 '모든 젊은이들이 장래 성공하기 위한 기본적인 필수조건' 이라 한다. 다르게 표현하면, 분석하고, 비교하고, 대조하고, 가정하고, 창조하고, 발견하는 능력이라 할 것이다.

이와 같은 능력을 평가 가능한 형태로 바꾸면 다름 아닌 '소양' 이 되고 이는 여러 능력을 형성하는 데 있어서 가장 기본적인 기능이 된다. 그 내용은 '정보를 입수하여 관리 · 종합하고, 창조하고, 판단하는 능력', '분석하고, 비교 · 대조하고, 가치를 측정하는 능력' 이다. 또한 '지식을 받아들여 또 다른 지식을 창출', '지식과 정보를 창조적으로 운용하는 능력', '창조적으로 생각하고 새로운 지식을 만들며 가정하고 발견하는 방법', '아직 익숙하지 않은 새로운 상황에 대해서 지식과 경험을 적응하는 능력' 이다. 그는 분석 결과를 토대로 '소양' 의 평가에서 좋지 않은 성적을 얻은 학생은 다른 어떤 교과에 있어서도 좋은 성적을 얻지 못했다고 밝혔다. 결국에 '소양' 이 있으면 지식이나 기능은 스스로 배우는 것이어서 앞으로 충분히 잘해나갈 수 있다는 해석이 가능하다는 것이다. 따라서 '소양' 을 측정해두면 학력의 실태를 추측할 수 있다고 보고 있다.

우리들은 이 '소양' 과 지식, 기능과의 관계를 다음과 같이 생각해도 좋을 것이다. 즉, 각각의 문화적 집단(국가나 지역)이 나서서 개별적이고 구체적인 지식 · 기능을 설정하는 것을 PISA는 전제로 하고 있다. 따라서 PISA는 직접적으로 거기에 개입하지 않고 문화적 대립을 최대한 피하면서 필요한 학력을 효율적으로 파악하려 애쓴다. 이는 적어도 각국이 이제까지 추구해온 학력에 대한 '보완성 원리'를 제시하고 있는 것일지도 모른다.

슈라이햐 지표분석 과장의 말을 빌리자면 이 '소양' 또한 '학생 누구나가 몸에 익히기를 바라는 기본적인 기능'이다. '현상을 정확하게, 그리고 포괄적으로 인지하는 능력'이라든가 '관계있는 것과 관계없는 것을 식별할 수 있는 능력'과 같이 문제 상황을 스스로 이해하는 것이 중시되며, 이는 PISA의 문제에도 잘 반영되고 있다.

그는 또 몸에 익혀야 할 능력의 특징을 요약 · 정의하거나 이론적으로 설명하고 측정하는 것은 한층 더 어렵다고 말한다. 다른 말로 하자면 '경향을 인식하고 공통점을 확립하고 경험한 상황과 장래 부딪칠지도 모르는 새로운 상황과의 관계를 상정할 수 있는 능력' 내지는 '변화에 대응하고 현대 생활에 있어서 매우 중요한 애매함과 복잡함 사이에서 절충을 찾는 능력'이라 그는 표현하고 있다.

개인이 자신을 컨트롤하는 능력으로는, '자기 자신을 관리한다.' '자신이 지금 어디에 있으며 장점은 무엇이고 약점은 무엇인지를 인식한다.' '가치, 신조, 도덕(윤리)과 같은 규범적인 능력' '자기 자신의 학습을 관리하고 끊임없는 노력을 통해 극복해나가고, 목표를 설정하고, 자신이 공부하고 싶은 것을 이루어냈는지, 학습의 진척 상황을 살펴볼 수 있는 능력'을 들고 있다.

또한 '공동 전략을 만들어가는 능력'도 중시하고 있다. '집단에 참가하고 집단 안에서 기능하며 함께 활동하고 함께 배우는 능력', '타인의 고충을 함께 짊어짐', '대립하는 이익에 대해서 쌍방이 받아들일 수 있는 방법을 찾아내기 위해 교섭하는 능력'으로 설명하고 있다.

이상과 같은 설명은 DeSeCo 계획의 결론을 충분히 수용한 연후의 발언임에 틀림없다. 일본과 결정적으로 다른 것은, 유럽의 여러 나라들, 특히 핀란드와 같은 북유럽 국가들은 앞으로의 산업 사회에서 살아남기 위해서 모든 학생들에게 새로운 학력을 익힐 수 있게 애쓰고 있다는 점이다.

당연히 여기서 말하는 학력은 기존의 교과 학력과는 다르다. 지식 혹은 기능을 획득하고 이들을 활용하고 발전시켜나가는 능력을 말한다. 본래 일본의 '종합 학습 시간'이란 이 같은 점에 유의해서 만들어진 것이지만 이제까지 세계의 흐름 안에서 살펴본 바와 같이 학력관의 전환이라는 점에 있어서는 아직도 일본의 교육행정에서 경시되고 있는 경향이 있다. 일본의 움직임은 산업의 변화나 세계의 움직임에 발맞추어 나가지 못하고 있다고 생각한다.

종합 학습의 의미

'종합적 학습 시간' 이른바 '종합 학습'은 1998년 6월 교육과정심의회 답신에서 그 모습을 나타내었고 2002년부터 전면 실시되고 있다. 이는 1990년대에 일본 교육계를 지배한 '새로운 학력관'의 완성을 의미한다. 스스로 활동하고 사고하고 창조해가는 개성적인 주체가 그려져 있는데, 1980년대에 국제적으로 발을 넓힌 일본 기업이 세계에서 배운 새로운 일본인상이기도 하다. 그런 의미에서 OECD보다 발 빠른 대응을 했다고 할 수 있다.

한편 1984년~1987년에 설치된 '임시교육심의회' 는 기존의 학교 교육에 커다란 비판의 목소리를 높였다. 일본의 교육은 메이지유신 이래 '따라잡기형' 으로 일관했기 때문에 지식에 편중될 수밖에 없었다는 점을 지적하고 일본인이 획일적이고 수동적인 점을 반성하고 이제부터는 개성을 중시하고 창의력을 육성해가야 한다고 주장하였다. 이와 같은 생각은 국제화 흐름 속에서 사회적인 공감대를 형성하면서 대학입시에서도 과목 수를 줄어들게 만들었다. 결국에 평균형 인간보다는 개성과 같은 풍조를 낳기에 이르렀다.

정부 문서를 상세히 읽어보면 그 나름대로의 변화를 읽어낼 수 있다. 예를 들면 교육공학 연구자인 코토우 야스히로[古藤泰弘]*는 일본에서 주로 사용되고 있는 '학습력' 이 1980년대 이후에 문부성심의회 등에서 처음으로 사용하기 시작한 '자기 교육력' 과 비슷하며 PISA의 핵심 역량과도 관련이 있다고 지적하고 있다.

1977년 고시된 학습지도요령은 '여유' 의 시간을 창설하였는데 이를 보다 철저히 하려는 '중앙교육심의회' 의 논의 결과, '자기 교육력' 이 채택되었다. 이것은 1983년에 '교육 내용 등 소위원회' 가 제출한 보고서로 시작된다. 거기에는 사회 변화에 대해서 '변화에 주체적으로 대응할 수 있는 능력을 갖춘 개성적이고 다양한 인재가 요구됨' 을 인식한다. 여유를 갖고 충실한 학교생활 속에서 '자기 교육력', 즉 '주체적으로 배우려는 의지, 태도, 능력 등' 을 육성해가야 한다는 것을 밝히고 있다. 특히 구체적으로

* 「'학습력' 의 의미와 이해-시대 배경과 변천의 검토를 통해서」 2005. 4. 16. 동경교육공학연구회 · 월례연구회에서 발표. http://www.sunfield.ne.jp/~tack2/04kotohreport.pdf. 여기서도 'key competency' 라 칭하고 있다.

'장래의 일상생활이나 직업생활에 있어서 무엇을 어떻게 배울 것인가 하는 학습 방법에 대한 능력' 과 '체험적 학습' 이나 '문제해결 혹은 문제 탐구적인 학습 방법' 을 중시해야 한다고도 덧붙였다.*

이어서 1984년에 설치된 '임시교육심의회' 는 1987년에 '개성 중시 원칙', '평생교육 체계로의 이행', '국제화 · 정보화 등 변화에 대응' 이라는 3가지 원칙을 제안하였다. '개성 중시' 와 관련해서는 '창조성 · 생각하는 힘 · 표현력 육성' 이 특히 주목되었다.** 이 심의안을 염두에 두면서 교육과정심의회가 교육 과정의 기준을 개정하도록 촉구하고 이를 받아들여 문부성은 1987년에 학습지도요령을 공표하였다. 문부성이 개정의 배경을 설명하는 '개혁 방침' 에서는 주축이 되는 4개항이 발표되었는데 세 번째가 '자기 교육력' 이라는 타이틀이었다.

이러한 움직임은 1999년 고시된 학습지도요령까지 계속된다. 1996년에 중앙교육심의회는 제1차 답신에서 『21세기를 전망한 우리 교육의 실태에 대해서』를 발표했는데 부제가 "아이들에게 '살아갈 힘' 과 '여유' 를" 이었다. 내용을 보면 앞으로의 아이들에게 필요한 것으로 다음과 같은 것을 지적하고 있다. "아무리 사회가 급변해간다 해도 스스로가 과제를 찾아내 배우고, 스스로 생각하고, 주체적으로 판단하여 행동하고, 문제를 보다 잘 해결하려는 자질이나 능력이 요망된다. 또 스스로를 제어하면서 타인과 협조하고 타인을 배려할 줄 아는 마음과 감동하는 느낌 등, 풍부한 인간성이야말로 우리 아이들에게 꼭 필요하다고 생각한다. 씩씩하고 듬직하게 살아가기 위한 건강과 체력이 불가결한 것은 말할 필요도 없다."***

* 중앙교육심의회 『교육 내용 등 소위원회 심의경과보고』 문부성, 1983. 11. 15. pp.4~10.
** 임시교육심의회 『교육개혁에 관한 답신』 大蔵省 印刷局, 1987. p.278.
*** 중앙교육심의회 『21세기를 전망한 우리 교육의 실태에 대해서』 1996. 7. 19. 제1부 (3). http://www.mext.go.jp/b_menu/shingi/12/chuuou/toushin/960701.htm

이것이 바로 '살아가는 힘' 이라고 설명한다. 이 같은 이해는 DeSeCo 계획이나 PISA가 생각하고 있는 '역량' 과 큰 차이를 보이지 않는다. 말로만 하자면 일본이나 핀란드나 거의 비슷하다고 할 수 있다. 하지만 '새로운 학습지도요령' 이 발표되자마자 1999년에 이와 같은 '여유' 를 표방한 교육이 '저학력' 을 가져온다는 우려 속에서 저학력 비판론이 전개되었고 마침내 매스컴에서도 크게 보도되기에 이르렀다.

일본과 핀란드의 교육은 현재에 이르러 전혀 반대를 향해 나아가고 있는 것처럼 보인다. 그렇다면 이런 차이는 어디에서 온 것일까? 정치계와 경제계 모두 미래를 위한 변화의 탈바꿈을 그만두었기 때문일까, 아니면 교육계가 주입식 교육을 근본적으로 바꾸지 못하였기 때문일까? 그것도 아니면 아이들의 교육 환경이 아직도 열악하기 때문일까? 이유를 들자면 얼마든지 있을 것이다.

하지만 한 가지 절대로 잊어서는 안 될 것이 있다. '종합 학습 시간' 을 특징으로 한 커리큘럼의 작성 책임자였던 당시의 교육과정심의회 미우라 슈몬[三浦朱門] 회장의 말은 가히 충격적이다.

"학력 저하는 이미 예측하였던 불안이다. 각오하면서 교과심의를 해왔다. 아니 반대로 평균 학력이 내려가지 않고서는 앞으로의 일본은 아무것도 안 된다는 생각이 더 맞을 것이다. 결국 못하는 아이는 못하는 그대로 괜찮다. 전후 50년 동안 밑바닥까지 뒤쳐진 아이들을 끌어올리는 데 힘쓴 노력을 이제는 잘하는 아이가 더 뻗어나갈 수 있도록 애써야 할 때다. 백 명 중 한 사람이 나와도 좋다. 앞으로는 바로 이들이 일본을 이끌고 나갈 테니까. 특별한 재주가 없는 아이라면 똑바른 정신 정도만 키워주면 되지 않겠는가."*

* 사이토우 타카오[齋藤貴男]『기회 불평등』문예춘추, 2000. p.40.

'종합 학습' 이나 '살아가는 힘' 이라고 말은 하면서도 실제로는 '못하는 아이는 못하는 그대로 괜찮다.' 는 생각이 교육 정책 결정자들의 사상적 배경이었다. 그뿐 아니다. '학력 저하' 를 '각오' 하고 내린 결정이라 한다. 일본의 교육행정에 아이들 전원의 학력을 확실히 키워주리라는 기대를 한 것부터가 애초에 무리였을지도 모른다. 이 점이 바로 오늘날 학력 문제의 근원이다. 일본에서 진행 중인 교육이 핀란드의 교육과 정반대로 흘러가고 있는 점을 똑바로 응시해보자. 그러면서 오늘날의 핀란드와 마찬가지로 일본 역시 어느 시점까지는 50년에 걸쳐 뒤쳐진 아이들을 끌어올리는 데 갖은 노력을 기울여왔음을 상기해보자.

OECD 교육국의 슈라이햐 지표분석 과장은, "교육의 질이 나쁘다거나 개개인의 가정적 배경이나 출신 등이 크게 영향을 끼쳐서는 곤란하다."* 라고 말하고 있다. 반대로 일본의 교육행정에 종사하는 이는 "못하는 아이는 못하는 그대로 괜찮다."라고 말하고 있다. 이 사상의 차이야말로 '저학력' 을 낳는 근본 요인이 아닐까?

* 국립교육정책연구소 편 『일본의 교육이 보인다』 동일, p.14.

나오는 말

"일본의 교사들은 왜 늦게까지 학교에 남아 있지요?"

"수업 말고 무엇을 하나요?"

핀란드인에게는 도대체 이해가 잘 되지 않는 모양이다.

이쪽은 이쪽대로 똑같은 질문을 던지고 만다.

"성적을 매기게 되면 우수한 학교와 그렇지 못한 학교로 나눠지는 게 당연하지 않나요?"

"성적이 좋고 나쁨은 그 학생 개인의 문제예요. 학교는 공부하는 방법을 가르칠 뿐이죠. 그 다음은 학생 개인의 목표와 노력 여하에 달려 있죠."

이렇듯 거침없는 반격을 받기 일쑤다.

"그렇다면 학생의 의지와 노력을 조금이라도 잘 이끌어낼 수 있는 좋은 학교와 좋은 교사를 만나야 하지 않겠어요?"

이쪽에서도 지지 않고 대꾸하자,

"어느 학교엘 가도 똑같아요."

하고 일소에 그쳤다.

이번에는 조금 화제를 바꿔보았다.

"현재 일본에는 학교에 가지 않고 집 안에만 틀어박혀 있는 아이들이 많아서 정부도 그 해결책에 골머리를 앓고 있어요."

"에? 말도 안 돼. 못 믿겠어요."

"일하지 않고 어떻게 먹고 살 수 있지요?"

"그 젊은이들은 앞으로 어떻게 살아간대요?"

연신 질문 공세다. 이것도 역시 그들에게는 이해하기 어려운 모양이다.

"음, 부모가 먹여주고 있어요."

머뭇머뭇 대답하자,

"그럼, 부모가 돌아가시면 그 다음엔 어떻게 하지요?"

계속 고개를 갸웃거리며 뭔가 미심쩍은 모양이다.

"일본의 교육은 왜 그런 사람을 키워냈지요?"

순간 애처로움에 가까운 표정이 그들 얼굴에 스쳐 지나갔다.

2005년에는 핀란드 교육조합에 세 번이나 참석하였다. 앞의 대화는 두 번째 인터뷰 때 내용이다. 3시간 반이나 긴 이야기를 나누었지만 원리적인 이해에 관해 골이 너무 깊었기 때문에 12월에 또 한 번 방문할 것과 계속적으로 만나 토의를 해줄 것을 부탁하고는 헤어졌다.

돌아오는 차 안에서 통역을 담당한 키쿠카와 씨가 먼저 말을 꺼냈다.

"일본에서 이런 일이 있었대요. 인터뷰 신문기사에서 봤는데 어떤 고등학생이 휴대전화를 학교에 가지고 왔다가 마침 수업 중에 벨이 울려서 들키고 말았대요. 그 학교에서는 휴대전화 소지를 금지하고 있었는데 말이죠. 담임교사는 크게 야단치지 않았지만 클럽 선생이 반 아이들에게 연대책임을 져야 한다고 야단을 치자 반 아이들이 '삭발하겠다.'고 결정하고 실행에 옮겼다네요. 그러자 이번에는 학부모들이 나서서 학교 측에 항의하고 결국은 학교 측이 정식 기자회견을 열어 교장과 클럽 선생이 사과를 했다더군요. 정말 얼마나 우습던지……."

"……."

"안 그래요? 글쎄 학생들이 그렇게 하자고 했잖아요. 그런데 왜 학교가 나서서 사과를 해야지요?"

"방법이 좀 지나친 게 아니었는지……."

"그렇게 하자고 정한 건 학생들이라니까요."

"하지만 그렇게 되기까지 학교 측 지도에 문제가 없었다고는 할 수 없고. 그래서 불만이 쌓였을지도 모르지요."

"그래도 아이들이 결정한 것을 가지고 부모들이 나설 것은 아니지요. 아이들이 한 일이 잘못되었다면 아이들에게 따질 일 아닌가요? 학교 측에 책임을 물을 일은 아니라고 봐요. 처음부터 원인을 제공한 것은 학생이었지 학교가 아니었으니까요."

"……."

한마디로 키쿠카와 씨의 말은 학생이 정했다면 그것을 그대로 존중하라는 것이다. 일본에서는 어른들이 나서서 아이들을 가만히 내버려두지 않으므로 일이 점점 더 나빠진다는 것이다. 더욱이 그녀는 교육방침조차 확실하게 정하지 못하고 갈팡질팡하고 있는 일본의 학교와 교사들에게 실망감을 감추지 못하는 모양이었다. 교사라면 교육의 기본 원리라도 다시 익혀서 우물쭈물하지 말라는 것일 테다.

스스로 배우고 익힌다는 것은 어쩌면 반대로 배우지 않을 자유도 허용되며 실패할 가능성도 또 실패를 딛고 다시 일어설 수 있는 가능성도 포함되는지 모르겠다. 교사는 이런 과정을 쭉 지켜보면서 학생이 필요로 할 때 적절한 지원을 한다. 교사는 지원을 할 뿐 결정하는 것은 어디까지나 학생 본인이다. 그녀의 말에 따르면 일본의 교사는 아이들을 너무 감싸기 때문에 안 된다는 것이다.

"그렇게 말은 하지만 일본의 교사들은 아이들을 옆에서 돌보지 않으면 불안해서 못 견뎌요. 좋은 교사란 될 수 있는 대로 아이들이 뭔가 할 수 있게끔 유도하고 이끌어나가야 한다는 생각이 뿌리 깊게 박혀 있는 것 같아요."

갑자기 키쿠카와 씨가 말을 막았다.

"내가 왜 핀란드에 왔는지 알아요?"

계속되는 그녀의 열변. 이곳에는 다른 사람을 이용해서 덕을 좀 보려는 사람을 찾아볼 수 없단다. 원래 핀란드인은 우직해서 스스로 책임을 떠안고 올곧게 살아가는 것에 한결같다고 한다. 아메리카 드림을 꿈꾸라며 찜질을 해대는 투기꾼 같은 어른들도 없단다. 핀란드는 안정되고 성숙한 사회인 것이다.

2005년 12월 핀란드 교육조합의 마리야타 멜토 고문에게 세 번째의 인터뷰를 요청한 날. 이날 역시 2시간이 넘는 끈질긴 토의를 하였다. 첫 번째 방문 때와 마찬가지로 교육학 전문가인 리잇터 사라스 씨가 동석해주었다. 헤어질 때 두 사람은 이런 말을 내게 하였다.

"핀란드의 학교에서는 교사 개개인에게 '가르치는 힘'이 요구되며 모든 교사들은 제각기 그 힘을 가지고 있어요. 그 힘이란 다름 아니라 한 사람 한 사람의 서로 다른 학생을 상대로 해서 교육하는 것이지요. 학생들이 서로 다르다는 것은 우수한 성적을 말하는 게 아니에요. 아이들이 갖고 있는 목표가 다르다는 말이지요. 그리고 그런 학생들을 지원해야 할 일이 다르다는 의미예요."

"핀란드의 교사라면 누구나 그렇게 하고 있어요. 우리들은 바로 이런 나라를 만들어가고 있는 중이에요."

이렇게 자신감과 자랑에 찬 목소리로 말하였다.

두 번째 PISA 세미나 자리에서 있었던 일로 기억된다. 이르멜 하리넨 국가

교육위원회 보통교육 국장이 핀란드 의무 교육의 역사를 보고했었다. 1990년대 전반의 일련의 교육 개혁을 설명하면서 교과서 검정 폐지와 함께 시학관(장학관) 제도도 폐지했다는 대목에서 말을 멈추었다. 그리고 천천히 얼굴을 들어 참석한 모두를 둘러보면서 미소를 띠며, "지금 핀란드란 나라에는 시학관이 단 한 사람도 없습니다."라는 말로 보고를 마쳤다. 회장은 순간 정적이 감돌았다. 회의 진행이 멈춰버린 듯하였다. 이상한 기운이 감돌았다. 단상에 똑바로 서 있는 그만이 미소를 잃지 않고 있었다.

지금 돌이켜 생각해보면 그는 아마도 이런 말을 하고 싶지 않았을까 추측할 수 있다. '단 한사람의 시학관이 없어도, 다시 말해서 국가가 직접적으로 관리 같은 것을 하지 않아도 핀란드의 어느 학교나 어느 교사나 훌륭하게 아이들을 교육하고 있다. 아니 교사도 학생도 자신의 역량을 십분 발휘하고 있다. 우리들은 지금 이 자리에서 세계 여러 나라의 손님들을 맞이한 가운데 세계를 향해서 감히 이렇게 말할 수 있는 나라를 만들어가고 있다.' 고.

한편 일본의 현상을 돌아보면 앞서 책임을 지고 있는 분들의 교육 철학이 어찌나 빈곤한지. 점수가 아니면 학생들의 능력을 잴 수조차 없다고 하고, 수치 목표가 없으면 교사가 어떻게 일하는지 가늠조차 할 수 있겠냐며 되레 큰소리다. 그들은 인간을 이끌어나가는 깊은 의미를 망각하고 있으며 중요한 가치를 혼동하고 있다. 실로 안타까운 일이 아닐 수 없다.

자, 이쯤에서 이야기를 마치고자 하는데, 이 책을 읽어주신 독자 여러분들에게는 커다란 고민거리를 하나씩 떠안긴 셈이 되었다. '도대체 무엇을 할 수 있단 말인가?' 하는. 결론은 우선 교사가 '자신이 직접 만든 교과서' 를 준비하는 데서 시작해야 한다고 말하고 싶다. 그리고 아이들의 교육을 위해서 자신이 교육한 것을 아이들이 잘 배우고 있는지를 성실하게 확인하는 작업이 필요하다. 이러한 노력을 계속하는 속에서 중요한 것들이 몇 가지씩 보이기 시작할 것이다. 이렇게 한다면 적어도 아이들은 '선생님이 나를 위해서 가르쳐주시고 계신다.' 는 느낌을 실감할 것이다. 또한 아이들과 직접적으로 관련 있는 생활 속에서 소재를 찾아 응용문제를 만들어간다면 필시 아이들도 흥미를 가지고 재미있고 신나게 공부할 것이다. 그리고 이러한 노력들이 성과를 거둔다면 학부모들도 기꺼이 성원을 보내줄 것이다. 공부한 내용을 아이들이 아는지 모르는지를 체크하는 고민을 하다 보면, 수업을 준비하는 교사의 자세도 좀더 적극적이 될 것이 틀림없다. 하려고만 하면 얼마든지 가능하다. 그러자면 아이들의 학업 평가를 외부에서 들여온 시험지로 하는 것부터 바꾸어야 한다. 시험은 어디까지나 교실 안에서 이루어져야 한다. 일부에서는 말도 안 되는 소리라고, 현실을 모르고 하는 소리라고 할 수도 있다. 하지만 이런 일들은 그 가치가 얼마나 큰지 가늠조차 할 수 없을 만큼의 가능성 있는, 의의 있는 일이라 생각된다.

또 한 가지 일본에는 '학급 만들기' 라는 오래된 전통적인 교육 방법이 있다. 일본의 교사들은 '협동의 지혜' 를 알게 모르게 만들어왔다. 수준별 반 편성을 중지하고 학급 구성원 전원이 합심하여 학급을 만들어가는 것, 이것이야말로 우리가 지켜야 할 일본 교육의 귀중한 유산이라고 생각한다.

이 책은 아사히[朝日] 신문사 서적 편집부의 하야시 토모히코[林智彦] 씨에게 의뢰를 받아 시작한 일이다. 그의 편지에는 교육 제도를 어떻게 바꿀까에 대한 논의가 집중되어 있는 현시점에서 그보다는 "아무리 훌륭한 학습지도 요령이나 시스템이 생긴다 해도, 현장의 교사와 학생들의 의욕이나 활력을 떨어뜨려서는 의미가 없지 않나?" "무엇보다 이렇듯 빈번하게 제도나 방침이 바뀌어서는 현장은 점점 더 혼란이 가중될 따름이다."라는 우려의 목소리가 배어 있었다. 이런 그의 말에 이끌려 물론 너무나 고대하던 기회였기도 해서 흔쾌히 오케이를 하였다.

마지막으로 이 책이 완성될 수 있었던 것은 필자가 근무하는 츠루분카(都留文科) 대학이 자유로운 분위기 속에서 연구와 교육을 보장해주었기 때문이다. 2005년에는 여섯 번이나 해외로 연구 활동을 떠났다. 수업과 대학 운영에 차질을 주지 않는 범위 내에서의 일이었지만 스스로 알고자 하는 일을 추구하며 핀란드의 교육에 관한 지식을 모으고 확인하고 그 의미를 생각하는 데 보낸, 그야말로 '사회적 구성주의'를 충실히 실천한 한 해였다. 대학 관계자들에게도 감사의 말을 전하며 스스로도 그 일원이라는 것에 자랑스럽다.

아무쪼록 아이들의 인생과 교사가 하는 일이 지금보다 훨씬 더 존중받게 되기를 바라며, 이 책이 작은 도움이 되었으면 한다.

역자 후기

자기표현이 자유롭고 느낌이 풍부한 제 딸아이는 지금 6살입니다. 아이가 커갈수록 고민도 커갑니다. 며칠 전에는 이런 것을 묻더군요. "엄마, 공부는 왜 하는 거야?" 제 대답은 간단했습니다. "응, 공부는 재밌고, 신나니까 하는 거야." 딸아이 대답도 간단했습니다. "으응, 그렇구나." 아마도 이스라엘 부모가 어린 자녀들에게 하듯 '공부는 꿀과 같이 달콤한 것' 이란 주입 아닌 주입을 어릴 때부터 시킨 것이 효과가 있었나 봅니다.

아이는 한 살 한 살 먹어가는 것을 너무나 자랑스러워합니다. 이전에는 하지 못했던 것을 지금 자신이 해내는 것을, 모르던 것을 알아가는 것을, 연습을 많이 해서 잘하게 된 것을, 누군가에게 도움을 청해서 이루어낸 것을, 스스로 뭔가 좋은 생각을 해낸 것을, 다른 사람이나 살아 있는 어떤 것을 배려해서 기분 좋게 해준 것을, 친구와 협동하여 어려운 것을 해낸 것을, 그리고 무엇보다 자신이 건강하고 씩씩하게 잘 자라고 있는 것을……. 이것이 바로 '살아가는 힘' 이 아닐까요?

아무리 세상이 급변해간다 하더라도 자신이 무엇을 하고 있는지, 무엇을 바라는지, 그리고 주체적으로 판단해서 과제를 찾아나가고 문제를 해결해나가려는 의지가 사회적으로 존중받아야 합니다. 혼자서가 아니라 타인과의 공조 속에서 감동과 느낌을 갖는 풍부한 인간성에 주위가 공감해주어야 합니다.

지금의 우리 아이들에게 필요한 것은 주체적으로 당당히 세상을 살아가는 힘과 여유일 것입니다. 이를 가능하게 하는 것은 마음 놓고 미래를 꿈꿀 수 있는 안심감과 자신을 받아줄 것이라는 이 사회에 대한 믿음이겠지요.

저도 제 아이에게 "공부 좀 잘 했으면" 하는 바람을 언젠가 갖게 될지도 모릅니다. 하지만 치열한 경쟁에서 살아남아 몇 안 되는 승자가 되기를 바라는 마음은 없습니다. 단지 제 아이와 모든 아이들이 스스로 신나고 자유롭게 살아가기 위해서 계속해서 배우고 익혀나가기를 바라고 또 바랍니다.

후쿠타 교수의 본 저서는 『競争やめたら学力世界一』가 원제목입니다. 2006년 8월 일본 출장 중에 우연히 들른 서점에서 제목에 끌리어 단숨에 읽었습니다. 핀란드의 교육 현장을 성실히 취재하여 생생하게 전해주는 데 그치지 않고, 교육의 원점에 서서 무엇을 어떻게 해야 할지에 대한 해결 방안을 북유럽 국가들의 선진 사례를 들어 전해주고 있는 데 이 책의 매력이 있습니다.

핀란드를 국제학력평가에서 우수한 성적을 자랑하는 나라로 기억하고 한국이 그 뒤를 잇는 것에 대해 자부심을 갖는 데 그친다면 우리 교육의 미래는 어두운 채로 남아 있을 것입니다. 교육에서 소외되는 사회 계층을 없애고, 학습이 뒤쳐진 아이들을 철저하게 지원하는 교육 시스템, 학생들의 다양하고 개별적인 요구에 전문적으로 대응하는 자세, 교사와 학생들 간의 신뢰 구축을 위해 지자체들이 기울이는 끊임없는 노력, 이민자녀들과 같은 마이너리티 문제에 적극적으로 대응하는 노력 등을 높이 사고 진심으로 배워야 할 것입니다.

우리의 아이들이 '자신들이 왜 공부를 하고 있는지', '무슨 공부를 흥미롭게 하고 있는지'를 스스로 알며, 그리고 누구나 하고 싶은 공부를 큰 제약 없이 마음껏 할 수 있는 그런 사회 만들기에 노력하고 싶습니다.

옮긴이

나성은(羅誠恩)

- 성신여자대학교 일어일문학과 졸업.
- 일본 동경학예대학 대학원에서 일본고전문학 전공. 박사학위 취득.
- 현재, 성신여자대학교 인문과학연구소 연구원.
- 저서로는 『일본어 작문1』『일본어 작문2』(한국학술정보, 2006.3.), 역서로는 『한국어2』(국제교육진흥원, 2002.12.) 등이 있다.

공영태(孔泳泰)

- 경상대학교 화학교육과 졸업.
- 일본 요코하마국립대학 대학원에서 물리화학 전공. 박사학위 취득.
- 부산대학교 대학원에서 화학교육 전공. 박사학위 취득.
- 현재, 진주교육대학교 과학교육과 조교수, 경상대학교 과학영재교육원 지도교수.
- 주요 저서로는 『초등과학교육론』(교육과학사, 2007.8) 등이 있다.

경쟁에서 벗어나 세계 최고의 학력으로
핀란드 교육의 성공

지은이 · 후쿠타 세이지
옮긴이 · 나성은·공영태
펴낸이 · 조 승 식
펴낸곳· (주) 도서출판 북스힐
등 록 · 제22-457호
주소 · 서울시 강북구 수유2동 240-225
www.bookshill.com
E-mail · bookswin@unitel.co.kr
전화· (02) 994-0071(代)
팩스 · (02) 994-0073

2008년 4월 5일 1판 1쇄 발행
2015년 11월 5일 1판 12쇄 발행

값 13,000원
ISBN 978-89-5526-455-5